기독교문서선교회 (Christian Literature Center: 약칭 CLC)는 1941년 영국 콜체스터에서 켄 아담스에 의해 시작되었으며 국제 본부는 미국 필라델피아에 있습니다.
국제 CLC는 약 650여 명의 선교사들이 59개 나라에서 180개의 서점을 운영하며 이동 도서 차량 40대를 이용하여 문서 보급에 힘쓰고 있으며 이메일 주문을 통해 130여 국으로 책을 공급하고 있는 국제적 문서선교 기관입니다.

추천사 1

❖

손 봉 호 박사
동덕여자대학교 총장 역임, 서울대학교 명예교수, 세계밀알연합회 이사장

모든 나라에서 정치는 시민들에게 막대한 영향을 끼치고 민주주의 국가에서는 시민들이 정치에 대해 책임을 져야 한다. 그리스도인들도 여기서 예외가 될 수 없고 자신들의 신앙생활과 이웃의 안전과 이익을 위해 오히려 다른 사람들보다 더 큰 책임을 져야 한다.

전 세계에서 기독교인들이 정치에 가장 많은 영향을 끼치는 나라는 미국인데, 그 결과는 민주주의나 교회에 모두 부정적이다. 한때 민주주의의 전형이며 보루로 인정받는 미국의 민주주의가 심지어 한국보다도 한 단계 낮은 것으로 평가되고 전 세계의 걱정거리가 되고 있다. 이에 대해서는 원칙도, 지혜도 없이 정치 이념에 졸졸 따라다니는 또라이(jerk)가 되어 버린 기독교인들의 책임도 크다.

이런 상황을 분석하면서 유진 조 목사는 성경적 복음주의 신앙에 기초해서 왜 그리스도인이 정치에 관심을 가져야 하며 어떻게 참여해야 할지에 대해 풍부한 근거와 확실한 논리로 설득력 있게 제시한다. 어떤 정당과도 동거하지 말고 어떤 정치 이념도 우상으로 섬기지 말 것을 강력하게 촉구한다.

『기독교인의 정치 참여 십계명: 또라이가 되지 말라』(*Thou Shalt not be a Jerk*)는 점점 미국 기독교인들의 미숙한 정치 참여를 닮아 가는 한국 기독교인들에게 철저히 성경적이고 시의적절한 경고이며 안내서이기에 적극 추천한다. 번역도 완벽하다.

추천사 2

박영돈 박사
고려신학대학원 교의학 은퇴교수

우리는 지금 정치적 견해가 다르면 같은 신앙인들끼리도 서로 반목하고 적대시하는 비극적 현실을 마주하고 있다. 정치가 신앙보다 더 절대적인 위치에서 사람들을 주관하며 교회 안에 극렬한 분열과 갈등을 조장하는 요인으로 작용하고 있다. 이런 상황에 매우 적실한 책이 나왔다.

이 책에는 우리와 같은 극심한 정치적 양극화로 진통을 겪고 있는 미국에서 저자가 그 갈등을 해소하려고 치열하게 고민하고 분투한 데서 빚어진 지혜가 녹아 있다. 어떻게 그리스도인이 하나님 나라의 복음에 충실한 정치 참여를 할 수 있는지 십계명과 같은 지침을 제시한다.

어떻게 그리스도인이 정치에 대한 과몰입이나 무관심에서 벗어나 진영논리에 사로잡히지 않고도 정치에 적극적인 목소리를 낼 수 있는지를 배우게 한다. 우리와 정치적 대척점에 있는 사람과도 소통하며 우정 관계를 깨트리지 않을 가능성은 존재하는 건지, 그러기 위해 그리스도인으로서 잃지 말아야 할 자세는 무엇인지에 관한 실천적 지혜를 얻게 한다.

더불어 자신의 정치적 확신도 확증 편향에서 온전히 자유할 수 없다는 점에 항상 유의하여 자신이 주로 접하고 수용하는 정보나 뉴스를 냉철하게 점검하라고 도전한다. 시의적절하게 나온 이 책이 많은 이에게 큰 유익이 될 것이다.

추천사 3

이 병 철 박사
홍익대학교 역사학 은퇴교수

  소수 지배자의 영역으로서 정치가 극복되고, 거대한 세력으로서 정치·경제·사회가 다원주의적 개인의 자아 실현을 위한 도구쯤으로 전락한 듯한 이 시대에도 정치는 자기와 자기 무리의 종족주의적 역학 관계로 여전히 엄청난 지배력을 발휘하고 있다. 정치의 힘을 알기에 사람들이 광분하며, 경건으로 무장하기 위해 무시하며, 무력함으로 절망한다.

  저자는 우리가 처한 정치 환경의 혼란 속에서 어떻게 하나님의 주권을 의지하며, 그리스도를 따르는 자로 살아갈 수 있을까를 진지하게 고민하는 동료 기독교인들을 돕고자 이 책을 썼다. 그의 집필 의도는 충분히 이루어지고 있음이 분명하다. 나와 같은 독자의 깊은 고민을 그는 아주 잘 알고 있고 공감과 따뜻함과 예리함과 명철함과 순수함과, 특히 그리스도를 따르는 자가 되기 위해 긴장 속에서 신실함을 잃지 않는 지혜와 순종적·창의적 실천으로 대안을 보여 주기 때문이다.

  우리나라의 기독교와 교회 현실에서 나누지 못하고 들어보지 못한 이야기를 이 책에서 대할 수 있어 참으로 감사하고, 저자가 속한 사회도 무척이나 혼란스러운데도 거기서는 이러한 대화와 실제가 나누어지고 있는 것이 무척 부럽다. 부디 우리나라에서도 이와 같이 자연스럽고 진지하며 공손하게, 그리고 함께 기도하면서 이 중요한 정치에 대한 대화가 이루어지기를 간절히 소망하며, 그러한 노력이 이 책의 일독으로부터 시작되기를 바란다.

추천사 4

오 세 택 목사
가나안농군학교 교장 역임, 두레교회 은퇴목사, 일가수도원 원장

좀 거칠지만, 솔직히 말하면, 한국 교회는 정치에 대해 두 가지로 또라이 짓을 하고 있다. 하나는 정치를 터부시하며 도망치는 것이고, 또 하나는 저자의 표현대로 정치라는 우상에 사로잡힌 것이다. 그 결과 '공의와 인애', '정의와 평화'라는 성경의 핵심 단어가 실종 또는 왜곡되고 말았다.

그런데 이 책은 도망친 교회를 돌아오게 하고, 우상에 사로잡힌 교회를 자유케 하는 지혜를 구체적으로 제시한다. 그리고 교회와 성도가 세상의 소금과 빛이며, 왕 같은 제사장으로서의 소임을 다하게 한다. 그 소임의 기준을 오직 예수 그리스도의 산상보훈으로 대변되는 말씀과 어린 나귀 새끼를 타고 입성하신 모범으로 규정한다.

이 책은 딱딱한 이론이 아니라 저자의 성경적 정치 경험과 세계 곳곳에서 벌어지고 있는 사례들을 들어 흥미진진하게 또라이가 되지 말자고 설득한다. 그러나 어떤 이론서보다 인식이나 논리가 탄탄하며 글쓰기에 생명인 진정성이 넘친다. 특히, 성경 본문에 대한 이해와 해석이 독창적이면서도 탁월한데, 이 또한 저자의 말씀에 대한 열정과 순종에 기인한 것이다.

개인적으로 이 책을 통해 '자기를 부인하고 십자가를 지는 삶', 그리고 '저지(低地)와 주변부를 지향하는 삶'이 왕 되신 주님이 가신 길이라는 평소 생각이 틀리지 않았다는 위로를 받았다. 그리고 아직도 바알에게 무릎 꿇지 않은 많은 동역자가 있다는 사실에 감사했으며, 앞으로 어두운 세상을 밝힐 더 많은 그리스도의 사람들이 일어나길 소망하게 된다.

추천사 5

❋

신 철 희 박사
경기연구원 선임연구위원

 그리스도인으로서 정치에 대한 우리의 생각과 태도를 정하는 것은 쉽지 않은 과제이다. 그러나 우리가 이 땅에 발붙이고 살아가야 하는 이상 정치에 대한 완전한 무관심과 정치와 신앙의 일체화라는 양극단 사이에서 어쨌든 우리의 입장을 선택할 수밖에 없다.
 이런 곤란한 상황에서 유진 조 목사님의 이 책은 우리가 성경에 기초한 두 개의 대원칙을 기억하도록 안내한다.

 하나는 '정치 체제가 우리의 궁극적 소망이나 해결책이 아니라는 것'이다.
 또 다른 하나는 그래도 어쨌든 우리는 '병들고 가난하고 소외된 이웃을 돕고 조금이라도 더 정의롭고 사랑이 넘치는 사회가 되도록 최선을 다해야 한다는 것'이다.

 우리는 영혼의 구원뿐만 아니라 사회적 구원, 즉 넓은 의미의 정치에도 헌신하도록 부름받은 존재들이다. 유진 조 목사님은 정치에 관심을 가지고 관여하려는 그리스도인들에게 균형 잡힌 시각과 태도를 가지도록 돕는 유익한 길잡이 역할을 하고 계신다. 무엇보다 하나님 나라를 우선하는 복음주의적 시각에 확고하게 기초하고 있다는 점에서 정치에 관심 있는 모든 그리스도인에게 자신 있게 권한다.

추천사 6

신 원 하 박사
고려신학대학원 기독교윤리학 은퇴교수, 한국기독교윤리연구원 원장

저자가 이 책에서 제시하는 '정치 참여 십계명'은 서재에서 머리로 만들어 낸 것이 아니라 거리에서 광장에서 행동하며 온 몸으로 만들어 낸 것이다. 그는 "하나님의 뜻이 하늘에서 이룬 것같이 땅에서도 이루어지기를" 기도하며 사는 그리스도인의 삶이 일상에서 어떠해야 하는지를 자신이 먼저 행동하고 살아 내면서 체득해 낸 그것을 제안한 것이다. 이 점에서 이 책은 여타 책과는 차별성이 있는 책이다.

아울러 이 책은 그리스도인의 정치 참여를 위한 신학적 틀과 토대를 제공하는 점에 있어서도 부족함이 없다. 기독교인의 정치 참여를 위한 핵심 근거가 되는 '하나님 나라의 가치와 구현'에 대한 성경적 토대를 제공하는 제4장은 신학적으로도 가치가 높다. 이 장만 읽더라도 이 책은 소장하고 읽을 가치가 있다.

이와 더불어 쉽고 명쾌한 번역은 책의 가독성을 더욱 높여 준다. 또 다시 닥친 정치적으로 매우 혼란해진 조국 대한민국의 현실에서 하나님 나라의 정의가 임하기를 바라고 그것을 어떻게 구현해야 할지에 대한 방향과 방안을 찾고자 하는 그리스도들에게 이 책은 매우 유용한 길잡이가 될 것이다.

추천사 7

❋

정요석 박사
개신대학원대학교 교의학 교수, 세움교회 목사

정치는 우리의 삶과 신앙생활에 있어 매우 중요하다.

제2차 세계대전 당시 독일 국민의 94퍼센트가 기독교인들이었음에도 히틀러 정권이 등장하여 국가적 차원에서 엄청난 악을 저질렀다.

또한, 누가 대통령이 되고 국회의원이 되는가가 얼마나 중요한지는 2024년 대한민국에서 벌어진 비상계엄 선포와 해제, 탄핵 소추 등을 통해서도 분명히 드러났다.

그런데 정치에 대해 신자들 중 일부는 무관심하고, 일부는 너무 관심이 커서 맹목적 추종자가 되기 쉽다. 같은 교단, 같은 신학을 갖고 같은 교회에 출석해도 중요한 정치 사안들에 대해 성경을 인용하며 정반대의 입장을 갖는다. "종교는 바꿔도 정치적 견해와 이념은 바꾸지 않는다"는 말이 있을 정도다.

저자는 미국의 상황이지만 신앙과 정치 내지는 사회적 참여에 대한 복합적 이슈들을 성경에 근거해 잘 설명할 뿐 아니라 신자들이 구체적으로 무엇을 어떻게 실천할 수 있는지에 대해 분명한 방향을 제시한다.

성경은 좌로나 우로나 치우치지 말라고 말씀한다. 그럼에도 신자들은 좌익이나 우익에 치우치기 쉽다. 특정 정당과 정치인에 매몰되기 쉬운 현재 한국의 상황에 바로바로 적용되는 술술 읽히는 이 책을 통해 한국 교회의 많은 신자가 잃었던 방향을 다시 찾아갈 수 있기를 바라며 적극 추천한다.

추천사 8

❈

윤 만 선 목사
분당 샘물교회 담임, 샘물배움공동체 이사장

이 책의 추천사를 부탁받을 때, 공교롭게도 대한민국은 대통령에 의해 비상계엄령이 선포되고 정치, 사회, 경제는 극도의 혼란스러움에 빠져들었다. 각자 자신이 지지하는 입장에 따라 상대의 진영을 악마화하는 모습 속에서 정치 이념이 우상화되어 있는 고통스러운 현실을 마주하게 된다.

우리 교회 공동체 형제자매들 중에는 진보 진영 언론사의 PD로 일하는 자매도 있고, 보수 집권 여당의 국회의원도 있다. 이런 상황에서 '정치란 무엇인지', '그리스도인은 어떤 시각에서 정치를 바라봐야 하는지' 그 방향과 대답을 찾기란 쉽지 않아 보인다. 어떤 정치적 입장도 완전할 수 없기 때문이다. 그래서 더욱 정치에 무관심해지거나 아니면 한쪽 극단에 서서 자기 확증 편향에 사로잡혀 정치의 목적을 잃어버리고 모두의 삶을 파괴하는 길로 가기도 한다.

이런 치우침에서 예외일 수 없는 그리스도인에게 이 책은 그럼에도 온 세상을 통치하시는 하나님의 주권을 신뢰하며 그분의 신실한 청지기로 부름받은 그리스도인이 어떻게 이 땅에서 하나님 나라의 의와 평강과 희락의 통치를 이루어 가야만 하는지를 제시하는 소중한 길라잡이 역할을 하리라 생각한다.

추천사 9

리처드 스턴즈(Richard Stearns)

World Vision US 명예총재,
『우리 복음에 난 구멍』(The Hole in Our Gospel)의 저자

미국의 선거 때마다 볼 수 있는 것이지만 기독교인들이 분열의 정치에 가담함으로써 교회의 사회에 대한 증거가 심각하게 손상되었다. 유진 조는 우리 주의를 환기시키는 중요한 요청을 하고 있다. 우리의 가장 힘찬 증거는 정치에 있는 것이 아니라, 예수 그리스도의 복음이 갖는 도덕적, 영적 능력에 있다는 사실을 상기시켜 준다.

더윈 그레이(Derwin L. Gray)

Transformation Church 담임목사,
『선한 삶』(The Good Life)의 저자

유진 조에 대한 중요한 사실은 그가 복음의 온전한 이해에 헌신하고 있다는 것이다. 그러나 그의 예수님에 대한 헌신은 단지 지적인 데만 머물지 않고 있다. 그의 헌신의 특징은 행동으로 옮기는 데 있다. 당신이 정치적 관점에 있어서 '우파'든 '좌파'든, 아니면 '중도파'든, 당신은 이 튼실한 작품을 통해 도전과 격려, 그리고 온전케 됨을 경험하게 될 것이다.

존 퍼킨스(John M. Perkins)
John & Vera Mae Perkins Foundation 창설자 겸 명예총재,
Christian Community Development Association 창설자

나는 이 책이 나오기를 기다렸다. 교회가 그 어느 때보다도 이 책을 절박하게 필요로 하기 때문이다. 수많은 지도자와 신자가 우리의 신앙을 정치와 연관하여 어떤 방향으로 이끌고 가야 할 것인지 지혜를 달라고 나에게 요청한다. 비록 이 책이 모든 답을 가지고 있지는 않을지라도, 유진 조 목사는 목사, 지도자, 그리고 모든 신자를 격려하고 도전할 수 있는 성경적, 신학적, 실천적 프레임을 제공하는 믿기 어려울 정도로 놀랍고 시기적절한 책을 썼다.

그는 용감하게 목회적 관점과 예언자적 관점의 균형을 맞추면서도 정치를 유기하기보다는 예수님의 제자로서 신학이 정치의 지배를 받는 것이 아니라 우리의 신학이 확실히 정치에 영향을 끼치도록 신실하게 이 일에 임하라고 강권한다. 정말로 우리는 이 메시지를 듣고 몸소 실천해야 한다.

제니 양(Jenny Yang)
World Relief의 옹호 및 정책 부총재,
『낯선 이들을 환영하기』(*Welcoming the Stranger*)의 공저자

　오늘날 미국 교회가 당면하고 있는 큰 도전 가운데 하나는 기독교인들이 공공연히 당파적이지 않은 모습으로 정치에 효과적으로 참여하고, 정치가 지독하게 독소적이고 피곤한 일이기 때문에 정치로부터 완전히 벗어나려고 하는 유혹을 물리쳐야 한다는 것이다.
　이 책은 기독교인들이 어떻게 공공의 광장에서 소금과 빛으로 참여할 수 있을 것인가에 대한 필수적인 프레임을 제공함으로써 모든 사람을 위한 그리스도의 사랑과 기쁜 소식을 우리가 사는 제도와 구조들 가운데 참여하여 나타내는 방법을 보여 주고 있다. 비정치적이고자 하는 것은 선택지가 아니다. 우리가 정치에 잘 참여함으로써 우리는 우리를 바라보며 기다리고 있는 이 세상에 대해 그리스도의 대의를 온전히 진척시켜야 한다.

조 색스턴(Jo Saxton)
강사, 저자, 리더십 코치

    정치적 불일치로 우정 관계가 끝나고, 가족과 교회공동체가 분열되며, 사람들이 상처를 받아 정치에 관련된 모든 것을 회피하겠다고 굳게 다짐하는 상황에서 우리는 기독교인으로서 어떻게 정치에 참여할 수 있겠는가?
    이 책 『기독교인의 정치 참여 십계명: 또라이가 되지 말라』(*Thou Shalt not be a Jerk*)에서 유진 조는 기독교인들이 충분히 기도하면서도 매우 의미심장하게 다양한 정치적 견해를 견지할 수 있는 길들을 제시함으로써 환원주의에 함몰되지 않고 있다. 그는 결코 포기하지 않는다. 오히려 조는 우리에게 무관심, 회피, 자화자찬적 동종 교류 등을 넘어서서 겸손, 온전함, 그리고 확신을 가지고 상대의 말을 경청하며 정치에 참여할 수 있도록 구비시켜 주고 있다.
    이 책은 도전적이면서도 감동을 준다. 그리고 이 책은 양극화된 정치 환경을 은혜와 진리로 헤쳐 나가고자 하는 우리에게는 값진 자원이다.

제레미 린(Jeremy Lin)
프로 농구선수, 2019 NBA 챔피언,
Jeremy Lin Foundation 창립자

기독교인들이 어떻게 정치에 참여할 것인가에 대한 대화는 항상 어렵지만, 그런 대화는 그 어느 때보다도 지금 필요하다. 나는 유진이 항상 이런 질문들에 다가갈 때 배우고자 하는 겸손함, 그리고 그 무엇보다도 하나님이 우리에게 원하시는 것이 무엇인지를 먼저 이해하려고 하기 때문에 감사한다. 나는 이 책이 제공하고 있는 가이드와 통찰에 대해 감사하며, 지금도 그것들을 배워 가고 있다.

제니 앨런(Jennie Allen)
『당신의 생각을 버려라』(*Get Out of Your Head*)의 저자,
IF:Gathering의 창립자 및 비전 선도자

유진은 예수님의 뒤로 가는 방법, 그리고 겸손, 사랑, 열정으로 정치에 참여하라고 우리를 사려 깊게 도전하고 있다.
세상에!
우리가 이 세상과 관계하는 새로운 길이 있다니!
게다가 그는 우리에게 그 길로 가라고 도전하고 있다.

게브리엘 샐구에로(Gabriel Salguero)
Calvario City Church 목사
National Latino Evangelical Coalition 총재

유진 조의 책은 심각한 정치적 분열의 시대에 그리스도의 제자도와 하나님 나라에 대한 근본적 충성을 성찰하면서 정치 세계에 참여하기 위한 지도(地圖)가 시급히 필요한 모든 정치적 타입의 기독교인들이 환영할 만한 실행 가이드이다.

기독교인의 정치 참여 십계명

또라이가 되지 말라

Thou Shalt not be a Jerk
Written by Eugene Cho
Translated by Jaekoo Shin

Copyright © 2020 Eugene Cho
Originally published in English under the title
Thou Shalt not be a Jerk
by David C Cook,
4050 Lee Vance Drive
Colorado Springs, CO 80918 U.S.A.
All rights reserved.

Translated and printed by permission of David C Cook
Korean Edition Copyright © 2025 by Christian Literature Center, Seoul, Korea.

기독교인의 정치 참여 십계명: 또라이가 되지 말라

2025년 2월 10일 초판 발행

| 지은이 | 유진 조 |
| 옮긴이 | 신재구 |

편　　집	전희정
디 자 인	이보래
펴 낸 곳	(사)기독교문서선교회
등　　록	제16-25호(1980.1.18.)
주　　소	서울특별시 동대문구 천호대로71길 39
전　　화	02-586-8761~3(본사) 031-942-8761(영업부)
팩　　스	02-523-0131(본사) 031-942-8763(영업부)
이 메 일	clckor@gmail.com
홈페이지	www.clcbook.com
송금계좌	기업은행 073-000308-04-020 (사)기독교문서선교회
일련번호	2025-11

ISBN 978-89-341-2783-3 (03230)

이 책의 저작권은 David C Cook과 독점 계약한 (사)기독교문서선교회가 소유합니다.
신저작권법에 의하여 한국 내에서 보호받는 저작물이므로 무단 전재와 무단 복제를 금합니다.

Thou Shalt not be a JERK

기독교인의 정치 참여 십계명

또라이가 되지 말라

유진 조 지음
신재구 옮김

CLC

목차

추천사 1	**손 봉 호 박사** ｜ 동덕여자대학교 총장 역임, 세계밀알연합회 이사장	001
추천사 2	**박 영 돈 박사** ｜ 고려신학대학원 교의학 은퇴교수	002
추천사 3	**이 병 철 박사** ｜ 홍익대학교 역사학 은퇴교수	003
추천사 4	**오 세 택 목사** ｜ 가나안농군학교 교장 역임, 두레교회 은퇴목사, 일가수도원 원장	004
추천사 5	**신 철 희 박사** ｜ 경기연구원 선임연구위원	005
추천사 6	**신 원 하 박사** ｜ 한국기독교윤리연구원 원장	006
추천사 7	**정 요 석 박사** ｜ 개신대학원대학교 교의학 교수, 세움교회 목사	007
추천사 8	**윤 만 선 목사** ｜ 분당 샘물교회 담임, 샘물배움공동체 이사장	008
추천사 9	**리처드 스턴즈(Richard Stearns) 외 7인**	

감사의 말씀	020
역자 서문	021

서론　정치는 중요하다　　　024

제1장	정당들과 동침하지 말라	038
제2장	또라이가 되지 말라	072
제3장	상대의 말을 듣고 그들과 관계의 다리를 세워라	094
제4장	하나님 나라를 생각하라	124
제5장	너의 확신들을 삶으로 살아 내라	154
제6장	관점과 깊이를 가져라	180
제7장	거짓말하거나 이용당하거나 조작당하지 말라	206
제8장	기도하고, 투표하고, 목소리를 높여라	237
제9장	하나님과 사람들을 사랑하라	274
제10장	왕은 예수님이심을 믿어라	295

후기　두려워하지 말라　　　318

헌사

[나의 부모님께]
한국전쟁 기간에 자유를 찾아 탈출하시고
후에 생전에 갖지 못했던 기회들을
자녀들이 가질 수 있도록 미국으로 이민 오시기까지
그 용기에 감사합니다.

[나의 아내 민희에게]
당신을 사랑하며 그리스도를 함께 섬기고
주를 영화롭게 하는 이 여정에 동행해 주어 감사합니다.

[쥬빌리, 트리니티, 그리고 제디에게]
나는 너희를 바라보며,
너희를 사랑하고,
너희를 믿는다.

감사의 말씀

어떤 책이든 저자 혼자서 쓴 것은 없다. 이 책이 나오기까지 나를 계속 응원해 주고, 저술 과정에 나와 함께했던 수많은 분께 진심으로 감사를 드린다.

크리스, 데렉, 체릴 그리고 앨리스, 잭(Chris, Derek, Cheryl, and Alice, Jack)과 데이비드쿡(David C. Cook)출판사에서 일하는 팀에게 특별히 감사를 드린다.

마지막으로 조지, 진, 죠니(George, Jin, and Joanie)에게 당신들이 보여 준 변함없는 우정과 나의 가족에게 우리 삶의 이번 여정 기간 동안 우리를 겸손하게 하는 관대함을 보여 준 것에 대해 많은 사랑으로 감사한다.

역자 서문

신 재 구 목사
번역가

    대한민국은 지금 12.3 비상계엄과 그 후폭풍에 휘말려 있다. 거대 야당의 독주와 끊임없이 제기되는 사법 질서의 공정 논란 속에 헌정사 초유의 현직 대통령 체포 구금이 이뤄졌고 수많은 시민은 엄동설한의 거리로 나와 탄핵 찬반의 구호를 외친다.
    극적으로 전개되는 K 정치 드라마의 끝은 어디인가?
    지난 수년간 대다수 국민의 귀와 입을 자처하는 유튜브 채널에서 시시각각 올라오는 양극화된 정치적 주장들이 홍수처럼 쏟아지는 중에 국론의 좌우 분열은 날로 깊어져 시계(視界)는 제로 상태다. 이러한 난국에 유진 조 목사의 『기독교인의 정치 참여 십계명: 또라이가 되지 말라』(*Thou Shalt not be a Jerk*)를 번역하여 내놓는다.
    한국은 초고속으로 산업화와 민주화를 이루고 세계 경제 10위권을 오르내린다는 기적의 나라지만 미·중 간의 경제·기술 패권 경쟁 심화 속에 국제 정치의 급속한 냉전화 가능성과 이 틈바구니에 낀 한반도의 지정학적 위치로 인해 우리의 갈 길을 가늠하기 위한 셈법은 복잡하기 그지 없다. 21세기 한국 민주주의의 위기, 그에 따른 극심한 갈등과 암흑의 혼란이 짙게 드리워진 길목에서 길을 잃은 많은 국민, 특히 한국 교회와 기독교인들에게 이 책이 한 줄기 밝은 빛을 비추어 주기를 기대한다.
    정치에 관한한 저자의 입장은 확고하다. 하나님의 백성은 이 세상에서 "하나님의 택하신 족속, 왕 같은 제사장, 거룩한 나라"(벧전 2:9)라고 성경이 밝히 말씀하고 있는 만큼 특정 정당이나 막강한 정치가들과 동침함으로써 진리를 말해야 하는 예언자적 위치와 능력을 잃어서는 안 된다는 것이다. 그의 이야기를 듣다 보면 근시안적으로 현안적 정치 논쟁에만 지독하게 함몰되어 있는 작금의 적잖은 한국 교회 교인들의 정신 상태에 크나큰 경종이 되어 울린다.

그는 구체적이고 솔직하고 실천적이어서 도움이 된다. 위정자들을 위해 어떻게 기도할 것인가에서부터 분별 있는 선택적 투표, 댓글 전쟁에서 악플러가 되지 않기, 횡행하는 가짜 뉴스와 거짓말에 속지 않기, 공손과 겸손으로 서로 청취하고 대화하기와 같은 기본기뿐만 아니라, 이웃 사랑의 실제적 실천으로서 입양, 낙태, 동성애, 전쟁, 인종, 기아 등의 문제를 다룬다. 또 20세기 인종 학살의 깊은 상처를 남긴 르완다의 현장으로부터 시작해서, 팔레스타인, 레바논, 미얀마, 한국 등 세계의 가장 어렵거나 풀기 어려운 갈등의 현장들도 돌아봤다.

이렇듯 현실 참여의 거의 모든 면을 발이 닳도록 섭렵해 온 저자의 솔직한 실패담과 치열한 삶, 그 속에서 나온 지혜는 성경적 깨달음에 더 다가가고 말씀과 성령의 인도에 따라 움직이려는 의식 있는 독자들로 하여금 지금까지 가졌던 생각과 이게 옳은 일이라며 쏟아부었던 열정과 행동들을 되돌아보며 성경의 가르침을 따라 리셋을 감행해 보라고 강권한다.

우리는 이 책에서 성경에 깊이 뿌리내린 영성의 성경적, 자전적 정치학을 본다. 적지 않은 독자들이 이 책을 허투루 읽어 양비론적 중도 노선이라며 거부할 수도 있겠지만 하나님의 말씀을 진지하게 받아들이고 고민하는 사람들이라면, 그가 홉스도 루소도 아닌 그 둘을 가로지르는 성경적 대각선화(cf. Christopher Watkin, *Biblical Critical Theory*, 2022, 244-7 참조, 한국어 번역본 근간 예정)를 몸소 체현하고 있음을 볼 수 있을 것이다.

그에게는 참된 것을 따르고 지키려는 결기가 가득하다. 그는 진흙탕 싸움이 잦아들지 않는 혼돈의 정치가 지배하는 21세기 대한민국이라는 광야에까지 외치는 소리로 들려온다. 그리하여 좌우를 막론하고 예수의 깃발 아래 한 마음이 되어 모여들게 한다.

유진 조 목사는 민주주의는 선남선녀로 넘쳐나는 환상적 유토피아가 아니고 "인간은 모두 죄인이기 때문에 오히려 민주주의가 타당하다"(C. S. Lewis, "Equality," in *Present Concerns*, 7)는 믿음을 온 몸으로 외치며 그리스도인이 이 세상에서 참되게 사는 방법의 이정표를 세우고 있다.

역자는 그리스도인의 현실 참여에 관한 지혜들을 이렇게 뼛속까지 다가오게 전달하고 있는 저자에게 깊은 감사와 경의를 표하면서 독자 제현(諸賢)께 감히 또 한 사람의 예수 '또라이'가 되지 말고 저자가 제시하는 정치 참여 십계명을 곱씹어 보고 설득되어 보라고 권고드린다.

짧은 기한으로 무리하게 추천의 글을 부탁드렸음에도 여러분께서 내 일처럼 팔 걷고 나서서 독자들에게 도움이 되는 추천사들을 보내주셨다.

나라가 어려울 때 중심을 잡고 바른 방향을 가늠할 수 있게 도우시는 한국 사회의 원로이신 손봉호 박사님을 비롯하여 박영돈 교수님, 오세택 원장님, 이병철 교수님, 신철희 연구원님, 윤만선 목사님, 신원하 원장님, 정요석 목사님 등 모든 분께 깊이 감사한다. 특히, 오랜 친구 이병철 교수는 불과 1주일의 짧은 시간에 책을 꼼꼼히 읽어 가며 정오표를 만들어 하마터면 놓칠 뻔한 부분들을 고칠 수 있도록 해 원고의 질을 한 단계 높여 주었다.

끝으로, 이 책을 펴내기까지 역자와 함께 땀을 흘렸던 여러분께 감사한다. 한국 상황에 맞는 시의적절한 책이라고 번역 의뢰를 했던 첫 이메일부터 신속하게 지원해 주시고, 혜안으로 출판을 승낙해 주신 기독교문서선교회(CLC)의 대표 박영호 목사님과 국제기획팀의 유소희 이사님, 그리고 편집과 디자인팀 등 모든 직원께 감사한다.

2025년 정초 역자

서론

정치는 중요하다

저자는 여러 다른 이유로 책 쓰는 데 시간을 투자해야겠다고 생각할 수 있다. 어떤 사람들은 특별한 흥분, 혹은 열정에 끌릴 수 있고, 어떤 사람들은 어떤 부담감 때문에 그럴 수 있다. 둘 다 중요하다.

나는 목사요, 교회를 도와주는 지도자로서 우리가 처한 현 상황 속에서 다른 지도자들과 기독교인들을 가이드 하는 입장에 있기에 이 책의 저술 동기가 흥분은 아니다. 사실 나는 신앙과 정치의 교차점에 관한 책을 쓸 것이라고 상상도 하지 못했다.

특히, 『기독교인의 정치 참여 십계명: 또라이가 되지 말라』(Thou Shalt Not Be a Jerk)와 같은 제목의 책을 쓰게 될 거라고는 상상도 못했다(또라이: 상식에서 벗어난 사고방식과 생활방식을 가지고 자기 멋대로 하는 사람을 속되게 이르는 말[국립국어원 우리말샘 사전]-역자주).

상당히 우울한 제목이지만!

그러나 나는 이 책을 쓰지 않으면 안 되겠다고 생각했다. 달리 말하면, 나는 교회에 대한 부담이 있었고, 우리 문화 속에 그리스도 닮기, 제자도 등의 측면에 대한 자료들이 많이 부족하다고 느꼈기 때문이다. 나는 훨씬 '안전한' 주제나 '영적인' 주제에 대한 다른 많은 책을 구상해서 첫 몇 장을 쓰기도 했었다. 그러나 나는 계속 이 책으로 다시 돌아가야 한다는 느낌을 떨칠 수 없었다.

내가 대학에서 정치학을 전공한 것도 아니었다. 그렇다고 내가 무슨 '정치에 대해 떠벌이는 것을 좋아하는 사람'이거나 신앙과 정치가 만나는 접점에 있어서 모든 것을 말할 수 있는 전문가도 아니다. 공직에 출마한 적도 없고, 다른 누구의 선거 캠페인에서 일했던 적도 없다. 다만 중학교 시절에 학생회장 선거에 나가서 떨어져 본 적은 있었다(아직도 "조를 찍어 주세요"라는 포스터가 뇌리에 남아 있을 정도이다). 나는 아직 많은 것을 배워야 하고, 또 읽어야 할 책들도 많다. 이 책에서도 그런 책들을 인용하고 또 추천하려고 한다.

그런데 왜 이 책을 썼나?

앞서 말했던 것처럼, 나에게는 심각한 염려가 있고, 또 때로 우리 사회의 정치가 돌아가는 상태를 볼 때 깊은 근심을 하게 된다.

내가 이 책을 쓰는 중에도 나는 사제 파이프 폭탄이 정치 지도자들에게 배달되었다든지, 유대인 회당에 총격이 가해졌다. 뉴질랜드의 한 모스크에 대량 살상이 일어난 총격 사건이 일어났다. 스리랑카의 교회와 호텔들에 폭탄 테러가 있었다는 등의 끔찍한 소식들을 접하면서 이런 일들을 어떻게 봐야 하나 생각하고 있다. 이런 테러리스트들에 의한 공격은 정말 경멸받아야 할 일들이고, 만인에 의해 정죄받아야 한다.

그러나 우리는 이런 일들이 하루 아침에 일어난 일인 것처럼 생각해서는 안 된다. 그렇게 있을 수 없는 불합리한 일들이 가능한 것은 오랜 세월 동안 다른 사람들을 조롱하고, 두들겨 패고, 악마화하는 등 우리가 폭력적 표현들을 정상인 것처럼 받아들이게 될 때 가능해진다.

분명한 것은 우리가 그런 일들에 대해 아주 넓게 정치 탓이라고 구실을 대면서 책임을 모면할 수는 없는 것이다. 누가 봐도 확실한 것은 우리의 문화와 정치에 있어서 뭔가 심각한 변화가 일어났기 때문에 우리에게 해가 끼쳐지고 있다는 것이다.

교회의 입장에서는 교회를 둘러싸고 있는 더 넓은 사회와 문화의 탓으로 돌리기가 너무 쉽다. 마찬가지로 나는 기독교인들이 정치라는 거대한 기계에 말려드는 것에 대해서도 우려를 가지고 있다.

예를 들면, 어떤 기독교인들은 정치를 완전히 무시하면서 정치라는 것에 연관되는 것을 회피한다. 이유는 그런 일이 너무나 힘을 빼앗기 때문이거나 예수님을 따르는 사람들은 오직 '영적인 일들'에만 집중해야 한다는 결론으로 끌고 가는 신학적 성향이 있기 때문이기도 하다.

동시에 나는 정치에 지나치게 집착하는 것처럼 보이는 기독교인들을 봐도 염려가 된다. 왜냐하면, 우리는 우리가 가진 정치적 이념이나 견해, 혹은 확신들을 가지고 그 밖의 모든 것을 정당화하기 때문이다. 나는 또 문화적 기독교에 큰 영향을 받고 있는 기독교인들, 곧 그리스도의 마음이나 그리스도께서 가르치는 길에 대한 것도 아니면서 우리 사회를 휘두를 수 있는 세력이나 힘에 좌우되는 기독교인들을 염려한다.

세속주의를 포함해 현재 기독교에 대해 다양하고 많은 큰 도전이 있겠지만, 나는 그중 가장 큰 도전은 사실 기독교 안에 있다고 주장한다. 그것은 기독교적 구조와 기관들을 세워 나가기는 하지만, 그에 병행되어야 할 예수님에 대한 헌신 없이 세워 가려는 유혹의 도전이다. 정치가들이나 심지어 목사, 지도자들도 떠오르는 생각이나, 주고받는 대화나 설교에다 예수님을 양념 삼아 슬쩍슬쩍 뿌려 넣지만 종종 그렇게 함으로써 정작 우리의 어젠다나 목표를 성취하려고 한다.

달리 말하면, 민족주의를 고양시키기 위해 예수님을 이용하는 것은 단적으로 말해서 예수님이 원하는 길은 아니다. 이것은 문화적 기독교의 위험으로 궁극적으로, 그리고 예측해 보건대, 예수님의 제자보다는 문화적 기독교인들만 양산하게 될 것이다.

정치적 관점에서 볼 때, 문화적 기독교는 신학이 정치에 포로되어 있는 형국이다. 우리가 생각하는 정치가 우리의 신학에 의해 지적 내용을 공급받거나 더 나아가 신학에 의해 변혁되는 것은 아니다. 이런 곤란 상황이 품고 있는 위험은 우리를 에덴동산으로 되돌아가 보게 한다.

거기에서 아담과 이브는 하나님처럼 되거나 심지어 하나님이 되려는 유혹을 받고 있다. 달리 말하면, 인류의 가장 오래된 죄는 하나님을 우리의 형상에 맞추려고 했던 것이다. 그래서 우리가 성경을 읽으면서도 성령의 역사로 그 내용에 의해 도전을 받거나, 죄의 지적을 받거나, 마음에 혼란이 일거나 자극을 받고 있지 않는다면, 그것은 우리가 예수님을 우리의 생각과 좋아하는 것… 우리의 형상 등에 끼워 맞춰 버렸을 가능성이 상당히 높은 것이다.

그렇다면 문화적 기독교의 위험과 그것의 함의들은 어떤 것들일까?

그것은 모든 것을 이리저리 바꾸고 변화시켜서 어떤 문화에 끼워 맞춘 기독교이다. 예수 그리스도의 스캔들이 될 만한 과감한 사랑이라든지, 그분의 은혜, 가르침, 생애와는 전혀 아무런 연관이 없는 어떤 기독교를 한번 상상해 보라. 예수 그리스도의 반문화적 대의 같은 것은 아랑곳 없이 권력과 영향력, 그리고 사람들이 우러러 보는 것에 집착하는 제도화된 기독교, 즉 하나님 나라보다는 자기 왕국 건설에 매달리는 기독교를 한번 상상해 보라.

히틀러와 나치가 부상할 때 독일에서 일어난 일을 달리 어떻게 설명할 수 있을까?

어떤 역사가들에 의하면 제2차 세계대전이 발발하던 당시 독일 국민의 94퍼센트가 기독교 신앙을 고백하는 기독교인들이었다고 보고하고 있다.[1]

문화적 기독교의 해악 때문이 아니었다고 하면 어떻게 해서 그런 국민의 불협화음이 있을 수 있었을까?

그렇게 많은 사람이 기독교인임을 자처했음에도 불구하고 히틀러의 악랄한 선전에 넘어갔던 것을 어떻게 설명할 수 있을까?

그것이 단지 나치 독일에서만 있었던 일탈(逸脫) 현상은 아니었다. 우리는 역사를 통틀어 기독교 기관과 제도들이 권력과 동침하여 복음의 명제에 반하는 행습들을 현실화할 때 그런 일들이 일어나는 것을 목도해 왔다. 이것은 아모스서에 종교 지도자들이 그릇된 신학을 이용하여 가난한 사람들을 외면하고 심판할 때 확연히 나타났었고, 선교사들이 미국 원주민들의 기숙학교들에 대해 끔찍한 식민주의 행위들을 일삼아 권력을 남용할 때 드러났

---

[1] Sean Illing, "What's Wrong with America? I Debate Ben Shapiro," Vox, May 9, 2019, www.vox.com/2019/5/9/18410886/ben-shapiro-right-side-of-history.

었다. 세상에 대한 그리스도의 증거에 남겨진 믿지 못할 오점이다.

2019년 여름 나는 월드릴리프(World Relief)의 초청으로 미국인 목사 소그룹을 인솔해서 르완다를 여행한 적이 있다. 르완다 시민들, 활동가들, 목사들로부터 진실 규명과 고백, 용서, 정의, 화해 등의 이야기를 듣고 알아보려는 목적이었다.

왜 르완다였을까?

르완다 국민들은 소위 르완다 인종 학살이라는 비극을 경험했다. 그것은 1994년에 일어난 도무지 다 헤아리기 어려운 일련의 사태로 약 100일 동안 대략 총 1백만 명이 죽었는데, 거기에는 후투 극단주의자들의 손에 죽었던 80만 명이 넘는 소수 민족 투치인들이 포함되어 있다. 이유는 복합적이다. 거기에는 수십 년 동안의 아픈 역사, 곧 벨기에 사람들의 손에 자행된 비인간화, 위험한 정책 그리고 식민주의가 있었다. 가족이 가족을 죽였고, 이웃이 이웃을 죽였다.

심지어 어떤 남편들은 그들의 부인이 투치족이라는 이유로 죽였다. 기독교인들이 동료 기독교인들을 죽였다. 이런 비극을 훨씬 더 믿을 수 없을 정도의 비극으로 만드는 것은 "르완다 인구 90퍼센트가 과거로부터 지금까지 기독교 신앙을 고수해 오고 있다고 주장하는 것처럼"[2] 학살 기간 동안 그에 연루된 두 소수 민족 그룹이 압도적으로 기독교인들이라는 사실이다.

키갈리(보고된 바에 의하면 여기서 25만 명의 희생자들이 묻혀 있다)에 있는 르완다 인종 학살 기념관의 여러 전시관을 돌아보면서 나는 "도대체 어떻게 이런 일들이 일어날 수 있었을까"라는 질문을 하지 않을 수 없었다.

---

[2] Christine Schliesser, "From 'a Theology of Genocide' to a 'Theology of Reconciliation'? On the Role of Christian Churches in the Nexus of Religion and Genocide in Rwanda," 2018, MDPI, https://doi.org/10.3390/rel9020034.

믿고 싶지도 않고 믿기도 어려웠지만, 많은 예배 처소, 곧 여러 교단에 속한 다양한 규모의 예배당과 교구들이 이 인종 학살의 악행에 가담했다. 느타라마교회와 같은 곳에서는 5천 명이 후투 군인들과 무장단체들에 의해 학살당했다. 정말 수없이 많은 예배 처소가 "죽음의 함정"[3]이 되었던 것이다.

우리가 그곳에 머무르는 동안 우리는 희생자들과 범법자들 양측, 시민, 정부 관리, 가톨릭과 개신교 지도자와 목사들로부터 직접 이야기를 듣게 되는 특권과 부담을 동시에 경험했다. 그들이 우리에게 준 것은 예수 그리스도와 하나님의 나라에 대한 우리의 순종 위에 다른 것을 더 높이 두는 것의 위험이 어떤 것인지를 말하는 엄중한 경고였다. 한마디로 문화적 기독교는 위험하다는 것이었다.

확실한 것은 이런 일이 그들의 나라와 교회의 역사에 결코 일어나지 않기를 그들이 바랐다는 것이다. 그와 함께 그들이 분명히 하고자 했던 것은 그들이 인종 학살의 끔찍함과 행악들로 알려지기보다는 진실 규명, 고백, 용서, 화해가 그들 가운데 가능했다는 점이었다. 고통과 비극을 통해, 르완다는 전 세계에 가르쳐 줄 많은 것을 가지고 있었다. 그들은 미국의 지도자들에게 가르쳐 줄 많은 것을 가지고 있었다.

그들은 미국 목사들과 교회에 가르쳐 줄 많은 것을 가지고 있었다. 어떤 미국인들이 종종 그들의 기독교적 뿌리와 정체성에 대해 자랑하지만, 미국이라는 나라에 주는 교훈은 문화적 기독교와 예수 그리스도를 따른다는 것 사이에는 명백하고도 위험한 차이가 있다는 것이다.

우리는 이와 같은 다양한 긴장과 유혹의 문제들과 씨름하게 될 것인데, 이 책의 핵심은 우리의 사회, 교회, 문화, 정치 … 이런 것들에 대해 깊이

---

3   Peter Gwin, "Revisiting the Rwandan Genocide: How Churches Became Death Traps," *National Geographic*, April 2, 2014, www.nationalgeographic.com/photography/proof/2014/04/02/revisiting-the-rwandan-genocide-how-churches-became-death-traps/.

염려하면서 이 엉망이 되어 있고, 혼란스러운 공간에 참여하기를 원하지만, 그곳을 어떻게 헤쳐 나가야 할지 정말 모르겠다고 하는 동료 기독교인들을 돕고자 하는 것이다. 많이 들어 본 소리일 것이다. 목사로서 나는 "관심 있습니다. 관심을 갖기 원해요. 그런데 그것을 어떻게 해야 되는지를 모르겠어요"라는 말을 수도 없이 많이 들어 왔다.

당신 혼자만 그런 게 아니다. 나도 역시 씨름하고 있다. 부조화로 삐걱거림이 들린다. 그래서 우리 대부분은 궁금해 한다.

'우리가 그리스도께 충실하면서도, 여전히 이 세상에 참여하고, 우리의 진실성을 유지할 수 있을까?'

달리 말하면, 우리가 처한 정치 환경의 혼란과 미친듯이 돌아가는 상황 속에서 우리가 어떻게 계속 그리스도를 닮아 갈 수 있느냐 하는 것이다.

이런 노력을 기울이고 있는 여러분이 이 책을 대하면서 염두에 두어야 할 세 가지 사실을 기억하시기 바란다.

첫째, 이 책은 세계의 정치를 모두 다 다루는 종합서가 아니다. 이 책은 북미 기독교인들과 미국의 정치에 주로 초점을 맞추고 있다. 그렇기 때문에 내용 중 많은 부분이 세계의 모든 그리스도인에게 적용될 수 있겠지만, 독자가 처한 각자의 상황에 이 내용들을 읽어 들이고자 하는 어느 정도의 상황화가 요구될 것이다. 내가 우리 인류가 처하고 있는 더 큰 범위의 지구적 상황에 대해 관심을 갖고 있지만, 그처럼 광폭의 관점을 아우르는 책을 쓴다는 것은 비현실적이다.

둘째, 나는 책들을 사랑한다. 그래서 나는 이 책 전반에서 많은 책을 활용할 것이다. 그러나 내가 인용하는 자료 중에 여러 개가 디지털 자료들이다. 그래서 이 책은 동시에 여러 가지 면에서 정보가 어떻게 공급되고 소비되고 있는가, 우리 사회에서 사건들이 발생하는 속도가 어떤 것인가를 말할 것이다.

셋째, 이 책이 조금이라도 무게감이 느껴진다면, 이 책은 다양한 정치 성향을 갖는 많은 사람을 도전하게 될 것이며, 때로는 그들을 화나게 할 것이다. 모든 사람이 좋아해 주기를 바라고 갈등을 피하려고 하는 사람에게 이 책은 최악의 책이 될 것임이 틀림없다. 우리 모두가 잘 알고 있듯이, 논하지 말아야 할 두 개의 토픽은 종교와 정치가 아닌가.

넷째, 어쨌든 확신하는데, 이 책을 읽는 어느 누구에게 많은 것은 아닐지 몰라도 이 책의 어떤 부분에 대해서는 동의하지 않을 것이다. 뭐, 그래도 좋다. 자신의 견해와 진영 논리 등에 철저히 사로잡혀 다만 저자의 의견을 반박하기 위해 읽으려는 사람들이거나, 그 중간쯤 어디에 있는 많은 분이 이 책을 읽고 격려와 도전을 받아 예수 그리스도에 대한 믿음을 더욱 신실하게 그리고 깊이 구현하실 수 있기를 바란다.

누구에게 투표하고, 또 어떤 특정의 이슈들에 대해 어떻게 표를 던져야 할 것인가에 대해 사람들에게 말하는 것이 나의 저술 의도는 아니지만, 나는 분명히 어떤 이슈들에 대해 말할 것이며, 왜 우리가 성경과 그리스도의 삶이라는 렌즈로 보면서 기도하는 중에 얻을 수 있는 분별력을 갖는 것이 그렇게 중요한지에 대해 말할 것이다.

이 책의 목적은 누구에게 투표하고 무슨 의견을 지지해야 하는가를 일일이 규정하여 말해 주려고 하는 것이 아니고, 그리스도의 추종자들로서 우리의 정체성은 이런 것임을 서술하여 밝히고자 하는 것이다. 그럼에도 나는 앞에서도 이야기를 한 바가 있지만, 이 책이 좌파, 우파, 그리고 그 사이에 있는 그 밖의 모든 사람으로부터 많은 비판을 불러일으키지 않을까 생각한다. 나는 이미 많은 비판을 들어 왔다.

"양쪽 역할을 다 할 수는 없어요."

"당신은 너무 겁이 많아요."

"당신은 줏대가 없어."

"당신은 너무 정치적이에요."
"당신은 너무 많은 특권을 누리고 있습니다."
"그냥 예수님께 집중할 수 없습니까?"
"뭐 하는 목사입니까?"

당신도 어떤 사람들이 볼 때는 너무 보수적이고, 또 그 밖의 사람들에게는 너무 개인의 자유를 따르는 리버럴리스트(자유주의자)일 수 있다. 그리스도를 따르는 사람이 되기 위해서는 긴장 속에서 신실함을 잃지 않아야 한다. 또한, 그것은 세상에 참여하고, 희망을 잃지 않는 것이며, 어쨌든 사랑하고, 진실함으로 행하고, 그리스도의 사랑과 자비, 그리고 은혜를 전하는 것이다.

이것이 점점 어려운 일이 되고 있는데, 예수님을 따르는 사람들의 부르심이란 그렇게 어려운 것이다. 그것은 단순히 우리가 무엇을 믿느냐의 문제만이 아니라 우리가 어떻게 참여할 것인가의 문제인 것이다.

뒤에 이어지는 각 장을 읽어 가면서 보겠지만, 나는 정부가 그 자체로, 그리고 정부가 있다고 해서 자동적으로, 사회의 모든 악을 해결하는 해결책이 된다고 믿지는 않는다. 그러나 정부는 중요한 역할을 하기 때문에, 우리가 그 통치 과정에 참여하는 것은 매우 중요하다. 나의 소망은 이 책이 우리가 정치 스펙트럼에서 볼 수 있는 정치색에 있어서 빨간색이든, 파란색이든, 보라색, 혹은 그 밖의 어떤 색으로 분류가 되든 우리 모두를 위한 책이 되기를 바란다.

당신은 정치에 지나치게 집착해서 모든 종류의 움직임과 모든 정쟁에 매달려서 완전히 정치 게임에 몰입하고 있는 사람일 수 있다. 당신은 당신이 선호하는 정당의 입장을 흔들림 없이 고수하고 있을 수도 있다.

또 당신은 결국 우리가 그런 지도자들을 갖게 된다는 것을 굳게 믿고 희망을 가질 수 있다. 또 당신은 하나님이 역사하셔서 우리의 기도가 응답되어 원하는 지도자들이 세워지는 것을 볼 수도 있을 것이다. 혹은 당신이 실망하긴 해도 낙관적 입장을 갖고 정치는 가치 있는 일이며 우리 앞에는 더 나은 날들이 있을 것이라고 믿고 있는 사람일 수도 있다.

나는 오늘날 우리가 정치에 참여하고 있다는 사실 때문에 격려가 된다. 내려지는 정치적 결정들이 항상 옳고 좋아서라기보다는 그렇게 많은 미국인들이 투표할 기회에 투표소에 나오고 있기 때문이다.

예컨대, 2018년 중반에 있었던 선거 당시 모든 유권자 중 과반에 가까운 수가 실제로 투표를 했다. 2018년 중간 선거에서 유권자의 47퍼센트가 표를 던졌는데, 이는 지난 50년 이상의 기간 중 중간 선거를 위해 나온 사람들 중 가장 많은 사람이 참여한 것이었다.[4]

그러나 당신은 지난 선거에서 투표소에 나가지 않았을 수도 있다. 당신이 정치에 대해 호감을 가지면서도 싫어하는 이중적 입장이지만 옳은 생각들을 가진 바른 지도자들이 혹시라도 나오면 기꺼이 참여하는 사람일 수도 있다. 그런 입장은 별난 모습이 아니다. 우리는 여러 가지 이유로 기권할 수 있다. 이런 모습이 바로 당신이라면, 당신은 나름대로의 정당한 이유를 가지고 있는 사람임에 틀림없다. 당신은 혹시 정치나 정부라는 건 악하다는 의견을 갖고 있기 때문에 기권을 했을 수도 있다.

정치는 악마이거나, 그건 기독교인들이 가담할 일이 전혀 아니다고 생각할 수도 있다. 당신은 이 세상이 우리가 영원히 살게 될 본향이 아니라고 믿기에 그런 것에서 벗어나서 영적이고 거룩한 일에 집중하는 중일 수도 있다.

당신은 어쩌면 냉소적이거나 심지어 지쳐 버렸을 수도 있다. 혹은 한때 누구보다도 더 강력하게 정치의 과정이라는 것을 굳게 믿었었는데, 이제는 더 이상 그렇지 않은 사람일 수도 있다.

---

4 Camila Domonoske, "A Boatload of Ballots: Midterm Voter Turnout Hit 50-Year High," NPR, November 8, 2018, www.npr.org/2018/11/08/665197690/a-boatload-of-ballots-midterm-voter-turnout-hit-50-year-high..

당신은 정치 활동과 공개 지지 활동이 때로는 가치가 있는 활동이라고 보지만 당신이 지금까지 반복적으로 보아 온 것은 우리의 정치 활동 과정이 고칠 수 없을 만큼 망가졌다고 생각하기에 이르렀을 수도 있다. 그래서 이제 당신은 그런 일에 참여하는 대신 삶의 다른 싸움을 찾아 나섰으며 정치적 투쟁은 다른 사람들에게 맡겨 두었을 수도 있다.

나는 충분히 이해한다. 나도 때로는 지쳐 버릴 때가 있다. 환멸을 느낀다. 심지어는 정치 때문에 깊이 실망하기도 한다. 그러나 나는 신자인 당신을 격려하고자 한다. 낙심하지 말라. 다른 방법이 있다.

지금부터 내가 하는 말을 잘 들어 보시라. '정치는 중요하다.' 정치가 중요한 것은 정치에 의해 정책들이 만들어지고 그 정책들이 궁극적으로 사람들에게 영향을 미치기 때문이다. 성경을 읽어 보면, '사람들이 하나님께 중요하다'는 사실이 매우 명확히 나타나 있다. 거기서 말하는 사람들이란 모든 종류의 사람들을 말하는데, 특히 주변으로 밀려난 사람들, 억압을 받고 있고, 잊힌 사람들, 우리가 사는 거대 사회의 주변 언저리에 있는 사람들을 말한다.

어떤 기독교인들이 정치 과정에 참여하기를 포기하고, 침묵하며, 뒷줄로 나앉기로 한 사람들이 있을 수 있는데, 그런 고립 혹은 사회로부터 물러나 앉는 것을 이 책이 응원하지는 않는다. 나는 기독교인들이 우리가 사는 사회의 더 큰 문화, 곧 우리가 '정치'라고 이름 붙이는 다양한 많은 측면과 뉘앙스를 갖는 활동들에 참여해야 한다고 믿는다.

다른 측면으로 보면, 우리는 정치가 우리의 삶을 삼켜 버리는 것처럼 보이고, 실제로 분명히 그렇게 느껴지는 어떤 문화적 상황에 살고 있기도 하다. 정치가 공중파 방송을 채우고 케이블 뉴스가 하루 24시간 일주일 내내 쉴 새 없이 이어지는 문화일 뿐만 아니라 우리의 매일 생활, 곧 시장에서 만나는 사람들이나, 저녁 식사 시간, 혹은 교회 안에서 만나는 사람들과 대화에서 정치 주제의 대화는 넘치고 넘친다. 그런 현상 자체가 반드시 나쁜 것은 아니다.

다만 그것이 강한 성경적 근거와 신학적 기초에 뿌리를 내린 것이 아니라면 유독한 것이 될 수 있다.

왜 그런가?

왜냐하면, 정치라는 우상이 이 나라의 시민적 담론을 갉아먹고 있기 때문이다. 그러나 이것이 국가적 차원에서만 그런 것은 아니다. 이런 현상은 기독교 공동체 내에서도 일어난다.

정치가 건강한 사회 어디서든 있어야 하는 필수 과정이라는 면에서 이 책의 존재 의의가 있다. 즉, 기독교인들이 정치 참여라고 하는 혼란스럽고도 요동치는 풍랑을 헤쳐 나갈 수 있도록 돕는 실제 자료이지 이 자체가 목적은 아니다. 다만 이것은 예수 그리스도를 따르는 이들에게 우리 제자도의 한 표현이 어떤 것인지를 보여 주는 것이다.

이어지는 각 장에서 나는 신자들이 특정 정당들이나 거기에 속한 막강한 정치가들과 동침하지 말 것을 강력히 요청한다. 그렇게 하다 보면 우리는 권세들에 대해 '진리'를 말해야 하는 예언자적 능력을 상실하게 된다.

내가 이미 말했고, 또 계속 반복하겠지만, 나는 기독교인들이 뒷줄로 물러나라고 제안하는 것이 아니다. 그러나 우리는 결코 어떤 특정 정당에 대해 맹목적 충성을 해서는 안 된다. 여기서 정당이라고 말할 때, 그것은 어떤 정당이라도 다 포함되는 것이다.

이것이 오늘날 일어나는 많은 사례이다. 문화적 '기독교'는 특정 정당에 대한 정치적 충성으로 머리를 조아린다. 그것은 예수님이 취하신 길에서 볼 수 있는 것과는 달리 혁신적이지도 반문화적이지도 않다. 오히려 그것은 잡탕이 되거나 문화적 기독교의 오염된 형태로 전락한다. 내가 직전에 묘사했던 또 다른 낱말로 표현하면, 그것은 '우상 숭배'다.

토마스 머튼(Thomas Merton)이 진보주의자들과 보수주의자들에게 동일하게 던지는 날카로운 꾸짖음을 생각해 보라.

나는 교회를 새롭게 한다고 주장하면서 좀 멍청하게 시류에 영합하거나 경쟁적 파벌 싸움에 말려든 진보주의자들의 시끌벅적한 주장들 속에서 정말 본질적인 건더기를 거의 보지 못한다. 보수주의자들이 죽은 권력의 의미 없는 상징들을 끈덕지게 물고 늘어지는 데서 하염없이 우울해진다.
그들의 전근대적인 바로크적 타성과 저들의 율법주의라니!
구역질이 난다.[5]

예수 그리스도를 믿는 신자들이라면, 우리가 기억해야 할 것은 "먼저 하나님의 나라를 구할 것"(마 6:33)이지 우리가 지지하는 정당의 나라 혹은 우리가 속한 그 나라를 먼저 구할 것은 아니다. 이런 진술이 강한 거부와 그에 따른 감정적 반응들을 불러일으킬 것이므로 부언한다면, 애국과 민족주의 사이에는 큰 차이가 있다는 것을 주목하라. 좋다. 애국의 길을 택하자.
나도 애국자이다!
나는 이민자이고, 지금 북한이라고 불리는 곳에서 태어난 부모의 아들이다.
우리 부모가 어릴 때, 한국전쟁이 한 나라와 수백만의 가족을 분리시키고 갈라놓기 전인 그때는 하나의 한국밖에 없었다. 우리 가족은 내가 6살 나던 1977년에 이민을 왔다. 나는 미합중국으로 건너온 수백 만 명의 이민자 가운데 하나였다. 나의 이야기는 독특하다. 나는 자부심을 가진 이민자로서 미국 시민이 되었기에 나는 다른 누구에게나 애국과 민족주의 사이에 중요한 차이가 있다는 것을 즉각적으로 말할 수 있다.
민족주의는 예외주의(exceptionalism)라고 하는 여러 위험이 잠재된 견해를 지칭한다. 예컨대, 특히 자신을 미국인이라고 밝히는 이들에게 있어서 미국적 예외주의라고 하는 것은 미국 지상주의(American supremacism)를 그

---

[5] John Howard Griffin, *Follow the Ecstasy: The Hermitage Years of Thomas Merton* (Maryknoll, NY: Orbis Books, 1993), 112.

뒤에 감추고 있는 위험한 가면이 될 수 있다. 달리 말하면, 그것은 순전히 현세적 권력의 렌즈로만 보게 하기 때문에 그 권력을 쟁취하고 그것을 보존하기 위해서 어떤 일이든 감행하게 될 것이다.

여기서 우리의 신학과 예배와 삶의 중심 인물인 예수 그리스도의 반문화적 이야기들을 상상해 보자. 예를 들어, 우리는 예수님이 제자들의 발을 씻어 주신 이야기를 기억해 봐야 한다. 특히, 율법 선생들이 유대인들에게 다른 사람들의 발을 씻어 주는 것은 더럽고 천한 일이므로 발을 씻어 주지 말라고 가르쳤던 그 문화적 맥락 안에서 그 예수님의 이야기를 기억해 봐야 한다. 예수님이 발을 씻어 주신 것은 참으로 파격적인 것이다. 이것은 상상을 초월하며, 우리의 마음을 변화시키는 것이다.

우리에게는 이 혼란 많은 시대에 정치와 정당과 권력 등에 대한 이야기들이 넘쳐나고 있다. 그러나 바로 그렇기 때문에 우리는 하나님의 나라에 관심을 가져야 하는 이유가 있는 것이다. 하나님의 나라는 정말 어떤 것인가에 대해 분명하지 않다면, '예수님을 바라보라.' 그분은 우리가 사는 이 세상의 권력 체계 안에 길들여진 꼭두각시가 아니다. 십자가에 달렸다가 부활하신 그리스도는 주요 구원자(Lord and Savior)이시다.

정말 우리는 계속 예수님을 바라보아야 한다. 거기서 한 걸음 더 나아가 우리는 먼발치에서만 그분을 경원(敬遠)해 마지 않는 것이 아니라 그분께 나아가 그분의 말씀과 가르침과 길을 따르며 실제로 그분을 경배해야 한다.

제1장

정당들과 동침하지 말라

　11월 어느 화요일의 늦은 밤이었다. 아이들을 재우는 시간이 훨씬 넘어서였다. 그러나 나는 애들이 아직 자지 않고 친구들과 애들 방에서 놀고 있는 소리를 들을 수 있었다. 어른들은 우리 집 거실에 가득했고, 팝콘 그릇과 대부분 먹어 치운 파티 음식들이 카펫과 소파 테이블에 흩어져 있었다. 내 친구들도 이렇게 지저분할 수 있나 보다.
　아내와 나는 교회에서 온 여러 다른 부부와 함께 마치 벌레잡이 째퍼에 빨려 드는 모기들처럼 텔레비전에서 비추는 푸른 빛 속으로 밀려들어 가고 있었다. 나는 방 안의 아내와 친구들을 흘끔 둘러보았다. 몇 명은 서 있었고, 몇몇은 앉아 있었다. 손님 몇은 전화기를 움켜쥐고 있었고, 머리를 숙인 채 전화기 화면을 새로 고치고 반복적으로 스크롤하면서 읽어 내려가고 있었다.
　나는 사람들이 걱정스러운 표정으로 TV에서 눈길을 떼지 못하는 것을 보고 있었다. 한 친구는 정치 평론가들이 예측 방송이 진행되는 동안 불편한 심기를 자제하려는 양 팔짱을 끼고 있었다. 그날 밤 우리는 농담과 웃음으로 시작했지만, 몇 시간이 지난 지금 우리는 케이블 뉴스 전문가들의 논평 소리만이 한 방 가득한 가운데 침묵을 지키고 있었다. 선거인단 집계가 계속 진행되고 있었다.
　우리는 스크린 밑에 올라오는 숫자를 보고 있었는데, 그 숫자들이 보여 주는 것은 불길한 느낌을 주고 있었다. 우리는 세상에 이 사람이 대통령이 되어 집권하게 되면 어떤 세상이 될 것인가에 대해 상상하기 시작했다.

그런 다음, 그 상상은 현실이 되었다.

반짝이는 그래픽이 휙 소리와 함께 화면을 가로질러 미끄러지듯 올라왔고, 과도하게 느껴지는 드라마틱한 음악이 이어졌다. 그다음 뉴스 앵커가 중대 발표를 했다. 그는 정치 분석가들이 일어나리라고 예상한 것이 사실이 되었다고 확인하며 말했다. 그것은 결정적 진술이었다. 우리가 그런 일이 설마 가능이나 할까라고 께름칙하게 생각만 했었고, 그런 일이 정말 일어나리라고는 꿈에도 생각하지 못했던 일이 일어났던 것이다.

'그가 당선됐다.

그가 대통령이 된다.

우리가 끔찍하게 생각했던 바로 그 사람.

우리나라는 어떻게 되는 건가?

어떻게 이런 일이 우리에게 일어날 수 있는 거지?

정말 너무 분명하게 우리가 소중히 여기는 가치나 우리의 기독교적 가치들을 갖고 있지 않은 사람 아래에서 살아야 하는 삶을 어떻게 감당할 수 있을까?

어떻게 우리가 한 기도가 응답되지 않았던 거야?'

그 방에 흐르는 침묵 속에서 우리는 마치 폭격이나 맞은 것처럼 이 뉴스의 무게가 주는 충격을 흡수하고 있었다. 우리는 암흑의 시대, 곧 기독교인들에게 시련의 시간이 될 수 있는 4년이라는 시간으로 들어가는 순간이었다. 우리는 패배했다(이쯤에서 훨씬 더 드라마틱한 음악을 상상해 보라).

1. 어느 정당도 완전하지 않다

지금 읽은 이야기가 익숙하지 않은가?

혹은 이 이야기와는 완전히 정반대의 내용이 익숙할 수도 있다. 두려움이나 도저히 못 믿겠다는 감정들을 부푼 꿈에 젖은 기쁨과 '우리의 기도가 응답되었다'는 식의 생각들로 바꿔볼 수도 있다.

　나에게 이 이야기의 어떤 부분들은 현실적 요소들이 가미되어 있을 수 있지만, 이것은 꾸며 낸 예화이다. 전에도 들어 봤던 그런 이야기이며, 설교하면서 사용했던 그런 아이디어이다. 우리들 중 많은 사람에게 정말 있는 그런 어떤 것을 드러내는 이야기다.

　우리는 기도하고, 공개 지지를 선언하고, SNS에 이야기를 올린다. 때로 우리는 기독교의 가치는 이런 것들이며, 정치에 있어서 그것은 이런 내용이어야 한다는 식의 설교를 듣기도 한다. 그러나 우리 세계와 개인적 삶이 우리가 믿기에 우리 가치들과 양립될 수 없다고 생각하는 어떤 사람이 집권하는 것을 볼 때 무너져 내리는 것처럼 느끼게 된다. 위에서 말한 예화에서 감지했을 수 있었겠지만, 나는 의도적으로 당선된 후보나 그 해당 정당이 어딘지를 밝히지 않았다.

　이 책을 읽는 많은 독자가 기독교인들일 것이지만, 당신이 지금까지 들어 온 것과 달리 기독교인들이라고 해서 모든 문제에 대해 모두 똑같이 생각하는 동일 집단은 아니다. 여기서 말하는 문제에는 복합적이고 다양한 뉘앙스를 가진 정치 세계의 문제도 포함된다.

　우리는 비기독교인들과 다름없이 다양한 정치적 견해를 가지고 있다. 옳든 그르든, 이 세상에서 우리의 신앙을 활성화시키기 위해 하는 선택의 방법들은 사람들마다 다 고유하다.

　그렇기에 선거일 밤에 일어난 일의 이야기를 들었을 때, 당신은 아마 그 악몽 같은 시나리오에서 그리고 있던 당선인이 어떤 특정 정치인이고, 그가 속한 정당이 어떤 특정 정당일 거라고 상상했을 수 있다. 어떤 이들에게 그런 선거의 결과는 2016년 11월의 일일 수 있고, 또 다른 이들에게 그것은 2012년 11월, 혹은 2008년 11월, 혹은 2004, 2000, 1996, 1992년의 일이었을 수 있다.

내가 미래의 대통령 선거에서 누가 당선될 것인지를 예측할 수는 없다고 해도, 내가 장담할 수 있는 것은 이와 같은 이야기가 2020년, 2024년, 2028년, 그리고 예수님이 다시 오셔서 만물을 자기에게 회복시키는 그날까지 그 이후 계속 있을 미래의 선거에서 계속 벌어질 수 있는 일이라는 점이다.

많은 기독교인이 정치에 열정이 있을 뿐만 아니라, 어느 정도 수준에서 정치에 가담하기도 한다. 그러나 내가 종종 주장하는 바이지만, 우리는 정치에 의해 노리개처럼 놀아나고 있기도 하다. 때때로 우리의 정체성과 가치들이 왜곡되기도 하고, 우리의 희망이 엉뚱한 모습으로 변질되기도 한다.

선거와 정치에 대한 광고가 항상 그런 것은 아니지만, 미래를 바꿀 수 있고, 우리와 우리 자녀들의 삶을 영원히 바꾸게 될 인류 역사의 가장 중요한 주제들이라고 광고가 나가는 때가 종종 있다(이때 드라마틱한 배경음악이 흐른다).

모든 선거가 다 중요하다. 그렇지 않다고 말하는 것은 뭘 모르는 순진한 일이겠지만, 선거일 저녁에 정치 평론가가 발표하는 소식이 우리 그리스도인들이 이미 알고 있는 기쁜 소식, 곧 우리가 그 궁극적인 기쁜 소식을 가지고 있다는 사실을 능가할 수는 없다. 어느 후보 혹은 어느 정당의 정강이라 해도 이보다 더 중요할 수는 없다.

그런데 정치적 순간의 열기가 달아오르면 우리는 이런 진실을 망각하는 경향이 있다. 불공정과 불의, 고통과 잔악한 행위와 같은 현실들에 직면하게 되면 우리는 쉽게 망각하고 만다. 난해하고 압도적인 신학적 문제들에 직면하게 되면 쉽게 잊고 만다. 그렇기 때문에 예수님이 직접 말씀하신 성경 말씀의 확신 있는 내용을 우리에게 계속 주지시킬 필요가 있다.

> 이것을 너희에게 이르는 것은 너희로 내 안에서 평안을 누리게 하려 함이라 세상에서는 너희가 환난을 당하나 담대하라 내가 세상을 이기었노라(요 16:33).

기독교인이든 아니든 많은 사람이 때때로 정치적 담론에 임할 때 끔찍한 행동을 하기도 한다. 만일 증거를 원한다면, 한 5분 동안 페이스북을 들어가 보면 그것을 알 수 있다. 우리는 우리와 정치적 성향이 같지 않은 사람들의 문제를 지적하거나 비난하고, 또 그들에게서는 최악의 것을 기대한다. 우리들 중 많은 사람이 이런 독성 때문에 가족이나 친구들로부터 소외를 당한 적이 있다.

어떤 정치 이데올로기가 삶에 있어서 가장 중요하다고 믿는 믿음이 없다면 왜 이런 일이 일어나겠는가?

심지어 어떤 이들은 어떤 특정의 정치 이념이 '하나님의 길'이라고 믿기도 한다. 그런 미끼를 물지 않기를 바란다. 어떤 특정 정당도 완전한 것은 없으며, 어느 정당도 하나님 나라를 독점하지 못한다.

2. 그리스도에 대한 믿음이 내가 어떻게 투표해야 할지를 알려 준다

당신이 지금 이 책을 읽으면서 내 정치 성향을 추측하기 시작할지도 모르겠다. 나는 그것을 이해한다. 결국, 나는 지금 정치에 대한 책을 쓰고 있는 것이 아니겠는가. 그런 만큼 당신은 톡 까놓고 이렇게 물을 수도 있다.

"유진 씨, 당신은 공화당이요, 아니면 민주당이요?

보수주의자요 자유주의자요?"

나의 대답은 어느 쪽도 아니다.

잠깐, 지금 우리가 뭘 이야기하고 있는가?

무슨 이슈를 말하고 있는 건가?

도대체 어느 누가 한 특정 정당에 전적으로 동화하고, 배타적으로 연계될 수 있단 말인가?

단적으로 말해서, 그런 것이야 말로 사람을 정치 성향으로 때려잡는 방식의 실체이며 위험이 아닐까?
기독교인들과 특히 복음주의 기독교가 그런 유혹에 떨어져서 심지어는 자기 자신의 정체성을 어떤 정당에 꽂아 넣는 것 아닐까?

교회의 아름다움과 힘은 좌우가 대립하는 정치 스펙트럼에서 찾아지는 것이 아니라 복음의 능력 안에서 발견된다. 우리는 우리의 의미와 능력을 예수 그리스도의 인격 안에서 발견하는 것이다.
어떤 사람의 정치적 경향에 대해 물어보려고 하기 전에 우리는 예수 그리스도 복음의 아름다움과 그 능력을 우리가 이해하고 있는지, 또 그런 아름다움과 능력을 염두에 두고 그것을 구현하는 삶을 살고 있는지를 물어봐야 한다. 달리 말해서, 우리가 처한 딜레마의 요체는 어떤 기독교인들의 경우에는 우리 신학과 그리스도에 대한 경배를 기초로 하여 우리의 정치 담론이 영향을 받기보다는 오히려 정치적 이해가 우리의 신학을 좌우하도록 허락한 형국이라는 것이다.
자, 이제 투표에 대해 말하면, 나는 지금까지 양쪽 모두에 투표를 해 왔다. 가장 정확하게 말하면, 나는 정치 전문가들이 말하는 이른바 독립 유권자다. 비록 독립 유권자들이 정치 담론에서 어떤 비난을 받는지를 인정하면서도 나는 양자에게 모두 좋은 점과 위험성이 있다고 보고 있으며, 어떤 이슈들에 대해서는 양쪽 모두의 정견에 대해 강한 반대 입장을 가지고 있다.
솔직히 말하면, 나는 18살 때 내가 그리스도를 따르는 추종자가 된 이후로 일종의 여정에 임하고 있기 때문에, 계속 분별해 나가고 있는 중이다. 여전히 나는 기도하면서 그리스도를 믿는 나의 믿음으로 하나님 사랑과 이웃 사랑이라는 두 큰 계명을 어떻게 살아 낼 것인가를 찾아 나가는 씨름을 하고 있다.

3. 그러나 진정한 기독교인이라면 공화당을 찍어야 하는 거 아닌가요?

나는 대학에 들어가기 전 여름에 그리스도를 나의 주와 구원자로 받아들였고 UC데이비스(University of California, Davis)에 들어가서 곧 대학 선교단체에 가입했다. 기독교를 택하여 살기로 해서 시작된 나의 새로운 세계에 정착해 들어가면서 나는 성경, 기도, 나의 삶에 대한 하나님의 뜻과 인도 같은 것에 대해 깊이 관심을 갖는 신자들과 연결되기 시작했다.

그때 나는 18세였기 때문에 투표를 할 수 있었고, 나는 내가 새로이 발견한 이 믿음이 내 삶의 많은 측면에 어떻게 영향을 미칠 것인가에 대해 상당히 궁금했다. 그런데 그때 친구들과 멘토들과 나누었던 대화를 하면서 내가 정치에 대해 들었던 한 가지는 이것이다.

"당신이 그리스도인이라면, 당신은 공화당을 찍어라."

나는 그렇게 하는 걸로 알고 있었고, 그 이상 머리를 굴릴 생각도 하지 않았으며, 나는 그것을 받아들였다. … 그때는!

내가 처음으로 대통령 선거를 했던 게 1992년이었는데, 빌 클린턴 대신 조지 H. W. 부시에게 한 표를 던졌다. 내가 말하려고 하는 요점은 내가 누구를 찍었는가를 말하려는 것이 아니라 확신과 기독교인의 암묵적 의무감에 의해 어떤 정해진 정당에 투표를 한다는 것에 대해 되돌이켜 보면서 마음이 편치 않았던 기억이 있었음을 표현하고 싶은 것이다.

갓 믿은 기독교인으로서 나는 이 일에 대해 여러 질문을 하기 시작했다. 솔직히 내 주변의 기독교인 친구들이 내게 보인 반응은 다음 세 마디의 말로 요약될 수 있다.

"묻지 마!"

분별력을 구하거나 토론을 한다든지 할 아무런 여지도 남겨 두지 않고 있었다. 그냥 좋은 그리스도인들은 공화당을 찍는다는 생각뿐이었다.

이제 와서 돌아보면, 나는 그런 사고방식에 어떤 위험이 있음을 볼 수 있다. 어떤 특정 정당을 맹목적으로 추종한다는 그런 생각인데, 우리의 경우 그것은 공화당이었다.

도대체 어떻게 특정 정당이 그리스도가 옹호하는 가치들과 100퍼센트 일치할 수 있을까?

도대체 어떤 정당이 그럴 수가 있다는 말인가?

몇 해 전 나는 조지아의 아틀랜타에서 열린 기독교 지도자 수련회에서 말씀을 전하고 있었다. 그 행사를 마치면서 목사와 지도자들이 다 같이 모여 늦은 저녁 식사를 하면서 대화를 나누고 있었다. 그런 행사에 갈 때 가장 좋은 시간이 그런 시간이다. 행사를 뒤로 하고 솔직하게 속에 있는 이야기들을 할 수 있기 때문이다.

우리의 대화가 정치라는 주제로 넘어가자 두어 분이 미국 남부에서 자라며 경험한 이야기들을 나에게 해 주었다.

"우리는 엄마 뱃속에 있을 때부터 다른 무엇이기에 앞서서 기독교인이었고, 그다음은 미국인, 그리고 그다음은 남부인이고, 마지막으로는 공화당이었습니다."

중요도는 그 순서인데, 그들의 정체성을 말할 때 그 모든 것이 순서에 관계없이 중요하다는 것이었다. 그중 한 분은 농담조로 자기 집 거실에 가면 푸른 눈에 금발을 한 예수님의 커다란 초상화 바로 옆에 로널드 레이건의 사진이 걸려 있다고 했다.

그건 말 그대로 사실이었다. 기독교인들은 공화당을 찍어야 한다. 그게 바로 소싯적에 내가 들었던 말이었다. 그런데 아이러니하게도 1997년부터 좌파 성향의 진보주의적 분위기의 시애틀에 살고 있기 때문에 지금 나는 정반대의 이야기를 듣고 있다. 이건 걱정되는 상황이다. 민주당을 찍을 수 없기 때문이 아니라, 더 넓은 맥락에서 그리고 내가 섬기는 교회를 포함해 많은 교회의 젊은 층조차 이번에는 내용이 다르기는 하지만, 기독교인의 정치 참여에 대한 너무도 내 귀에 익숙한 반응을 듣고 있기 때문이다.

즉, 기독교인들, 혹은 적어도 진짜로 '깨어 있는'(woke: 인종적 편견이나 차별 등에 대해 의식한다는 뜻으로 주로 아프리카계 미국인들이 그런 뜻으로 쓴 데서부터 많이 쓰이고 있는 특정의 표현이다-역자주), 정의를 생각하는 기독교인들이면 반드시 민주당을 찍어야 한다는 말을 듣고 있기 때문이다.

좀 더 구체적으로 말하면, 이런 식이다.

"내가 당신을 판단하는 건 아니지만, (심각하게 눈동자를 굴리면서) 당신이 기독교인이라면서 어떻게 공화당을 찍을 수 있어?"

이런 이야기는 당신이 미국의 바이블벨트(미국 중남부에서 동남부에 걸쳐 있는, 개신교의 영향이 큰 지역을 말한다-역자주)에 살고 있다면 말할 것도 없고 그 외에 많은 다른 지역에 살고 있더라도 아주 이상하게 들릴 수 있다. 어쩌면 이곳 시애틀에 사는 사람들이 보이는 특이점의 하나일 수도 있다.

이 도시의 경우 2016년 선거에서 고작 8퍼센트의 사람들만 도널드 트럼프를 찍었으니 말이다.[1] 또는 너무도 많은 젊은 세대나 밀레니얼 세대, 그리고 기성 세대로 진입하는 Z세대의 사람들이 정치적으로 좌파 쪽으로 기운다는 것은 알려진 사실이기 때문이다.[2]

그러나 내가 지금 보고 있는 상황들은 내가 청년 시절에 갓 믿은 그리스도인으로서 경험했던 것과는 그 정반대의 상황인 데다 강도가 훨씬 셀 뿐만 아니라 판단하는 태도와 독설이 섞여 벌어지고 있는 것이 내게는 도무지 현실적으로 느껴지지 않는다.

시애틀에서 사람들이 기대하고 가정하는 바는 당신이 기독교인이라면, 특히 트럼프 시대에는 민주당에 투표를 해야 한다는 것으로 되어 있다. 제

---

[1] "Here's How Seattle Voters' Support for Trump Compared to Other Cities'," *Seattle Times*, November 17, 2019, www.seattletimes.com/seattle-news/politics/heres-how-seattle-voters-support-for-trump-stacks-up-to-other-u-s-cities/.

[2] Kim Parker, Nikki Graf, and Ruth Igielnik, "Generation Z Looks a Lot Like Millennials on Key Social and Political Issues," Pew Research Center, January 17, 2019, www.pewsocialtrends.org/2019/01/17/generation-z-looks-a-lot-like-millennials-on-key-social-and-political-issues/.

발 나의 뜻을 오해하지 말기 바란다. 나는 트럼프 대통령의 지지자가 아님에도 불구하고, 나는 어떤 좌파 성향의 기독교인들이 그리스도 안에서 형제자매 된 동료 기독교인들 가운데 어떤 사람들이 말은 못하고 심적 고통을 안고 공화당을 찍을 수도 있다는 것에 대해 고려할 여지를 전혀 남겨두지 않는다는 것을 보면서 어안이 벙벙했었다.

내 경우 트럼프와 동의하지 않는 것이 많아서 그가 내놓은 정책들 가운데 많은 것과 특히 그의 완력으로 밀어붙이는 전술(bullying tactics)에 대해 그를 비판해 왔지만, 그를 찍어 준 62,984,828명의 사람들 모두에 대한 광폭의 심판을 내린다는 것은 불가능하다고 생각한다.

어떤 이들의 입장에서 보면 논의의 가치조차 없는 일일 것이다. 그렇지 않다면, 당신의 생각은 틀렸을 뿐만 아니라, 당신은 인종차별주의자에, 성차별, 여성 혐오, 동성애 공포, 성전환 공포 등의 문제를 가지고 있는 사람이므로 당신과 나는 친구라고 할 수도 없고, 어떤 식의 관계도 가질 수 없다. 정말 나는 사람들이 나름대로 자기의 견해에 따라서 투표를 다르게 할 수 있다고 의견 차이를 용납해야 한다고 그냥 제안한 것 때문에 위와 같은 온갖 혐의를 뒤집어써 왔다.

근본주의자(fundamentalist)라는 호칭을 일반적으로 더 이상 축소할 수 없는 기독교적 신념들에 대해 흔들리지 않는 애착을 보이고, 보수적인 기독교적 신념들에 연관된 사람들을 부를 때 사용하지만, 근본주의라는 말은 이제 다양한 정치 스펙트럼에서 양극을 이루고 있는 이념적 극단주의에도 영향을 미치고 있다는 것이 자명하다.

4. 위험한 길을 선택함

우리 중 많은 사람에게 자기가 좋아하는 정치가들이 있고, 또 그들은 나름대로의 정치적 입장들을 가지고 있지 않느냐고 생각해 본다. 대개 우리는 더 이상 많은 양의 비판적 사고 같은 것을 하지 않고 그런 식으로 생각하는 것을 편하게 느끼는 것 같다. 우리는 우리가 지지하는 후보들 혹은 우리가 택한 정당과 생각을 맞춰 간다.

그렇기 때문에 기독교인들 사이에 가장 열정적으로 품게 된 신념들이 우리의 삶을 변화시킨 그리스도에 대한 믿음이 가리키는 것이 아니라 우리가 택한 정당이나 정치 이데올로기에 근거한 것일 수 있다. 그렇게 되면 그 이데올로기가 우리의 개인적 정체성의 한 부분을 이루게 된다.

나는 우리가 정치라는 것에 개입해서는 안 된다고 말하는 것이 아니다. 우리는 개입해야 한다. 그리고 나는 당신이 어떤 정당에 가입할 수 있다고 생각한다. 내가 아는 많은 친구가 선거 유세 활동에 참여했고, 캠프의 참모로 봉사하기도 했으며, 어떤 이들은 여러 다양한 레벨의 선출직 공무원에 출마하기도 했다. 그러나 나는 어떤 정당의 이념에 대해 무비판적으로 충성하는 사람들의 맹목적 추종에 대해 염려하게 된다.

우리들 가운데 많은 사람이 우리가 매일 접하는 뉴스나 우리가 알고 지내는 사람들과의 관계, 즉 때로 우리처럼 생각하고, 우리와 정치적 견해를 함께하는 이들과의 관계를 통해 정치적 이념을 매번 확인한다.

우리는 우리 스스로 정한 경계 범위 안에서 함께 노래를 부르지만, 불협화음을 일으킬 수 있다. 그러나 만약 모든 사람이 똑같은 소리만 내면서 우리가 조화로운 음악을 만들고 있다는 착각에 빠질 수 있다.

오늘날의 문화 속에서 점점 더 많은 기독교인이 전도를 통해 자기의 신앙을 다른 이들과 나누려는 의도적 노력을 하는 것은 고사하고, 자신의 기독교적 정체성보다 오히려 자신들의 정치적 성향이나 견해들을 이전보다 훨씬 더 많이 드러내고 추켜세우고 있다는 사실은 상당히 많은 것을 말해 준다고 하겠다.

"당신은 자기 생각을 바꾸지 않을 것이다"라는 아주 적절히 정해진 제목의 「뉴욕타임스」(*New York Times*) 오피니언 기사에서 런던대학교가 발행하는 「실험심리학 저널」(Journal of Experimental Psychology)에 실린 연구논문의 내용을 자세히 소개하고 있다. 그 연구는 상상을 초월하리만큼 많은 논란을 빚었던 2016년 미 대선이 진행되는 기간에 이뤄졌는데, 사실이 어떠하든지 간에 우리의 머리는 우리가 믿고 싶어 하는 만큼만 인지 작용을 통해 소화한다는 내용이었다.[3]

당신은 '확증 편향'(confirmation bias)이라는 것에 대해 들어 봤을지 모르겠다. 그것은 우리의 관점을 지지하는 정보만을 포용하는 경향을 말한다. 확증 편향의 해독제는 의도적으로 우리를 다른 관점에 노출시키는 것이다. 다양한 목소리와 관점이 있는 합창 소리를 추가해 보라. 그러면 당신의 머리는 열리게 될 것이다.

그런데 이 연구는 정치에 대한 우리 인간의 속성을 좀 더 파고든다. 힐러리 클린턴과 도널드 트럼프의 2016년 대선 이전에 사람들이 가지고 있는 관점들을 살펴봄으로써 승인 편향(desirability bias: social desirability bias라는 말을 줄여서 쓴 것인데, 승인 편향이라고 번역한다-역자주)이라고 하는 것을 파고들어 가 보았다.

「뉴욕타임스」기사는 이렇게 설명하고 있다.

> 당신이 믿고 있는 것과 당신이 믿고 싶은 것 사이에는 분명한 차이가 있어서 비관주의자는 최악을 기대하면서 최선을 바라지만, 정치적 신념에 이르면 그 두 가지의 구분은 흔히 모호해진다.

그것은 실제로 어떻게 나타날까?

---

[3] Ben Tappin, Leslie Van Der Leer, and Ryan Mckay, "You're Not Going to Change Your Mind," *New York Times*, May 27, 2019, www.nytimes.com/2017/05/27/opinion/sunday/youre-not-going-to-change-your-mind.html.

사람들은 자신들이 선호하는 후보가 당선될 것이라고 제시하는 여론 조사와 같이 원하는 증거를 얻게 되었을 때, 그것을 주목하여 그 정보를 어느 후보가 당선 가능성이 가장 높은가와 같은 뒤따라오는 후속 신념에 합치시키고 있었다. 반면, 원치 않는 증거를 얻게 된 사람들은 어느 후보가 당선 가능성이 가장 높은가에 대해 '그들의 신념을 거의 바꾸지 않았다.'

간단히 말해서, 우리는 우리가 생각하고 싶은 것을 생각하고 싶어 한다. 그래서 상대 당에 속한 어떤 사람이 무슨 이야기를 하든지, 그들이 하는 것은 옳을 수가 없다. 만일 트럼프가 암을 고쳤다고 해도 좌파 쪽의 많은 사람은 그를 찬양하지 않을 것이라는 게 내가 진실하게 믿는 바이다.

이것이 그렇게 큰 문제가 되지 않는 것은 어쨌든 그는 자화자찬을 할 것이기 때문이다(농담이니 나를 욕하지는 마시길!). 그런데 이것은 그 반대의 경우도 가능할 것이 분명하다. 만일 오바마 대통령이 암을 고쳤다고 하면, 우파의 어떤 사람들은 분명히 그것을 빌미 삼아서 그를 비판할 것이라고 생각한다.

예수님을 따르는 사람들은 어느 정당과도 동침을 해서는 안 된다. 어떤 사람이 어떤 특정 정당에 가입한다고 해도, 정치 체제가 우리의 궁극적 소망이나 해결책이 아니라는 것을 알고 있다면 우리는 그 정치 체제와 협력하면서 청취하고, 책임을 묻고, 그 체제와 연계해 나가는 입장을 유지할 수 있을 것이다.

또한, 우리는 일단의 사람들에게 예언자의 입장에서 발언할 용기나 확신을 결코 포기해서는 안 된다. 왜냐하면, 우리는 어떤 정치 지도자이든 정당이든 우리는 정치와 연관해서는 권력의 유혹을 받기 때문이다.

기독교인들이 어떤 정치 권력과 그 지도자들에 대한 맹목적 충성을 다짐하여 정치가가 말하는 것이나 옹호하는 것을 객관적으로 평가할 수 없다면 우리는 위험한 길에 접어든 것이다. 그때 우리는 이 세상을 일차적으로, 그리고 그 무엇보다도 그리스도의 삶과 가르침이 보여 주는 세상의 모습으로 보는 것을 중단하고 있기 때문이다. 그 대신 우리가 정치적 충성이 어느 쪽이냐 하는 것으로 우리의 정체성을 규정하게 할 때, 우리는 우리의 정치와 정치적 충성을 정당화할 목적으로 성경을 왜곡하게 된다.

달리 표현하면, 그게 바로 '우상 숭배'인 것이다.

성경 말씀과 그리스도에 대한 우리의 확신, 그리고 하나님 나라로 하여금 우리가 후보들이나 정당, 그리고 선거의 과정에 참여하는 방식을 좌우하도록 해야 한다.

5. 가장 큰 계명

예수님이 이 땅에 오셨을 때, 그분은 분명히 힘든 논쟁 상대셨다. 그분에게는 다른 사람들의 마음을 명확히 꿰뚫어볼 수 있는 초월적 능력이 있었기 때문이다. 예수님이 권위에 대한 도전을 받을 때, 한 서기관이 그에게 가장 큰 계명이 무엇이냐고 물었다.

그때 예수님은 다음과 같이 답하셨다.

> 네 마음을 다하고 목숨을 다하고 뜻을 다하고 힘을 다하여 주 너의 하나님을 사랑하라 하신 것이요. 둘째는 이것이니 네 이웃을 네 자신과 같이 사랑하라 하신 것이라 이보다 더 큰 계명이 없느니라(막 12:30-31).

예수님은 사역 초기에 제자들을 부르시고, 기적을 일으키시며, 병자들을 고치셨다. 말씀이 전파되고, 많은 무리가 예수님을 찾았고, 제자들이 그랬던 것처럼 예수님을 따르기 시작했다. 예수님이 산에 올라가셔서 그들에게 생각하는 방법, 사는 방법을 팔복으로 색다르게 가르치셨다.

거기서 예수님은 다음과 같이 말씀하셨다.

심령이 가난한 자는 복이 있나니 천국이 그들의 것임이요

애통하는 자는 복이 있나니 그들이 위로를 받을 것임이요

온유한 자는 복이 있나니 그들이 땅을 기업으로 받을 것임이요

의에 주리고 목마른 자는 복이 있나니 그들이 배부를 것임이요

긍휼히 여기는 자는 복이 있나니 그들이 긍휼히 여김을 받을 것임이요

마음이 청결한 자는 복이 있나니 그들이 하나님을 볼 것임이요

화평하게 하는 자는 복이 있나니 그들이 하나님의 아들이라 일컬음을 받을 것임이요

의를 위해 박해를 받은 자는 복이 있나니 천국이 그들의 것임이라

나로 말미암아 너희를 욕하고 박해하고 거짓으로 너희를 거슬러 모든 악한 말을 할 때에는 너희에게 복이 있나니 기뻐하고 즐거워하라 하늘에서 너희의 상이 큼이라 너희 전에 있던 선지자들도 이같이 박해하였느니라(마 5:3-12).

그리스도인들에게 성경은 그 전체가 우리를 인도한다. 그러나 예수님이 주신 이 두 가지 가르침(가장 큰 계명과 팔복)은 특별히 우리가 그리스도를 따르는 자들로서 우리가 우리의 제자도에 어떻게 임해야 하는가를 가르쳐 주며, 또한 우리가 다른 사람들과 어떻게 관계하고, 정치에는 어떻게 참여할 수 있는지를 알려 준다.

우리가 성경을 연구하고 그 말씀에 귀를 기울이고자 할 때 예수님의 삶과 그분이 주신 가르침과 본을 조심스럽게 살펴보고 따라가야 할 것이다. 이것이 우리가 도덕적 나침반을 어떻게 설정해야 하는가를 말씀하는 것이다.

곧 하나님을 사랑하고 우리의 이웃을 내 몸과 같이 사랑하는 것이다. 예수님이 우리에게 산상수훈을 통해 이렇게 살아야 한다고 가르쳐 주신 대로 파격적 삶을 살아가는 것이다.

6. 예언자들은 결코 인기가 없었다

하나님이 주신 긴 이야기 안에서 우리는 우리가 우리의 견해와 행위를 정당화함으로써 위험한 이념에 대해서도 불편을 느끼지 않고 안이하게 생각할 때 어떤 일이 일어나게 되는지에 대한 많은 예를 볼 수 있다.

나는 지금 북왕국 이스라엘에서 가난한 사람들에게 무거운 세금을 징수하고 뇌물을 받으며 살던 상류층 사람들의 마음을 질타했던 예언자 아모스와 그의 예언의 말씀을 생각해 보고 있다. 그들은 부유했을 뿐만 아니라, 또한 권세의 자리에 있던 자들이었다.

아모스는 그가 보았던 문제들과 씨름했다. 그 나라는 평화와 번영이 있었으나 부자들은 게을렀고, 항상 사치와 향락을 추구했고, 가난한 사람들에게 대해 무관심했다.

> 상아 상에 누우며 침상에서 기지개 켜며 양 떼에서 어린 양과 우리에서 송아지를 잡아서 먹고 비파 소리에 맞추어 노래를 지절거리며 다윗처럼 자기를 위해 악기를 제조하며 대접으로 포도주를 마시며 귀한 기름을 몸에 바르면서 요셉의 환난에 대해서는 근심하지 아니하는 자로다 그러므로 그들이 이제는 사로잡히는 자 중에 앞서 사로잡히리니 기지개 켜는 자의 떠드는 소리가 그치리라 (암 6:4-7).

그런데 그들은 하나님이 택하신 백성들이었다. 그들은 신앙의 사람들, 혹은 다른 표현을 쓴다면 교회에 다니는 사람들이었다. 말하자면 그들은 우리와 같은 기독교인들이었던 것이다. 그들은 찬송을 알았고, 성경을 알았으며, 제사를 드렸다. 그러나 그들의 삶은 하나님의 마음을 드러내지 못했다.

사람이 신앙이 있는데도 어떻게 예수님의 인격과 성품으로부터 그렇게 멀리 떨어져 있을 수 있었는지를 생각해 보면 가슴이 아프지 않을 수 없다.

그런 부조화의 모습을 보여 주는 또 하나의 예는 누가복음 5장 17-26절에서 볼 수 있는데 예수님이 바리새인 중 한 사람의 집에 가셨을 때의 이야기이다.

예수님이 이 집을 방문하신다는 소문이 돌자, 그 전 지역에서 율법 교사들이 모여들었다. 다만 그들은 열린 마음으로 예수님의 말씀을 듣고 배우려는 것이 아니라 문제가 없는지 세세히 살피고 분석하기 위해서였다. 한번 상상해 보라. 그들이 고대했던 메시아가 그들 가운데 오셨다. 문자 그대로 예수님은 지금 그들이 모여 있는 그 방 한가운데 계셨다. 그러나 그들은 믿지 못했고, 그분을 영접하지 않았다.

한 사람의 목사로서 나는 문화적 기독교인들은 종종 예수님께 인도하기가 가장 어려운 사람들임을 깨닫게 된다.

아모스는 할 만큼 했다. 아니 하나님께서는 할 만큼 하셨다. 아모스를 통해 하나님은 이스라엘 사람들에게 그들의 절기를 멸시하시며 더 이상 그들의 성회를 견딜 수 없다고 말씀하셨다.

> 네 노랫소리를 내 앞에서 그칠지어다 네 비파 소리도 내가 듣지 아니 하리라 오직 정의를 물같이, 공의를 마르지 않는 강같이 흐르게 할지어다(암 5:23-24).

아모스는 이 백성들이 맨 먼저 포로로 잡혀가게 될 것이라고 예언했다. 한 세대 후 앗시리아 사람들이 이스라엘을 정복하여 사람들을 흩었다. 그 예언은 이뤄졌던 것이다.

만일 당신이 이 말씀을 읽고 그 부유하고 권력을 남용했던 자들에 대해 걱정스런 마음이 들었다면, 누구든지 자기와 다른 견해를 가진 사람들에게 예언의 말씀 전하기를 좋아한다는 사실을 기억하기 바란다. 문제는 그들 자신은 그런 예언의 말씀을 결코 받아들이지 않는 것 같다는 것이다. 우리는 상을 둘러엎는 것을 좋아하지만, 우리의 상을 둘러엎지는 않는다.

우리는 다른 사람들이 누리는 특권을 들춰 내는 것을 즐기지만, 우리가 누리고 있는 특권에 대해서는 거의 생각하지 않는다. 고백하건대 나는 책망의 말을 듣는 것을 좋아하지 않는다.

이스라엘 사람들은 그들에게 편안하고 그들이 욕망하는 것에 기초한 사고방식에 대해서는 편안해했던 것처럼, 우리가 정직하다면 우리도 쉽게 같은 모습이었을 것이다. 우리는 적어도 무엇이든지 성경을 가지고 합리화하려고 시도한다. 또한, 오늘날의 문화에서 우리는 항상 어떤 권위를 찾기 때문에 우리의 견해를 긍정하는 어떤 지도자, 저자, 블로거, 혹은 전문가를 찾는다. 그러나 우리가 먼저 우리 자신을 그리스도와 그분이 행하신 길에 그 기초를 놓는다면 얼마나 더 가치가 있는 일이겠는가.

우리는 하나님을 사랑하고 우리의 이웃을 내 몸과 같이 사랑하라는 그 최고의 계명이 우리 삶의 방향을 잡아 주고 우리가 내리는 모든 결정이 어떻게 내려져야 하는지를 알려 주는 것임을 볼 수 있어야 한다. 그렇지 않으면 우리는 우리의 삶과 이념을 계속 바뀌는 모래와 같은 어떤 것에 기초하게 되어 우왕좌왕하는 결과가 될 것이다.

증거가 필요한가?

여기에 변화무쌍한 정치의 예 몇 가지를 훑어 보자.

우리의 대의명분은 무엇인가?

정치가 진행되어 오는 동안 항상 정치적 동맹이나 정책 기조라는 것은 유동적이었다. 새 천 년이 시작되기 전부터도 도널드 트럼프는 대통령 출마를 저울질하고 있었다. 그는 1999년 NBC 뉴스에 나와서 그가 만일 대통령이 되면 낙태에 대해 어떻게 해야 할지 그의 입장을 말했다.

"나는 낙태라는 개념을 싫어합니다."

그러나 그는 부분 출산 낙태(partial-birth abortion)를 금하느냐는 질문에 대해서는 "선택의 자유는 적극 지지한다"고 답했다.[4]

---

4 "Trump in 1999: 'I Am Very Pro-Choice'" video, NBC News, posted July 8, 2015,

트럼프는 대통령이 된 후 "나는 우리 독립 선언서에 나오는 제1의 권리, 즉 생명권을 항상 수호할 것"이라며, 이 권리는 "태어나지 않은 어린이들"에게도 적용되는 권리라고 했다.⁵

물론, 트럼프 대통령이 말을 바꾼 최초의 대통령이거나, 어떤 이슈에 대해 공개적으로 난처한 입장에 처한 최초의 대통령도 아니다. 미국의 현대 정치의 경우 존 케리(John Kerry) 상원의원은 2003년에 발의된 추가 군비 지원안에 대한 그의 지지 입장에 대해 묻자, 악명 높은 내용으로 인용되는 말을 한 바 있다.

> 내가 전에 지원안에 대해 반대했고 사실 870억 불 지원안에는 찬성표를 던졌습니다.⁶

그가 전하는 말의 뉘앙스는 군사력을 사용하는 법안에 대해 1년 전에는 찬성했음에도 이번에 제안된 법안에는 반대했지만, 부시 대통령의 세금 삭감 내용의 일부를 되돌려서 군비에 지불하는 개정안을 놓고는 찬성했다는 이야기다.

난해하지 않은가?

많은 사람이 이럴 때 생각이 어떻게 돌아가는지 그 사고 과정을 쉽게 따라가기가 어렵다.

---

www.nbcnews.com/meet-the-press/video/trump-in-1999-i-am-very-pro-choice-480297539914.

5 Katharine Jackson, "Trump Tells Anti-Abortion Marchers He Will Support Them," Reuters, January 18, 2019, www.reuters.com/article/us-usa-abortion/trump-tells-anti-abortion-marchers-he-will-support-them-idUSKCN1PC215.

6 Joel Roberts, "Kerry's Top Ten Flip-Flops," CBS News, September 29, 2004, www.cbsnews.com/news/kerrys-top-ten-flip-flops/

또한, 당신이 40세가 넘은 분이라면, 클린턴 대통령이 그의 성추문에 대한 혐의들을 덮으려고 한 말을 기억할 것이다. 그는 밀집해 있는 TV 카메라 앞에서 명백히 말했다.

> 저는 루인스키라는 여자와 성관계를 하지 않았습니다.[7]

단호히 제시된 진술이었지만, 그 말은 곧 거짓말로 드러났고 그 스캔들의 전말이 드러나서 그는 탄핵소추되었다.

이 이야기들은 전혀 진실하지 않거나 최소한 그들이 서 있는 입장이 엇갈리는 정치가들의 몇 가지 슬픈 이야기들을 압축한 예들이겠는데, 여하간 그 목록은 계속 늘어만 간다. 나는 시간이 지남에 따라 개인의 견해들이 삶의 경험과 성숙 과정을 통해 바뀔 수 있다는 것을 이해한다. 그런 변천이라는 면에서 우리는 정치가들이나 우리들을 위해서도 이해의 여지는 남겨 두어야 한다.

나는 모든 정치인을 싸잡아서 비판하는 것에 대해 조심하려고 하지만, 때로 정치인들이 자기가 한 거짓말이 탄로 나서 말을 바꾸는 통에 바닥에서 응원하는 지지자들의 귀가 근질거리게 하고 그들의 마음을 헛갈리게 한다. 물론, 정치인들마다 도전적 상황들이 있겠고, 모든 정당 역시 엄청난 중대성을 갖는 여러 문제에 대해 어려움들이 있을 것이다.

---

7 Lily Rothman, "The Story behind Bill Clinton's Infamous Denial," *Time*, January 26, 2015, http://time.com/3677042/clinton-lewinsky-response/

7. 민주적으로 변화하는 정치 이념

2016년 선거에서 아프리카계 미국인들의 90퍼센트가 민주당 후보였던 힐러리 클린턴을 찍었다는 사실을 감안해 보면, 오늘날 민주당이 아프리카계 미국인들의 본거지가 되었다고 말하는 것은 틀리지 않을 것이다.[8]

그러나 항상 그랬던 것은 아니었다. 1968년 대통령 선거 때 이 당은 후보를 누구로 할 것인가 하는 문제에 대해 의견 수렴을 못해 고전하고 있었다. 남부 지역의 민주당원들이 당시 부통령 휴버트 험프리(Hubert Humphrey) 대신 흑백분리주의자였던 조지 월리스(George Wallace) 주지사 진영으로 몰리고 있었기 때문이다. 결국에는 험프리가 민주당 후보 지명을 받고 대선에 나갔지만 리처드 닉슨에게 패했다.[9]

정치 이념이 오락가락하듯 파도를 타는 또 다른 예를 같은 세대의 민주당원들에게서 볼 수 있다. 베트남전쟁 기간에 일어난 일로, 때는 미합중국이 거쳐 온 가장 어렵고 국론 분열이 극심하던 시기였다.

학자이며 저술가인 마이클 넬슨(Michael Nelson)은 지나간 수십 년의 변화하는 정치 조류에 대한 기록물을 남겼다. 그는 우드로 윌슨(Woodrow Wilson)과 플랭클린 루즈벨트(Franklin Roosevelt)로부터 시작하여 민주당원들이 "민주적 자유주의의 생동하는 전제"를 거리낌없이 지지해 줌으로써 "연방정부가 국내 문제든 해외 문제든 거의 모든 문제에 손을 대서 원하는 대로 해결할 힘을 갖게 된 것이다"[10]라고 밝혔다.

---

[8] Alec Tyson, "The 2018 Midterm Vote: Divisions by Race, Gender, Education," Pew Research Center, November 8, 2018, www.pewresearch.org/fact-tank/2018/11/08/the-2018-midterm-vote-divisions-by-race-gender-education/.

[9] "Democratic Party," Encyclopaedia Britannica, July 17, 2019, www.britannica.com/topic/Democratic-Party#ref797856.

[10] Michael Nelson, "How Vietnam Broke the Democratic Party," New York Times, March 28, 2018, www.nytimes.com/2018/03/28/opinion/vietnam-broke-democratic-party.html.

존 F. 케네디가 베트남전쟁 개입을 확대시킨 것도 그런 철학과 일치하는 것이었다. 나라를 뒤흔든 케네디 암살 후에 린든 존슨(Lyndon Johnson)이 대통령직을 이었을 때, 케네디 정책들은 지속되었다. 국내 정치를 이끄는 것에 더 편안함을 느꼈던 존슨은 케네디의 해외 정책 자문들을 의지하여 베트남전쟁 개입의 확대를 계속 이어 갔고, 1964년에는 자기가 참여한 선거에서 당선되었다.

그러나 1968년 봄에 예비 선거가 시작될 즈음에 존슨은 당내의 유진 매카시(Eugene McCarthy)와 로버트 케네디(Robert Kennedy)와 같은 상원의원들이 제기하여 점증하는 반대에 부딪혀 경선에서 철수하게 되었다. 그해 6월 로버트 케네디가 암살을 당하자, 부통령이던 휴버트 험프리는 예비 선거를 치르지 않고도 후보 지명을 확정지을 수 있었다.

넬슨은 다음과 같이 기록했다.

> 험프리는 자기 당의 정책 기조를 케네디와 맥카시 지지자들에게 보여 줄 유화책의 일환으로 삼기 위해 비둘기파의 색채로 약간 바꾸기를 원했는데, 당시 대통령이었던 존슨이 그렇게 하다가 '파병된 미군들을 위태롭게 할 수 있고, 그러면 자기 손에 그들의 피를 묻히게 된다'는 말을 듣고 물러섰다고 했다.[11]

결국, 민주당의 베트남에 대한 정치적 입장은 그 전쟁을 최소한 미국 주도로는 하지 말자고 베트남전쟁의 '비미국화'를 부르짖던 공화당보다 더욱 강경한 매파가 되었다. 그래서 당론의 바른 입장을 찾기 위해 우왕좌왕하던 민주당원들의 스텝이 엉키면서 전쟁을 반대하는 민주당이 오히려 더 호전적이 되어 버렸다.

---

11 Nelson, "How Vietnam," www.nytimes.com/2018/03/28/opinion/vietnam-broke-democratic-party.html.

험프리가 최종적으로 북베트남에 대한 미군의 폭격을 종료하겠다고 약속하기에 이르지만, 그것은 너무 늦은 결정이었고, 그 결과 그는 리처드 닉슨에게 적은 표 차로 패배하게 된다.

8. 기독교적 가치와 복음주의 인플루언서들

2016년 이후 미국 정치의 엄청난 미스테리들 가운데 하나는 복음주의자들, 특히 백인 복음주의 사회가 도널드 트럼프를 지지하고 나섰다는 것이다. 종교계 안팎의 사람들은 그들이 힐러리 클린턴을 배척한 것은 그녀가 낙태와 성소수자(LGBTQ) 이슈들을 지지했기 때문으로 보고 있다.

좋다!

그렇게 해서 2016년 대통령 선거 이후 그럭저럭 지내 왔다면 그럴 수도 있겠다. 그러나 나는 어떤 복음주의 지도자들이 내놓고 트럼프 진영에 줄을 댔다고 하는 게 이해되지 않는다.

당신은 윌리엄 베네트(William Bennet)의 위대한 도덕적 덕목 이야기들을 묶어서 펴낸 『덕의 서』(Book of Virtues)를 기억하는가?

문학과 역사에서 골라 낸 예들을 가지고 정직, 동정심, 책임과 같은 덕목들을 가르치는데, 이 책은 25년 전부터 보수적 기독교 가정들이 좋아하는 애독서가 되어 왔다.

당신은 또한 〈포커스 온 더 패밀리〉(Focus on the Family)라는 80년대와 90년대 복음주의 기독교 가정들에게 많은 인기를 끌었던 라디오 프로그램을 기억할 것이다.

제임스 돕슨 박사(Dr. James Dobson)는 공중파 방송 프로그램과 그가 펴낸 책들을 통해서 배우자에 대한 헌신, 자녀들에 대한 지속적 사랑과 훈육, 그리고 인생의 힘든 순간들을 어떻게 하나님의 도우심과 도덕적 토대를 의지하여 헤쳐 나갈 수 있는가에 대해 전해 왔다.

내가 여기서 제안하려고 하는 것은 이런 예들이 기독교 신앙의 완전한 모범들이라는 것이 아니다. 다만 나는 이런 작품들과 다음 질문을 서로 나란히 놓고 생각해 보려는 것이다. 미국의 복음주의자들이 도덕성에 대해 그토록 관심을 기울이던 데서 어떻게 이제 와서는 옳고 고상한 것들을 그렇게 많이 가르쳐 줬던 그들이 우리가 다 보는 앞에서 자기의 죄를 오히려 과시하는 대통령을 지지하는 쪽으로 옮겨 올 수가 있었나 하는 것이다.

그는 세 번 결혼한 경력이 있는 카지노 소유주이며, TV 진행자에게 부적절하게 어떤 여성을 낚아챘던 것에 대해서 악명 높은 말로 자기는 "스타이기 때문에 마음만 먹으면 항상 여자들에게 키스할 수 있다"고 자랑했던 사람이다.

"뭘 해도 괜찮아요!"[12]

그는 자신의 행동을 정당화하기 위해 자기는 목사가 아니기 때문이라고 했는데, 그 말은 위험하고도 문제가 많은 발언이다. 왜냐하면, 성직자가 아닌 기독교인들에게 결과가 어떻든 일반 교인들은 자기가 원하는 것을 해도 된다고 허용하는 말이 되었기 때문이다.

복음주의 공동체가 어떻게 멕시코 이민자들을 포함해 여전히 그렇게 수많은 다양한 그룹의 사람들을 폄하할 뿐만 아니라, 인종 차별적으로 폭발성 높은 발언을 하며 후보자로서 했던 첫 연설에서 "멕시코 이민자들은 마약을 가지고 들어옵니다. 범죄를 가지고 들어와요. 그 사람들은 강간범이에요. 게중에 어떤 사람들은 좋은 사람들이지만"이라고 말했던 대통령을 지지할 수 있는 것인가?[13]

---

12 Jane C. Timm, "Trump on Hot Mic: 'When You're a Star … You Can Do Anything' to Women," NBC News, October 7, 2016, www.nbcnews.com/politics/2016-election/trump-hot-mic-when-you-re-star-you-can-do-n66211

13 Amber Phillips, "'They're Rapists.' President Trump's Campaign Launch Speech Two Years Later, Annotated," *Washington Post*, June 16, 2017, www.washingtonpost.com/news/

나를 포함해서 어떤 사람도 흠 없는 삶을 살지는 못 한다. 어떤 정치가도 예외는 아니다. 그러나 객관적으로 볼 때 트럼프 대통령은 보수 기독교인들이 항상 찾아 왔던 그런 도덕적 지도자들과는 밤이 낮과 다른 것처럼 전혀 다르다.

휘튼대학 출신으로 조지 W. 부시 대통령의 연설문 스피치 라이터였던 마이클 거슨(Michael Gerson)은 「아틀랜틱」(*Atlantic*)에 기고한 풍부한 내용의 절묘하게 표현된 기사에서 정치권에서 볼 수 있는 복음주의자들의 경향에 대해 한탄해 하고 있는 것을 볼 수 있다. 그 글은 복음주의의 뿌리로 거슬러 올라가서 오늘에 이르기까지, 특히 노예 제도 폐지를 주장했던 노예제 폐지론자들로서 복음주의자들이 억압받는 이들을 위해 정치에 참여한 역사를 더듬어 보고 있다.

거슨은 다음과 같이 적었다.

> 그것은 영향력과 문화적 자부심을 가지고 있던 신앙 운동이 어떻게 주변으로 밀려나 안달복달하는 소수자가 되어 기질이나 행위, 그리고 드러난 믿음에 있어서 우리가 기억하는 대통령직에 오른 사람들 중 기독교 전통과는 전혀 관계가 없는 인물인 트럼프 같은 사람의 날개 아래에서 정치적 보호를 구하기에 이르렀는가를 보여 주는 이야기이다.

그는 계속 언급했다.

> 많은 복음주의 지도자의 도덕적 확신들이 이제는 그들의 당파적 정체성의 한 기능이 되었다. 그것은 단순히 속 모르고 잘 믿어 주는 경신성(輕信性)이 아니고, 그것은 전적 부패이다. 정치적 종족주의와 그들의 정치적 반대

---

the-fix/wp/2017/06/16/theyre-rapists-presidents-trump-campaign-launch-speech-two-years-later-annotated/?utm_term=.6da0a25152b3..

파들에 대한 혐오에 눈이 멀어 버린 이 지도자들은 이제 그들이 한때 자신의 목숨을 기꺼이 바쳤던 대의들을 지금 어떻게 그들 스스로가 위태롭게 하고 있는지를 보지 못한다. 기독교의 공적 증거라는 면에서 이렇다 할 아무것도 남아 있지 않다.[14]

이런 일관성의 부재는 빌리 그래함의 아들인 플랭클린 그래함(Franklin Graham)이 변신하여 기꺼이 나서서 열성을 보이고 있는 놀라운 모습이라든지, 한때 여성 편력에 관한 진실게임을 하던 빌 클린턴 대통령에게 맹공을 퍼붓던 제임스 돕슨 박사와 같은 이에게서 볼 수 있는 것보다 더 뚜렷이 볼 수는 없을 것이다.

클린턴이 몇 달간 부인(否認)으로 일관하던 모니카 루인스키(Monica Lewinsky)와 벌인 애정사에 대해 대충 털어놓고 난 지 일주일이 되던 1998년 8월 27일, 그래함은 「월스트리트저널」(*Wall Street Journal*)에 기고한 칼럼에서 클린턴의 도덕성에 대해 일갈한다. 그는 거짓말하는 경향이 있는 사람인 데다 대통령으로서 그런 것은 전혀 문제가 되지 않는다는 식으로 주장하는 것에 대한 비판이었다.

> 미국의 많은 사람이 한 개인이 사적으로 한 일은 그가 비록 미합중국의 대통령이라 하더라도 그의 공적 활동이나 직무 수행에는 거의 문제가 없다는 생각에 수긍하는 것 같다.

그래함은 구체적으로 클린턴이 주장한바 그의 행동들은 자신과 아내와 딸, 그리고 하나님 사이의 문제라는 주장을 배격하고 있다.

---

14 Michael Gerson, "The Last Temptation," *Atlantic*, April 2018, www.theatlantic.com/magazine/archive/2018/04/the-last-temptation/554066/.

그러나 성경의 하나님은 한 사람이 사적으로 하는 행동도 중요하다고 말씀하신다. 클린턴 대통령이 집무실에서 수개월 동안 벌인 혼외 성행위는 이제 그와 그의 직계 가족의 문제일 뿐만 아니라, 온 세상에 문제가 되고 있다. 그가 그의 아내나 딸과 같이 가장 가까운 사람들에게 거짓말을 하거나 그들을 오도하게 되었다면, 그가 미국인 대중에게도 동일한 일을 저지를 수 있는 것을 막을 수 있는 것은 없다. 사적 행위는 공적 결과를 낳는다.

그래함이 볼 때 클린턴이 그 정도로 인정한 것은 충분치 않았다.

대통령이 모니카 루인스키와 '부적절한 관계'를 가진 게 아니라, 그는 간음을 범한 것이다. 그는 그의 아내와 우리를 '오도'한 것이 아니라, 거짓말을 한 것이다. 죄를 인정했다면 거기에는 진정한 죄에 대한 자책이 있어야 한다. "죄송합니다. 제가 잘못했습니다. 다시는 그런 죄를 짓지 않겠습니다. 당신의 용서를 구합니다"라고 회개하는 심령의 사람이라면 그는 개인과 국가적 치유를 위해 아주 오랫동안 노력해야 될 것이다.[15]

솔직히 위의 글이 주장하는 바를 반박하기는 어렵다. 클린턴이 루인스키에 관한 혐의들에 대해 보인 반응들은 저항하는 것이었다. 그러나 1998년 9월 12일 국가 조찬기도회에서 장내에 가득한 성직자들에게 했던 말은 훨씬 자기 잘못이라고 죄를 인정하는 회개의 내용이었다.

저로 인해서 상처를 입은 모든 분들이 제가 느끼는 죄송한 마음이 진심인 것을 알아주시는 것이 저에게는 중요합니다. 첫째로 그리고 가장 중요한 저의 가족, 그리고 저의 친구들과 저의 참모, 저의 국무위원들, 모니카 루

---

15 Franklin Graham, "Clinton's Sins Aren't Private," *Wall Street Journal*, August 27, 1998, www.wsj.com/articles/SB904162265981632000.

인스키와 그녀의 가족, 그리고 미국 국민들을 포함한 모든 분이 저를 용서해 주시기를 원합니다.

냉소적이거나 솔직한 이야기를 덧붙이자면, 클린턴의 눈물 어린 고백은 특별검사인 케네스 스타(Kenneth Starr)에 의해 작성된 고통스러울 정도로 자세한 보고서가 발표되기 불과 수 시간 전이었다. 이후 시가 담배와 갭(GAP) 브랜드의 청색 드레스에 대한 우리의 생각이 완전히 바뀌게 되었다. (시가는 클린턴이 피워서 그랬고, 갭 드레스는 루인스키가 옷장에서 꺼내 입었던 것이라 그랬다-역자주)

그로부터 20년이 지난 후 우리는 이제 그래함 목사가 트럼프를 공개적으로 지지하는 지경에까지 오게 되었는데, 클린턴에 대해 그가 취했던 태도가 마술처럼 부드러워진 것이다. 그는 「뉴요커」(New Yorker)의 기고가인 엘리자 그리스월드에게 이렇게 말한다.

> 과거 미국 대통령들을 생각해 봅시다. 빌 클린턴이 백악관에서 정사를 벌였던 첫 사람은 아니었습니다. 우리는 다 허물이 있어요. 성경은 우리가 모두 죄인이라고 말합니다. 또 성경은 하나님이 그분의 아들을 보내셔서 우리의 죄를 담당하시고, 우리의 죄를 위해 죽으셨다고 말씀합니다.[16]

그는 트럼프의 변호사인 마이클 코헌(Michael Cohen)이 포르노 스타인 스토미 대니얼스(Stormy Daniels)에게 돈을 지불해 준 것이 사실로 확인되었음에도 불구하고 그가 벌인 정사에 대해 그런 일이 있었다는 '주장'이 있기는 하지만, 트럼프는 이제 '변화된 사람'이라고 불렀다. 그리고 그래함

---

16 Eliza Griswold, "Franklin Graham's Uneasy Alliance with Donald Trump," September 11, 2018, *New Yorker*, https://www.newyorker.com/news/dispatch/franklin-grahams-uneasy-alliance-with-donald-trump.

은 전에 클린턴이 내놓은 그럴싸하게 포장된 사건 인정 발언의 경우에는 거부했으면서 그와 동일한 식으로 트럼프가 내놓은 인정 발언은 받아 주었다.

> 트럼프는 자기 잘못을 시인했고, 그가 했던 행동이나 말에 대해 자기 부인과 (어느 딸인지 밝히지는 않고) 딸에게도 사과를 했습니다."[17]

돕슨의 말 뒤집기도 그에 못지않게 놀라운 데가 있다. 1998년 그래함의 「월스트리트저널」 칼럼이 나온 뒤 며칠 안 되었을 때, 돕슨은 그를 따르는 추종자들에게 쓴 편지에서 클린턴의 성적 취약성과 거짓말들, 그리고 그의 청년 시절 러시아 방문 등에 대해 아주 자세히 말했다.

> 어쩌다 우리의 사랑하는 나라가 안타깝게도 이렇게 엉망이 되었습니까? 제가 믿기로 그 출발은 르윈스키 사건이 아니라 이미 여러 해 전에 시작되었습니다. 빌 클린턴이 도덕적 문제가 있다는 것은 그의 첫 번 대통령 선거 기간부터 많은 증거가 나왔습니다. 그가 이제 거짓말했다고 인정하는 제니퍼 플라워즈와의 일을 미국인들이 합리화시켜 주었습니다. 그는 군징집을 기피한 것에 대해서도 거짓말했고, 그의 이야기를 바꿔서 그럴싸한 설명으로 물타기를 했습니다. 그는 베트남전쟁 당시 소련과 그 밖의 적성 국가들을 방문했는데, 그때는 단지 '옵저버'(observer)로 간 것이라고 주장하고 있습니다.[18]

---

17 "Franklin Graham: Trump 'Defends the Faith,'" Axios, November 26, 2018, www.axios.com/franklin-graham-donald-trump-6b18159f-d481-48e2-9eb3-ea48f4eb26aa.html.

18 John Fea, "What James Dobson Said in 1998 about Moral Character and the Presidency," *Way of Improvement Leads Home* (blog), June 25, 2016, https://thewayofimprovement.com/2016/06/25/james-dobson-on-the-character-of-the-president-of-the-united-states/.

그러나 2016년 대통령 선거 유세 기간에 돕슨은 트럼프를 지지하기 위해 그래함보다 훨씬 더 힘찬 어조로 말했는데, 트럼프에 대해 "베이비 크리스천"이라는 유명한 표현으로 묘사했다.

> 이 사람을 뭐라고 표현해 본다면, 그는 신자들이 어떻게 생각하고, 말하고 행동하는지에 대해 하나도 모르는 베이비 크리스천입니다. 제가 여러분에게 말할 수 있는 것은 우리에게 다만 두 가지 선택권밖에 없다는 것입니다. 힐러리냐 도널드냐 하는 것이죠. 힐러리를 생각하면 무서워 죽을 지경입니다. 그리고 만일 기독교인들이 그녀가 더 나은 후보가 아니라고 생각해서 투표를 기권하고 집에 머문다면, 힐러리는 아마 8년 동안 이 세계를 다스리게 될 겁니다. 그건 생각만 해도 밤낮 저를 괴롭히는 일입니다.[19]

복음주의자들은 그들의 지도자들을 따른다. 내가 말하는 것은 트럼프와 같은 지도자들이 아니다. 그들은 그래함과 돕슨과 같은 지도자들을 따르는데, 그들이 신도들을 트럼프에게 인도했던 것이다. 이 두 사람과 그 밖에 복음주의에서 목소리가 큰 그 밖의 대표자들이 기독교인들을 움직여서 정치적 결정을 내리게 한다. 그러나 나의 질문은 이것이다.

그 사람들은 트럼프가 만일 2-30년 전에 민주당 후보로 나와서 선거에 임했다면 뭐라고 말했을까?

우리는 정치적 훈수를 두는 그런 모든 복음주의 지도자에 대해 신중해야 한다. 나는 이 말에 나를 포함시킬 것이다. 나는 완전한 사람이 아니다. 그러므로 이 책에서 내가 하는 말 가운데 어떤 것이든지 성경 말씀에 부합되는 것인지 살펴보기 바란다. 하나님의 말씀과 그리스도의 삶과 가르침

---

19 "Dr. James Dobson on Donald Trump's Christian Faith," Dr. James Dobson's Family Talk, accessed October 8, 2019, http://drjamesdobson.org/news/dr-james-dobson-on-trumps-christian-faith.

만이 우리에게 영감을 주고 우리를 인도하는 근거가 되어야 한다.

9. 우리에게 정치적 본향이란 없다

우리의 본향은 어떤 정당에 있지 않다. 우리의 본향, 혹은 우리가 돌아갈 집은 그리스도이며 그분이 세워 주신 이 새로운 삶의 방식이다.

그렇다면 우리가 정치를 무시한다는 뜻일까?

그것은 명백히 그렇지 않다. 정치가 사람들에게 영향을 미치고 있고, 또한 우리가 이웃을 사랑하라는 부름을 받았기 때문이다.

마이클 웨어(Michael Wear)는 『희망을 되찾으라: 오바마 백악관에서 배운 미국 신앙의 미래에 관한 교훈들』(Reclaiming Hope: Lessons Learned in the Obama White House about the Future of Faith in America)이라는 책을 쓴 저자다. 웨어는 오바마 대통령의 2012년 재선을 위한 신앙 운동을 지휘했고 급기야 현대 미국 역사상 최연소 백악관 참모가 된다.

나는 실제로 그를 '백악관의 신앙에 기초한 이웃들과 파트너십'(White House Office of Faith-Based and Neighborhood Partnerships) 프로그램을 통해서 만났다. 그들은 매우 다양한 배경을 가진 120여 명의 기독교 신앙 지도자들을 위한 부활절 연례 조찬기도회를 주최했다. 미합중국의 제44대 대통령의 한 참모 자격이면서도 웨어는 정치에서 우리의 안식처를 찾으려고 하는 것의 위험성에 대해 다음과 같은 중요한 말을 했다.

> 정치는 영적으로 큰 해를 끼치고 있습니다. 그렇게 되는 커다란 이유는 사람들이 자기의 내적 필요를 채우고자 정치에 의존하기 때문입니다. 정치가 우리의 내적 필요를 잘 채워 주지 못하는데, 정치인들은 그들에게 표를 주면 그렇게 해 줄 수 있다고 말할 것입니다. 우리 정치의 상태는 우리 영

혼의 상태를 비춰 주고 있습니다.[20]

기독교 역사가이며 저술가인 다이애나 버틀러 배스(Diana Butler Bass)는 쓰기를 AD 410년에 기독교 국가처럼 보이던 로마가 야만족의 침략으로 함락되었다고 했다. 그것은 최악의 소식이었다. 로마는 초대 교회의 근거지였기 때문에, 거기에 살던 기독교인들은 그런 일이 일어난 것에 대해 극도의 공포를 느꼈다.

"기독교인들은 그들이 두 도성의 시민, 곧 어거스틴이 하나는 '인간의 도성'이고 또 다른 하나는 '하나님의 도성'이라고 한 것을 잊고 있었다."

그들은 그 두 도성을 하나로 합치시켜서 로마의 관심사와 예수님의 길을 완전히 동일시했다.

배스의 글은 계속 이어진다.

> 비록 로마가 한때 기독교 신앙을 수용했다 하더라도, 어거스틴은 로마가 '인간의 도성'이기 때문에 그들의 삶의 방식은 궁극적으로 자기애, 지배, 소유, 영화 등에 토대한다고 믿었다. 어거스틴은 그들의 삶의 방식을 하나님을 사랑하고, 지혜를 추구하며, 자비와 환대를 실천하는 순례자들의 공동체인 '하나님의 도성'으로 표현된 기독교적 삶의 방식과 대조했다. 어거스틴은 "사실 이 두 도성이 이 세상에서는 서로 뒤엉켜 있다. 때때로 인간의 도성은 하나님의 도성과 그 도성이 추구하는 덕을 존귀하게 여기지만, 다른 때는 그러지 않는다. 그리스도를 따르는 사람들의 진정한 본향은 이 땅의 어떤 도성보다 항상 더 순수하고, 더욱 아름다운 하나님의 도성이다"라고 기록했다.[21]

---

20 Michael Wear, *Reclaiming Hope: Lessons Learned in the Obama White House about the Future of Faith in America* (Nashville, TN: Thomas Nelson Books), xxix.

21 Diana Butler Bass, *A People's History of Christianity: The Other Side of the Story* (New York: HarperOne, 2009), 80–81.

그리스도인으로 신실하게 산다는 것은 그런 긴장을 포용하는 것이다. 어떤 기독교인들이 실수하는 것은 이 세상에서 본향을 찾을 수 있다고 생각하고, 특히 정치에서 그 본향을 찾았다고 생각하는 것이다.[22]

사람들이 이렇게 사고하게 되면, 그런 사고는 신실한 그리스도인으로 정치에 참여하는 데는 오직 한 가지 길밖에 없다고 하는 생각을 영속화한다. 그렇게 좁은 사고에 사로잡히면, 우리는 어떤 상황에 떨어지게 되는데, 그 상황 속에서 우리는 생각도 안 하고, 다른 사람들과 연계도 안 하고, 중요한 질문들도 묻지 않는 것이다.

그것은 나의 진영과 너의 진영, 안이냐 밖이냐, 찬성이냐 반대냐, 친구냐 적이냐, 동맹이냐 원수냐의 이분법이 된다. 우리는 이유가 뭐든지 간에 상대 당에 동화된 사람들은 진지하게 주목할 가치조차 없는 사람들로 몰아세운다. 흔히 그 이유는 우리가 선택한 미디어가 전파한 내용들이다.

예수님은 좌나 우나, 그 사이에 있는 중도파 모두를 위해 죽으셨고 그들 모두에게 은혜를 베푸셨다. 그러므로 우리가 권력에 대해 진실을 말하는 자리에서 우리는 우리와 동의하지 않는 사람들을 비방하거나 악마로 묘사하는 것을 중단해야 한다.

하나의 정당이 하나님 나라의 이상을 완전히 다 담아내는 것은 불가능하다. 그런 것은 존재하지 않는다. 하나님 나라는 하나의 성(性)이나 한 교회, 한 교단, 한 지도자가 나와서 담아낼 수도 없고, 비록 어떤 한 정당을 공개적으로 지지하는 유명한 기독교 지도자들이 있다 해도 한 특정의 정당이 할 수 있는 것은 더더욱 아니다.

---

[22] 나는 이 주제에 대해 마이클 웨어의 생각에 동의한다. 그가 2017년 3월 28일 올린 트윗을 보라. tweet: https://twitter.com/MichaelRWear/status/846912054162264064.

❖ 적용 질문 ❖

1. 어떤 사람이 당신이 지지하는 정당을 묻는다면 당신은 어떻게 반응하는가?
2. 당신의 믿음은 당신의 정치적 선택을 어떻게 인도하는가?
3. 당신은 해당 이슈들에 대해 조사를 해 보는가?
4. 아니면 당신에게 정보를 제공하는 기독교 지도자들에게 의존하는가?
5. 당신에게 개인적으로 중요한 세 가지 정치적 이슈를 생각해 보라. 그 이슈들에 대해 충분히 알기 위해 당신은 어느 정도의 조사를 해 봤는가?

제2장

또라이가 되지 말라

기독교인들이 스스로 물어봐야 하는 가장 중요한 질문들 가운데 하나는 이것이다.

"우리는 예수님을 실제로 따라가는 것보다 예수님을 따른다는 생각을 더 좋아하는 것은 아닌가?"

그 질문은 나 스스로도 씨름해 보는 질문이다. 한 사람의 '전문' 성직자로서 아주 교묘하고 유혹이 느껴지는 문제는 내가 예수님을 철저하고 열정적으로 예배하고 따르려 하기보다 기독교라는 게임을 하라는 유혹을 받고 있다는 것을 생각하면서 놀라게 된다.

좀 더 직설적으로 말하면 이렇다.

우리는 정말 예수님을 믿는가?
우리는 정말 예수님이 주님이시고 구원자이심을 믿는가?
우리는 정말 예수님이 사신 삶을 믿고 따르는가?
우리는 정말 예수님이 주권을 가진 분으로서 주관하고 계심을 믿는가?

또 위와 마찬가지로 우리는 "때때로 성경 말씀을 순종하려고 하기 전에는 제대로 이해할 수 없다는 것을 알기에"[1] 정말 예수님의 말씀과 가르침

---

[1] Eugene Peterson (quoted by @PetersonDaily), Twitter, February 3, 2015, 6:49p.m., https://twitter.com/PetersonDaily/status/562805039597895681.

들을 믿는가 하는 것은 중요한 질문이다. 왜냐하면, 예수님이 주신 어떤 가르침들은 어려운 것들이 있기 때문이다.

그런데 분명한 것은 복음서 어디에도 예수님이 실제로 "또라이(Jerk)가 되지 말라"고 말씀하신 기록은 없다. 대신 그분은 또라이와는 정반대의 삶을 몸소 보여 주시고 그런 삶을 가르치셨다. 예수님에게서는 온유함과 부드러움이 풍겨 나오고, 삶에서 자비와 정의와 친절이 비췬다.

예수님은 과부들과 주변으로 밀려난 사람들, 가난한 사람들을 위해 싸우신다. 예수님은 잊혀진 이름을 가진 사람들을 찾으신다. 그분은 병든 이들을 끌어안으시며, 어린이들을 환영하신다. 그분은 여인들에게 힘을 북돋워 주신다.

미남침례회의 '윤리 및 신앙의 자유위원회'(Ethics and Religious Liberty Commission of the Southern Baptist Convention) 대표인 러셀 무어(Russell Moore) 박사는 기독교인들이 우리가 사는 현대의 문화와 어떻게 연계해야 하는가에 대해 말하면서 하나님의 길은 위아래가 뒤집어진 길이라는 것을 보여주는 아름다운 한 폭의 그림을 그의 책을 통해 보여 준다.

무어는 만일 기독교인들이 최근의 수년 동안 도덕적 기반을 잃어 가고 있는 것처럼 보였다면 우리가 직면하고 있는 복잡한 사회적 도전들에 대해 좀 더 멀리 내다보는 시야와 하나님 나라라는 렌즈를 통해 이 세상을 바라볼 수 있어야 한다고 말했다. 그는 그것을 가리켜 "복음의 기이함"(the freakishness of the gospel)이라고 하면서 그런 시각에 능력을 부여하는 것이 바로 그 기이함이라고 했다.

그의 책 『앞으로: 복음을 잃지 않고 문화 대면하기』(Onward: Engaging the Culture without Losing the Gospel)에서 그는 이렇게 말한다.

> 하나님 나라는 적자생존이라는 다윈주의 이야기를 뒤집어 버린다(행 17:6-7). 교회가 우리 가운데 있는 취약한 이들을 존중하고 그들을 배려할 때, 우리는 자선 행위를 하는 것이 아니다. 우리는 그것을 통해 단순히 이 세상이

정말 제대로 (적어도 최종적으로는) 돌아가는 방법이 무엇인지를 인정하는 것이다.

당신의 교회 뒷자리에서 다섯 번째 줄에 앉아 있는 다운증후군 아이는 우리의 '사역 대상'이 아니라, 장차 우주를 다스릴 왕자인 것이다. 매일같이 청소부로서 무릎을 굽혀 화장실의 때를 벗겨 내고 있는 이민자 아줌마는 당신이 부르는 찬양 가사를 제대로 따라할 수 없는 수준의 영어를 하고 있지만, 그 사람이 해결 과제를 가지고 있는 대상이 아니다. 그녀는 그리스도의 공동 상속자로서 장차 우주를 다스릴 여왕인 것이다.…

문화적 영향력을 갖기 위한 첫걸음은 현재의 상황과 문화에 우리를 맞추어야 하는 것이 아니라, 미래에 우리를 상황화해야 하는 것인데, 그 미래는 우리, 심지어 우리에게조차도 놀라우리만큼 생소하다.[2]

예수님이 이 세상에 계시면서 주신 가르침과 행동은 거의 모든 사람, 곧 그분의 가족과 공생애 3년 동안 거의 매일 함께 지냈던 제자들까지도 당황케 했고, 오늘날도 그러하다.

우리가 하나님 나라의 방식으로 살기 위해 우리는 우리가 가진 사고방식에 대해 정기적으로 물어보고, 또한 분명히 우리의 마음속에 어떤 일이 일어나고 있는가를 물어봐야 한다. 우리는 거듭거듭 이 세상의 길과 대부분 다른 하나님의 길이 무엇인지를 우리 스스로에게 환기시켜 주어야 한다.

그리스도께서 우리에게 가르치셨던 것을 기억하지 않는다면, 그리고 계속 우리의 내면을 살피지 않는다면, 우리는 우리 안에서, 그리고 우리를 통해 행하시는 하나님의 역사의 능력을 제대로 경험하지 못한다.

---

[2] Russell Moore, *Onward: Engaging the Culture without Losing the Gospel* (Nashville, TN: B&H Publishing Group, 2015), dust jacket and 82.

예수님이 다른 뺨도 돌려 대라고 말씀하실 때, 우리는 그 말씀을 믿는가?
예수님이 우리 손에서 검을 내려놓으라고 말씀하실 때, 우리는 그 말씀을 믿는가?
예수님이 우리의 원수들을 용서하고 사랑하라고 말씀하실 때, 우리는 그 말씀을 믿는가?

수년 동안 나는 나에게 가해진 나를 고통스럽게 하는 이해할 수 없는 행동들을 경험해 왔다. 어떤 이들은 내가 기독교 신앙을 가진 사람이며 목사로서 영향력을 가지고 있기 때문에, 나에 대해 터무니없는 거짓말들을 지어냈다. 나는 가십과 중상모략의 대상이 되기도 했다.

어떤 사람들은 이민 정책에 대한 나의 견해에 동의하지 않았기 때문에, 나에게 "너네 나라로 돌아가"라고 고함쳤다.

어떤 이들은 총기 폭력과 총기 규제에 대한 나의 의견에 동의하지 않기 때문에, 내가 총기에 의한 대량 살상자일 거라는 혐의를 씌우기 위해 조작된 영상물을 만들어 보이기도 했다.

어떤 사람은 내가 성에 대한 전통적이고 역사적인 견해를 갖기 때문에, 동의할 수 없다면서 우리 교회 건물에 돌을 던지기도 했다.

어떤 이들은 개인적으로 나눈 이메일을 가지고 나의 허락도 없이 그들의 블로그와 소셜 미디어, 신문 등에 게재하기도 했다.

나와 우리 가족은 두 번 살해 협박을 받았으며, 그중 한 번은 내가 협박을 받은 후에 가족의 안전을 위해 그들을 잠시 시애틀 밖으로 가서 지내도록 이동 조치를 했어야 했다.

미칠 지경이었다.

여기에 고백하고 싶은 또 다른 이야기가 있다. 그럴 때마다 나는 내가 받은 해코지를 고대로 돌려주되, 더 큰 돌멩이로 되갚아 주고 더 험악한 욕을 퍼붓고, 더 말도 안 되는 거짓말을 지어 퍼트리고, 더 큰 소리로 고함치고, 더 큰 현수막을 걸어 놓는 식으로 갚아 주고 싶었다.

그러나 바로 그런 이유 때문에 우리 자신에게 우리가 누구이며, 우리가 무엇 때문에 살아야 하고, 가장 중요하게는, 우리가 누구를 예배하는가를 되새겨야 하는 것이다. 이 "우리가 누구냐"라는 질문이 가장 근본적인 차이를 가져온다.

우리는 이 정치라는 체스게임에서 단순히 지적으로만 잘 알고, 그리스도에 대한 순종이 없는 문화적 기독교인이어서는 안 된다. 기독교인으로서 우리의 성실성은 여전히 중요하다. 진실 말하기에 대한 우리의 헌신 역시 중요하다. 정의와 취약자들에 대한 우리의 헌신도 중요하다. 은혜와 자비에 대한 우리의 헌신도 중요하다.

이런 것들이 왜 여전히 중요한가?

그 이유는 예수님과 그분이 가신 길에 우리가 헌신했기 때문이다.

교회는 어떤 사람의 정치 이념, 견해, 종교, 이데올로기와 동의하지 않는다는 이유로 그 사람을 괴롭히거나 겁을 줄 수 있다는 허락을 받은 적이 없다. 그리고 또 한 가지 분명한 것은 그들의 복지를 결코 위협해서는 안 된다. 그렇게 하지 말라. 당신이 아는 이들 중에 그런 이들이 있다면, 그렇게 하지 말도록 해야 한다.

달리 말하면, 예수님을 위한다면서 또라이 짓을 하지는 말라는 것이다.

1. 이기려고만 할 때 오는 결과

수년 동안 농구를 하다가 두 다리의 아킬레스건을 끊어 먹고, 두 무릎이 나간 다음에도 운동이 너무 과했다고 생각지 않는다. 애들에게도 하는 말이지만, 예수님이 주님이시지만 공 없이는 못 산다. 그런 만큼 나는 즉석 농구게임을 실컷 하는 걸 좋아한다.

지금도 내 머리에 생생한 게임이 있다.

아마 2006년 무렵이었던 걸로 생각되는데, 5피트 6인치 키의 나는 골대를 향해 뛰어오를 준비가 되어 있었다. 키가 5피트 6인치라고 해도 후하게 말한 건데, 신발 굽 높이에 부픈 머리를 합치면 충분히 그 정도는 된다. 그때 우리 팀은 퀘스트교회였고, 내 포지션은 지도 목사로 내가 정한 대로 포인트 가드였다.

우리 집에서 가까운 시애틀 퍼시픽대학교 체육관에 들어섰다. 보통 저녁 시간이었고, 퀘스트 교인들 몇 명과 그 사람들이 아는 친구들과 또 다른 사람들이 팀이 돼서 즉석 농구를 하게 되었는데, 아마 내 마음에서는 어떤 자긍심 같은 게 있었던 것 같다. 나는 40을 바라보고 있어서 그날 농구장에서 가장 나이가 많은 선수였다. 그러나 나는 이 20대 친구들이 나를 마음대로 가지고 놀진 못하게 할 참이었다.

그냥 재미 삼아서 하는 즉석 농구였고, 기독교인들의 친교 차원에서 서로 만나 알게 되는 기회도 되고, 또 전도도 하고, 마음 편하게 같이 노는 시간이었는데, 나는 몇 번 나의 경쟁적 기질이 나오는 걸 느꼈다. 그리고 어떤 땐 사실 항상 그렇지만 나는 조던처럼(물론, 마이클 조던 수준의 게임이나 에어 조던 운동화 같은 건 빼고) 상대팀에게 막말을 하고 있었다.

그건 치고받는 식은 아니었고, 다만 내가 점점 더 분위기를 험악하게 밀어붙이고 있었는데, 특히 퀘스트교회의 친구를 따라 우연히 나온 한 사람에게 특히 더 그랬다. 잘 아시겠지만 그 자리는 교회가 어떤 곳인지, 그리고 무엇보다 더 중요하게 예수님에 대해 알고자 하는 관심을 가진 친구들을 환영하는 자리가 되었어야 했다.

어쨌든 이 운명적 농구 시합이 끝난 후 상대팀 선수 중 한 20대 중반 정도되는 한 남자가 나에게 다가 와서 말했다.

"당신이 누군지 압니다. 목사님이라는 거 알고요. 사실 저 당신의 교회가 어떤지 알아보려고 했어요. 오늘 농구장에서 당신이 행동하는 거 정말 황당했습니다. 당신 때문에 당신의 교회만이 아니라 어떤 교회도 다시 찾아갈지 모르겠습니다."

'아이고, 이런 정신이 번쩍 드는 일이 다 있나!'

나는 당황했고, 이 사람이 한 말이 맞다고 생각했다. 나는 즉시 잘못을 깨닫고 거듭거듭 사과했다. 나중에 그 시합 때 있었던 퀘스트교회에 오래 다녔던 한 교인도 나에게 와서 말했고, 그리고 또 다른 사람도 와서 말했다.

내가 왜 이렇게 됐을까?

나는 그리스도인처럼 행동하지 않았던 거다. 사실 나는 예수님이 행동하라고 가르쳐 주신 것의 정반대로 행동했다. 경쟁심을 가질 수도 있었겠지만, 나는 이겨야 한다는 생각에 너무 빠진 나머지 스포츠맨 정신도, 존중함이나 공손함 같은 것이 전혀 없었다. 농구를 하면서 나는 교만했던 데다 믿을 수 없을 정도로 천박하게 행동했던 것이다. 그건 황당한 일이었고, 그런 자신을 의식하지 못하고 있었다는 것은 고통스러운 일이었다.

단적으로 말해서 나는 또라이였다. 개또라이(또라이라는 뜻의 Jerk에서 J를 대문자로 써서 강조함-역자주)였던 거다.

나는 지금 우리가 살면서 경쟁적이면 안 된다고 말하는 것이 아니다. 그러나 우리가 승부욕과 내가 옳다는 생각에 더 집착할 때, 우리가 권력과 특권에 더욱 집착할 때, 문화 전쟁에서 이겨야 한다는 생각에 더 집착할 때, 그래서 우리가 스스로 말하는 대로 그리스도를 따르는 사람들로서 믿는다고 말하는 것과는 완전히 반대되는 방식으로 말하고 행동하게 된다. 이럴 때 같이 믿는 기독교인들이든, 비기독교인들이든, 우리의 이런 부조화를 보지 못할 수가 없는 것이다.

그렇게 되면, 어떻게 되는가?

거기에는 결과가 따라온다.

나는 얼마나 많이 내 머릿속에서 그날 밤의 농구게임을 되돌려 보고, 또 봤는지 모른다. 또 얼마나 많이 나의 행동 때문에 어느 교회든 다시는 올 것 같지 않다고 말했던 그 청년을 위해 기도했는지 모른다. 내 요점은, 기독교인들이 자신의 정치적 성향이 무엇이든 관계없이 또라이들처럼 행동하고 그런 행동을 우리가 가지고 있는 이념적 확신 때문에 정당화하려고 할 때, 우리는 예수 그리스도에 대해 거짓 증거를 하게 되는 것이다.

2. 우리에게 더 많은 예수 또라이들이 필요하지는 않다

기독교인들이 나쁜 평을 받는 것처럼 느껴질 때가 가끔 있다. 우리는 때로 대중 미디어에서 불공정하게 어떤 특징을 갖는 그룹으로 비춰질 수도 있다. 기독교인들에게 자기들을 홍보하는 데 문제가 있는 것도 사실이다. 그리고 너무 자주 우리는 우리가 옹호하려는 것에 의해서라기보다는 우리가 반대하는 것에 의해 어떤 그룹이라는 이름이 붙여지기도 한다.

우리 중 어떤 이들이 꽤나 자기 소리를 많이 내는데 그런 목소리가 우리 모두를 대변하는 것으로 알려지기도 한다. 성경에는 가난한 사람들을 옹호하고 정의를 추구해야 한다는 언급이 나오는 구절들이 거의 2천여 개에 달하는데, 우리는 우리를 규정짓는 식별 요인으로 작용할 만한 따끈따끈한 사회적 이슈들에 더 초점을 맞추고 있는 것 같다.[3]

만약 세상이 우리가 하나님을 사랑하고, 이웃을 사랑하라는 위대한 계명들을 몸소 실현하고 있는 모습을 확실하게 보고 있다면, 놀랍지 않겠는가. 그러나 불행하게도, 대부분의 비기독교인들의 뇌리에 우리에 대해 가

---

[3] "A List of Some of the More Than #2000Verses in Scripture on Poverty and Justice," Sojourners, accessed October 8, 2019, https://sojo.net/list-some-more-2000verses-scripture-poverty-and-justice.

장 먼저 떠오르는 것이 그것은 아니다.

바르나그룹(Barna Group)은 비기독교인 청년들에게 기독교인들에게 가장 특징적인 것이 무엇인가에 대한 설문 조사를 했는데, 다음 세 가지가 기독교인들을 묘사할 수 있는 최상위 특징들이라고 했다.[4]

첫째, 동성애를 반대한다.
둘째, 비판과 정죄를 잘 한다.
셋째, 위선적이다.

아무래도 그건 아쉬운 결과다.

저자이며 활동가인 셰인 클레어본(Shane Claiborne)은 지적하기를 그 자신도 이 조사 결과에 실망해서 살펴봤는데, 그 연구 결과 어느 곳에도 예수님이 말씀하신바 우리가 알려져야 할 특징인 기독교인들의 사랑에 대한 내용은 찾아 볼 수 없었다고 말했다. 그렇다고 성령의 열매가 우리에게서 보인다고 되어 있지도 않다. 당신이 알듯이 그것은 하나님의 성격적 특성이 아닌가. 기쁨, 평화, 인내, 친절, 양선, 신실, 절제, 사랑 등.

클레어본은 이렇게 말했다.

> 우리가 예수님이 금지하셨던 바로 그런 것들 중 어떤 특징들, 예컨대 자기의(독선)와 같은 것을 가진 사람들로 알려진 것은 확실한데, 예수님이 사랑하신 것처럼 우리도 그렇게 사랑하라는 그 모습으로는 알려지지 않았다. 우리는 우리가 어떤 사람들을 포용하는 사람들인가로 알려지기보다는 어떤 사람들을 배척하는 사람들인가로 더 많이 알려져 있다.[5]

---

4 David Kinnaman and Gabe Lyons, *Unchristian: What a Generation Really Thinksabout Christianity ... and Why It Matters* (Grand Rapids, MI: Baker Books,2007), 29-30.

5 Shane Claiborne, "Evangelicalism Must Be Born Again," chapter 9 in Mark Labberton, ed., *Still Evangelical? Insiders Reconsider Political, Social, andTheological Meaning* (Downers

분명한 것은 모든 기독교인이 다 미국의 동성애 문제와 관련하여 군인 장례식에 나타나 항의했던 웨스트보로(Westboro)침례교회 배후의 선동적 목사인 프레드 펠프스(Fred Phelps)와 같지는 않다. 나는 그의 논리를 어떻게 이해해야 할지 모르겠다.

한편, 또 다른 면에서 모든 기독교인이 테레사 수녀는 아니다. 우리는 칭찬하고 높이 사 주어야 할 문화와 가치들과 판단하고 규정짓는 인간 사회의 성향들 사이에서 이리저리 끌려다닌다. 모든 것, 그리고 모든 사람은 마땅히 서 있어야 할 자리가 있게 되는데, 그 논리로 하면 만일 당신이 나와 동의하지 않는다면, 당신은 나를 반대하는 사람인 것이다.

또한, "내 길만이 옳다"라는 사고방식이 정치에서만큼 더 분명하게 나타나는 영역은 없다. 잠시 후에 연구 결과를 확인해 보겠지만, 현재 벌어지고 있는 정치 담론의 내용들을 여기저기 둘러보려면, 내 몸이 오물 구덩이에 들어가는 걸 감수해야 한다는 데 동의할 것이다. 특히, 선거철에는 더 그렇다.

우리는 서로에 대해 공손히 대하는 법을 배워야 한다. 특히, 정치하러 나온 후보들을 포함하여 우리와 의견을 같이 하지 않는 이들에 대해서 그럴 수 있어야 한다. 이것은 오늘날 우리 문화에 주어진 큰 도전들 가운데 하나이다. 우리는 우리와 같이 생기지 않은 사람들, 우리처럼 느끼지 않는 사람들, 우리처럼 생각하지 않는 사람들 … 혹은 우리가 하는 대로 투표하지 않는 사람들을 포함하여, 모든 사람을 서로 사랑하라는 요청을 받았다.

우리가 확신하는 바에 대해 목소리를 내고, 그런 확신들을 추구하려고 할 때, 우리는 단지 그리스도를 따르는 사람들로서 우리를 나타내는 것만이 아니라, 그리스도를 대표하는 것이다. 그렇다고 해서 우리가 확신하는 바를 맹렬히 드러낼 수 없다는 말이 아니고, 우리의 확신하는 바에 대해 열정을 갖는 것과 그것을 비열하게 '또라이'처럼 표현하는 것은 다르다는 말이다.

Grove, IL: InterVarsity, 2018), 153-54.

이것이 반복해야 할 만큼 중요하므로 다시 반복한다.

당신이 동의하지 않는 사람들을 인간 이하로 취급하지 않도록 조심하라. 우리가 독선에 빠져 있을 때 우리는 다른 사람들을 비판하는 바로 그 모습이 될 수 있다.

차이를 확인하라.

나는 확신하는 바를 위해 싸우는 것을 적극 지지한다. 그러나 그 과정에서 또라이가 되지는 말자. 존중하자. 성숙한 모습으로 하자. 지혜롭게 하자. 이 세상은 예수 또라이들이 더 필요치는 않다.

3. 익명의 너울

기독교인들은 일반 대중과 비교해 또라이 지수가 평균 이상일까?
우리는 좀 더 공손할까?
제발 그렇다고 누가 말해 준다면 좋으련만!
누구 없을까?
좀 기다려 볼까?

이 정도면 답이 뭔지 예측할 수 있을 것이다.

친구들이나 가족 중에 최악의 경우가 있을 수 있다는 것, 혹은 스스로가 그럴 수도 있다는 것을 알고 싶다면, 어떤 도전적 이슈를 던져 보면 된다. 당신이 무신론자이거나, 믿음이 충만한 신자이거나, 헌신적 기독교인이거나, 혹 나무들 교회 대마법사님이거나 간에, 온라인 혹은 직접 대면하는 정치 토론에 나서면 사람들이 끔찍해질 수 있다는 것을 알 것이다.

슬프게도 기독교인들이 수많은 기독교 웹사이트에서 서로 관계하는 모습에 있어서는 기독교인들과 비기독교인들 사이에 차이점이 많지 않다.

아빌레네기독대학교(Abilene Christian University)의 더그 멘델홀(Doug Mendenhall) 박사는 열 개의 주요 교단에 가입된 공식 블로그들을 관찰하면서, 종교 사이트들과 정치 사이트들 전반에서 오가는 포스트와 댓글들의 공손함 정도를 측정해 보았다.

그는 복음주의자들이 공화당 후보들과 그들이 주장하는 대의를 지지하는 경향이 있는 반면, 주류 교단 사람들은 민주당 후보들과 자유주의 대의들을 선호하는 경향이 있다는 것을 감안할 때, 교단 사이트들 안에 의견 불일치가 강하게 일어날 잠재력이 있었는데, 공식 사이트들에서는 "선거가 있는 해 내내 공식 블로그 게시물에 나타난 무례함의 정도가 낮았음"을 알게 되었다.[6]

여기까지는 아주 좋다.

그러나 안타깝게도 비공식적 기독교 사이트들은 세속 정치 사이트들이 보이는 무례함에 거의 가까운 수준을 반영하고 있었다.

멘델홀은 기독교의 공식, 비공식 사이트들이 주로 그런 면에서는 기독교적이었지만, 그 두 그룹이 보이는 사회적 행위에는 서로 다른 룰들이 적용되고 있었기 때문에, 그런 차이가 있다고 보았다. 그는 또한 기독교 사이트 두 종류 어느 쪽에 글을 다는 사람들의 경우보다 "정치 관련 게시물에 댓글을 다는 사람들의 경우에 익명의 너울이 훨씬 두껍다"는 것을 관찰했다.

댓글을 다는 이들의 익명성이 무례의 정도를 크게 증가시킨다는 연구 결과를 감안할 때, 정치 사이트들의 경우 댓글을 남기는 사람들이 거의 다 항상 실명을 쓰지 않고 있었기 때문에, 무례함의 정도가 공식 혹은 비공식 기독교 블로그에 댓글을 다는 사람들의 경우보다 심각하게 높았다는 것은 놀라운 일이 아니었다. 기독교 블로그들의 경우에는 으레 실명을 쓰거나,

---

6 Douglas L. Mendenhall, "Comparing Levels of Incivility across Religious and Political Blog Posts," PhD dissertation, Texas Tech University, 2014.

실명에 연관된 닉네임들을 쓰고 있었다.

멘덴홀의 연구는 정치 영역에서 나타나는 무례함은 보수주의자들이나, 자유주의자들 어느 쪽의 전유물이 아니라는 결론을 내리고 있었다. 또 우리는 기회 균등에 대해 공격하는 사람들이었는데, 피해를 당한 쪽을 보면, 여성들이 특히 온라인상에서 학대의 대상이 되고 있었다.

터프츠대학교(Tufts University)의 사라 소비에라지(Sarah Sobieraj)는 정치적 무례에 관해 많은 연구 결과를 발표해 왔는데, 그가 2018년에 마무리한 2년간의 연구 결과는 소위 "디지털 학대"의 피해를 입었던 서른여덟 명의 여성과 진행한 심층 인터뷰를 포함하고 있다.

그에 의하면 가해자들은 여성들을 위협하고, 수치심을 조장하며 여성의 가치를 말살하는 식으로 말하며, "여성의 신체에 주목하면서 그에 비해 남성의 이점을 말함으로 온라인 대화에 젠더 이슈를 끌어댔다."[7]

앰네스티인터내셔널(Amnesty International)에서 영국과 미국의 여성 저널리스트와 정치인들에게 보낸 트윗의 내용들을 연구한 바에 의하면, 트윗의 7.1퍼센트가 "문제가 있거나, 학대성 내용이었다"고 밝히고 있다.

이 연구는 또한 유색 인종의 여성들이 특정되어 온라인 가해를 당했던 것으로 밝혔는데, 그들은 백인 여성들에 비해 34퍼센트 더 피해를 입을 확률이 높았다. 흑인 여성들로 특정해 보면, 그들은 백인 여성에 비해 84퍼센트 더 피해를 당할 수 있었다. 그리고 아시아 여성들의 경우도 두드러지는데, 그들은 백인 여성들에 비해 70퍼센트 더 인종 차별, 혹은 해당 민족에 대한 비하 욕설을 들을 확률이 높았다.[8]

---

[7] Sarah Sobieraj, "Patterned Resistance to Women's Visibility in Digital Publics, Information, Communication and Society," 2018, 21:11, 1700-1714, DOI:10.1080/1369118X.2017.1348535.

[8] "Troll Patrol Findings: Using Crowdsourcing, Data Science and MachineLearning to Measure Violence and Abuse against Women on Twitter," AmnestyInternational, accessed June 15, 2019, https://decoders.amnesty.org/projects/troll-patrol/findings#what_did_we_find_container.

이 연구는 기독교 인구에 대해 특정하여 초점을 맞추지는 않았지만, 이 정도의 결과만으로도 무척 충격적이다.

우리는 이런 사실을 외면해서는 안 되며, 그게 학대라는 것을 공개적으로 지적해야 한다.

그리스도인들이여!

이런 일에 나서서 소금과 빛이 됩시다. 그리고 기독교 지도자들은, 신뢰받는 지도자가 되고자 한다면, 더 나은 길이 있음을 보여 주어야 하겠다. 그리고 우리가 필요할 때, 우리는 책임을 져야 한다.

4. 무엇이 온라인 악플러들을 부추기는가?

우리가 스스로 구멍을 파 들어가면 거기서 빠져나올 수가 없는데도, 우리는 온라인에서 왜 항상 그렇게 불량스러워지는가?

웹과 소셜 미디어의 상호 교류가 왜 그렇게 독성을 띠게 되는가에 대한 논의에서는 종종 익명성이 그 한 가지 원인일 거라고 본다. 악플이나 기타 유해 콘텐츠들이라도 웹상에서는 얼굴을 드러내지 않기 때문에, '안전하다'고 느낀다. 물론, 어떤 때는 이름을 밝힌 가운데서 진행되는 온라인 대화에서도, 지금 면전에서라면 교양 있는 사람으로서 결코 하지 못할 말을 온라인상에서 하기도 한다. 그 자리에서 직접 마주하고 있지 않기 때문이다.

스탠포드나 코넬대의 어떤 컴퓨터 과학자들이 이 문제를 살펴보면서 사람들이 왜 악플을 달게 되는지 두 가지 요인을 확인할 수 있었다.[9]

---

9 Justin Cheng, Cristian Danescu-Niculescu-Mizil, and Michael Bernstein, "WhyPeople Troll, according to Science," *Business Insider*, March 2, 2017, www.businessinsider.com/find-out-why-any-of-us-are-capable-of-trolling-2017-3.

첫째 요인은 그 순간 그 사람의 무드였다.

한 실험이 사람들을 부정적인 분위기에 놓이도록 했더니, 그들은 훨씬 더 악플들을 더 많이 달기 시작했다.

그 연구자들은 또한 "하루 중 어떤 시간대, 혹은 주중 어느 요일이었느냐에 따라서 악플을 다는 행위들이 늘어나거나 줄어드는 것"을 발견했다. 사람들은 대개 심야에 험악한 내용들을 쓰지만, 아침에는 그 빈도가 줄었다. 연구자들이 비가 오는 날은 어떤가에 대해서 살펴보지는 않았지만, 월요일에는 사람들의 기분이 저조했다. 그래서 월요일에 악플이 가장 많이 늘었는데, 이날이 교회를 갔다 온 다음날이라는 점을 생각하면 아이러니가 아닐 수 없다.

둘째 요인은 악플이 발생하는 맥락이었다.

악성 댓글이 달리기 시작하는 온라인상의 대화는 험한 내용 없이 시작된 대화 이외의 경우에 두 배 가량 더 악플이 달리는 경향이 있었다. 동병상련이라고 삶이 힘들 때, 사람들은 말 상대를 구한다.

"어떤 주제에 관련해서 험악한 댓글이 많을수록 그 토론에 참여하는 다음 사람들이 악플을 올릴 가능성이 더 많아진다." "이 모든 내용들을 종합해 볼 때, 연구의 결과는 한 토론에서 처음 올린 글들이 뒤에 올라오는 혐오 댓글들을 남기게 하는 강한 전조가 된다는 것을 보여 준다."

이 연구자들이 경고하는 바는 악플 달기가 상황에 따른 것이기 때문에, 평범한 사람들도 그 영향을 받아 악플을 달게 되고, 그런 행위를 다른 사람들에게 전파한다는 것이다. "이런 부정적 행위가 계속 전파되기 시작할 때 제재를 가하지 않고 방치하게 되면, 악플 달기가 그 공동체의 정상 행위로 자리잡게 될 수 있다."

스탠포드의 한 심리학자는 이 문제에 대해 약간 다른 입장을 취한다. 그는 2012년 연구에서 소셜 미디어에 올려진 글들에 대한 반응이 어떤가를 보면, 그 사람들의 성격적 특성을 예견할 수 있다고 결론을 내렸다.[10] 페이스북에 70여 개의 '좋아요'가 달린 그는 그의 프로그램으로 성적 지향, 정치 성향, 종교적 신념, 중독 물질의 남용 경향 등에 대해 정확히 예측할 수 있었다.

사회학자 프랭크 퓨러디(Frank Furedi)는 새로운 테크놀로지들이 우리를 망하게 할 것이라는 믿음은 새로운 현상이 아니라고 지적했다. 플라톤은 읽기와 쓰기가 우리의 지성을 약화시키고, 사람들의 기억력을 파괴할 것이라며 염려했다. 퓨러디는 신나치주의자들이 과거로부터 이어 오는 인종차별주의자들에게서 영감을 받고 있는 것처럼, 인터넷상의 악은 과거에 있어 온 악들이 반복되어 나타난 최근의 사례라는 사실을 지지했다.[11]

그래도 사람들은 인터넷이 사회에 미치는 영향에 대해 점점 덜 낙관적이다. 2018년 퓨리서치센터(Pew Research Center)가 내놓은 연구는 65세 이상 성인 중 인터넷이 사회에 미치는 영향이 대부분은 좋다고 답한 사람들이 2014년 이후로 78퍼센트에서 64퍼센트로 14퍼센트 감소한 사실을 발견했다. 노년층의 성인들이 소셜 미디어를 특별히 빨리 받아들이는 사람들이었음을 염두에 두어야 한다. 그보다 젊은 세대의 성인들은 그들보다는 꾸준했지만, 그들이 인터넷을 옹호하는 지지세는 2014년에 79퍼센트에서 2018년에 74퍼센트로 감소했다.[12]

---

10   Ephrat Livni, "A Stanford Psychologist Says Internet Culture Isn't as Toxic as ItFeels," Quartz, August, 19, 2017, https://qz.com/1055662/a-stanford-psychologist-says-internet-culture-isnt-as-toxic-as-it-feels/.

11   Livni, "Stanford Psychologist," https://qz.com/1055662/a-stanford-psychologist-says-internet-culture-isnt-as-toxic-as-it-feels/.

12   Aaron Smith, "Declining Majority of Online Adults Say the Internet Has BeenGood for Society," Pew Research Center, April 30, 2018, www.pewinternet.org/2018/04/30/declining-majority-of-online-adults-say-the-internet-has-been-good-for-society/.

5. 유혹을 물리쳐라

또라이처럼 행동하려는 유혹은 나에게만 있지는 않다.

우리가 사는 시대가 전기차, K팝의 득세, 스마트폰이나 기타 기기를 통해 손가락 하나만 가지고도 정보를 무제한으로 접할 수 있는 놀라운 시대지만, 우리에게 연결된 세계는 또한 우리가 또라이가 되어 버릴 수 있는 놀라운 플랫폼을 제공하기도 한다.

인터넷 시대 이전에는 대개 또라이라고 하면 덩치가 크고 신체적으로 상대를 압도할 수 있는 깡패와 같은 치들이거나, 어릴 때 온정을 받지 못하고 자란 사람들이거나, 파워를 누리고 있기는 하지만, 친절해야 된다는 충고를 한 번도 받아 보지 못한 그런 류들이었다.

그러나 오늘날에는 인터넷과 소셜 미디어가 있어서 누구라도 또라이가 될 수 있다. 심지어 자칫 잘못하다가는 할머니나 목사조차도 또라이가 될 수 있다. 그냥 앉아서 씩씩대면서 말이 되든, 말든, 자기 주장을 쏟아 내는 그런 또라이들이 될 수 있는 것이다. 우리는 요즈음 현실 세계에서라면 다른 사람들에게 한마디라도 그런 식으로 할 수 없는 말들을 온라인상에서 하고 있는데, 여하간 그래도 우리는 그것을 대수롭지 않게 여긴다.

내가 전에 또라이처럼 행동했던 것을 알고 있는데, 많은 경우는 이렇게 하면 또라이처럼 되는 거 아닌가라고 순간적으로 느꼈던 일들은 훨씬 더 많다. 내가 익명으로 무슨 글을 써서 올리는 것을 말하는 거다. 그리고 때때로 나는 미끼를 던져서 대화를 끌어내고자 뭔가를 끄적이기도 했지만, 대부분의 경우 그 글을 올리기 전에 지우곤 한다. 돌아보면서 감사한다.

또 종종 나 자신이 그렇게 현명한 사람이 아님을 알고 있다.

6. 관계가 핵심이다

당신에게 주어진 숙제를 하라. 사람들에 대해 공부하라. 대화를 나누라. 가까이에 있는 이들과 대화를 시작하라. 그러다 보면 당신은 어쩌면 당신처럼 생기지 않은 어떤 사람과 대화하고 싶어질 수 있을지도 모른다. 그렇게 타 인종 간의 관계를 맺다 보면 커다란 관점의 변화가 생기게 된다. 민권 운동(Civil Rights Movement)이 일어난 지 50년이 지났지만, 미국은 여전히 나뉘어 있다.

미국인들 사이에 존재하는 사회 관계망에 대한 연구는 이런 사실을 명백하게 보여 준다. 분명히 하면, 이 연구가 말하고 있는 사회 관계망은 페이스북과 같은 소셜 미디어 네크워크가 아니라, 가까운 친구들이라든지 가족들을 포함하여 중요한 문제들을 놓고 토론할 수 있는 자그마한 인간관계의 네트워크를 말한다.

그 연구의 결과는 이렇다. 백인의 75퍼센트의 경우 그들이 관여하고 있는 가까운 사회 관계망에는 소수자들이 전혀 없이 완전히 백인들뿐이다. 흑인들의 경우 65퍼센트가 말하기를 그들이 속한 사회 관계망은 완전히 흑인들이라고 했다. 히스패닉들은 절반에 조금 못 미치는 수가 그들의 핵심 사회 관계망이 완전히 히스패닉으로만 이뤄져 있다고 했다.[13] 이 통계를 세분화해서 보면 다음과 같다.

> 100명의 친구가 있다고 할 때, 평균적으로 백인은 91명의 백인 친구들이 있고, 나머지는 흑인, 라티노, 아시안, 혼혈계 및 기타 인종에서 각 1명의 친구가 있고, 나머지 3명은 미상의 인종이다. 반면, 평균적으로 흑인은 83

---

13 Daniel Cox, Juhem Navarro-Rivera, and Robert P. Jones, "Race, Religion, andPolitical Affiliation of Americans' Core Social Networks," Public ReligionResearch Institute, August 3, 2016, www.prri.org/research/poll-race-religion-politics-americans-social-networks/.

명의 흑인 친구들과 8명의 백인 친구, 2명의 라티노에 아시아계는 전무하고, 3명의 혼혈계 친구들과 1명의 기타 인종의 친구 그리고 나머지 4명은 미상의 인종들이었다.[14]

우리는 우리가 왜 종종 서로를 이해하지 못하는가에 대해 의아해 한다. 요는 이렇다. 미국인들이 중요한 이슈들에 대해 대화를 시도하고는 있지만, 우리 중 너무도 많은 사람이 타 인종 사람들과 친구로 만나거나 어떤 관계를 맺고 있는 일들이 전혀 없다는 것이다. 그런 상황이므로 다른 종교를 믿거나 우리의 관점들을 공유하지 않은 사람들과 대화를 하는 경우들은 확률이 그 보다 훨씬 낮다는 사실이다.

7. 비인간화 대 하나님의 형상

예수님은 요한복음 4장 4절에서 제자들에게 이제 "사마리아를 통과하여야 하겠다"고 말씀하셨다. 이런 제안에 대해 제자들은 모두 다 아주 염려가 되었으리라 생각한다. 왜냐하면, 단적으로 말해서 뭘 아는 유대인들이라면 사마리아를 통과해서 여행하지는 않았기 때문이다.

왜?

열왕기하 7장에 나오는 갈등 사건으로부터 시작해 사마리아인들은 인간 취급을 받지 못해 왔다. 달리 말하면, 그들은 인간 '이하'의 대접을 받고 있었다. 그들은 더럽고, 잘 씻지 않으며, 열등하고, 유대인의 피가 반밖에 섞이지 않은 혼혈로 오염된 종자들이라는 비난을 받았고, 타 인종, 즉

---

14 Christopher Ingraham, "Three Quarters of Whites Don't Have Any Non-White-Friends," *Washington Post*, August 25, 2014, www.washingtonpost.com/news/wonk/wp/2014/08/25/three-quarters-of-whites-dont-have-any-non-white-friends/.

슬프게도 그들은 '남'으로 여겨졌던 것이다.

이런 까닭에 그들에 대해서는 뿌리 깊은 적개심이 있었다. 이제 그런 오해와 적개심이 수도 없이 많은 세대를 거쳐 점점 커져 오고 있었다. 그렇기 때문에 유대인들과 사마리아인들 사이에는 그와 같은 악의가 자리하고 있었던 것이며, 그런 이유로 예수님은 제자들에게 여행 일정을 밝혀서 사마리아를 거쳐 가야겠다는 의도를 말씀하고 계신 것이다.

이 여행 중에 예수님은 한 우물가에서 한 사마리아 여인과 마주하게 된다. 그에게 은혜와 진리를 받드는 헌신이 있었던 까닭에, 그는 그와 같은 인간미와 존엄성을 표하며 이 여인과 대면하고 있다. 인간미와 존엄성의 반대는 비인간화와 남처럼 대하는 타인화이다.

우리가 다른 사람들을 비인간화할 때, 사람들은 다른 사람들을 저열하게 취급하고, 무시하는 말이나 행동, 그리고 그런 정책들을 정당화하게 된다. 예를 들어, 나치는 유대인들을 쥐새끼들이라고 했고, 르완다의 인종학살 당시 후투족들은 투치족들을 바퀴벌레라고 했으며, 미국의 아프리카계 미국인들은 노예제 시절과 짐크로우법(Jim Crow: 흑인과 백인을 분리하는 미국의 법안-역자주) 시대에 유인원 내지는 원숭이와 비교되었고, 오늘날 미얀마의 급진 승려들은 로힝야 소수민들을 짐승들이라고 칭한다.

물론, 이것은 하나님의 형상을 가리키는 이마고 데이(Imago Dei)의 신학과는 심각하게 대조된다. 그리스도인들로서 우리는 모든 사람이 각각 하나님의 형상을 지니고 있다고 믿는다. 모든 인간은 끔찍할 정도로 놀랍게 지어진 존재들이라고 믿는다.[15]

이 중요한 사실을 놓치지 말라. 예수님은 지금 여기서 그분의 정치학을 선언하고 있는 것이다. 하나님 나라의 정신으로 예수님은 사마리아를 통과해 가려 하신다. 증오의 장벽, 즉 문화, 인종적 편견을 넘어서서 용서, 화해, 평화, 사랑, 소망의 다리를 세우려는 결연한 의지를 보이고 있는 것이다.

---

15 [시편 139:14]

예수님은 그렇게 호락호락한 분이 아니었다. 그분은 넘어져도 금새 일어나서 핵심적 순간에 할 말을 하시는 분이었다. 장사치와 환전상들로 가득한 성전을 정화하는 활동이 그런 것을 보여 준다. 그러나 그 밖에 얼마나 많은 경우에 예수님은 또한 사랑을 받을 수도 없는 종류의 사람들에 대해 인내하며 사랑을 보여 주셨던가. 예수님은 사람들을 치유하시고, 그들의 죄를 용서하셨으며, 더 이상 죄 짓는 삶을 살지 말라고 권하셨다.

예수님은 끝없이 이어지는 이야기들 속에서 모든 사람을 사랑하고 또 사랑하셨다. 그건 진을 빼는 일이었을 것이다. 여러 핵심적 순간마다 예수님은 또한 기도하기 위해 사람들을 피하여 한적한 곳을 찾으셨다. 아버지와 조율하시고, 또 '하나'가 되시기 위함이었다.

그런 것을 생각한다면, 우리도 마찬가지로 잠시 멈춰서서 성령님께 우리를 가르쳐 주소서, 우리의 생각과 행동을 인도해 주소서라고 구해야 하지 않겠는가. 곧장 맞받아치기가 쉬운 우리로서 그렇게 한다는 것은 쉽지 않은 일이다. 그러나 평강의 마음이 불같이 분노를 뿜고 싶은 우리의 심정을 누그러뜨릴 수 있어야 한다.

다른 이들의 삶을 저급하게 취급하는 것은 얼간이 같은 짓이며, 하나님 나라와 상반된다. 또라이가 되어 가지고 세상에 속한 사람들과 맞서서 떠들썩하게 고함치며 맞붙는 것은 철저히 다른 그리스도의 길을 헐값에 넘기는 일이다. 그것은 기독교를 엉터리 같은 모습으로 대변하는 것이며, 또한 어리석은 정치적 술수이다.

우리가 생각하기에 최선의 논리적 주장을 내세우기보다는 먼저 사랑을 보이도록 하자. 결국, 그런 모습으로 우리는 알려져야 하기 때문이다.

❧ 적용 질문 ❧

1. 당신이 어느 사람의 정치적, 종교적, 이념적 견해와 일치하지 않는다고 생각할 때, 당신은 보통 어떤 식으로 반응하는가?
   그것이 하나님 나라의 가치들과 일치하는가?
2. 어떤 경우에 당신은 즉각 일어나서 당신의 의견을 표명하는가?
   당신의 의견들을 나누고 있는 사람들은 누구인가?
3. 당신은 '예수 또라이'들을 접해 본 적이 있는가?
   그 사람은 얼마나 영향력이 있어 보였는가?

제3장

상대의 말을 듣고 그들과 관계의 다리를 세워라

하나님의 반문화적 방식에 대해 신약성경의 야고보서가 말씀한다. 비천한 환경에 놓인 신자들은 그들의 고매한 (영적) 지위에 대해 자부심을 가지라고 하며, 부유한 자들은 들풀처럼 시들어갈 것이라고 말한다. 그런 사고방식이 분명히 세상의 방법은 아니며, 그런 말을 들으려고 하지도 않았을 텐데, 야고보는 계속 그 뒤에 바로 이어지는 부분에서 그런 덕목을 극찬하고 있다.

> 내 사랑하는 형제들아 너희가 알지니 사람마다 듣기는 속히 하고 말하기는 더디 하며 성내기도 더디 하라 사람이 성내는 것이 하나님의 의를 이루지 못함이라(약 1:19-20).

오늘날 우리는 사람들의 화를 부추기며 격분케 한다. 슬픈 현실이지만, 우리의 사회는 두려움에 의해 돌아간다. 그리고 우리는 상대방의 이야기를 듣는 데 너무 느리다. 확실치 않지만 그건 적어도 나의 아내가 나에게 하는 이야기라고 생각한다.

목사가 가진 가장 엄청난 특권과 책임들 가운데 하나는 온 세상에 기쁜 소식이 되시는 예수님의 생애와 죽음과 부활을 선포하는 성찬 테이블로 사람들을 환영하는 것이다. 즉, 구원은 예수 그리스도를 신뢰하는 모든 사람에게 그리스도의 은혜가 주어진다는 사실을 선포하는 것이다. 예수 그리스도의 은혜와 사랑 때문에 교회가 그 테이블로 나와 그분에 대한 믿음을 고백하는 모든 이를 환영한다는 면에서 교회는 진정으로 반문화적일 수 있다.

나는 교회 외에 다른 어떤 기관이 모든 배경과 민족, 그리고 삶의 다양한 이야기를 가진 사람들, 심지어 정치 성향이나 소속이 다른 사람들을 한데 모을 수 있는지를 알지 못한다. 교회에서 성찬을 거행할 때, 좌파들을 위한 포도주 줄 따로, 우파들을 위한 포도주스 줄 따로, 중도파들을 위한 글루텐프리 빵 줄을 따로 세우지 않는다.

나는 바울의 갈라디아서에서 선포된 참으로 기쁜 소식을 여기서 상기해 본다. 그 말씀은 오늘날 우리에게 여전히 의미심장한 진리를 담고 있다.

> 너희는 유대인이나 헬라인이나 종이나 자유인이나 남자나 여자나 다 그리스도 예수 안에서 하나이니라(갈 3:28).

아마 우리는 이 말씀을 양극화 시대가 된 현대에 맞추어 상황화할 수 있을 것이다.

그러므로 우리는 우정 관계를 유지하고 교제를 계속 이어 가기 위해 힘써야 한다. 그리스도인들로서 우리는 우리 관계에 있어서 가장 중요한 측면은 정치도, 정치적 견해도, 정당 소속 같은 것도 아니며, 다만 우리는 그리스도 안에서 한 형제요 자매들로서 하나로 연결되어 있다는 사실에 동의할 필요가 있다.

> 평안의 매는 줄로 성령이 하나 되게 하신 것을 힘써 지키라. 몸이 하나요 성령도 한 분이시니 이와 같이 너희가 부르심의 한 소망 안에서 부르심을 받았느니라. 주도 한 분이시요 믿음도 하나요 세례도 하나요 하나님도 한 분이시니 곧 만유의 아버지시라 만유 위에 계시고 만유를 통일하시고 만유 가운데 계시도다(엡 4:3-6).

정치는 그 고유의 역할이 있다. 그러나 그리스도는 우리 공동체에 있어서 가장 중요한 측면이다.

1. 공감이라는 전채요리로 시작하는 만찬

아, 휴가 시즌이다!
늦가을에 동네를 걸을 때 선선한 한기를 느끼며, 이 무렵 벽난로에서 흘러나오는 타는 장작 냄새를 맡는다.

날씨는 추워지고, 날들이 짧아진다. 이때쯤 시애틀 사람들은 대개 동면 모드로 들어간다. 얼마 안 있어 추수감사절과 성탄절이 다가오는구나 할 때면, 손은 주머니에 들어가 있다. 해마다 이때가 되면 칠면조 스터핑을 넣고 펌킨 파이를 만든다.

음식 외에도 휴가 시즌은 여러 가지 많은 의미가 있다. 가까이 혹은 멀리 나가 있는 가족과 다시 만나고 시간을 함께 보낸다. 그러나 그런 시간들이 항상 마음 따뜻하고 흐뭇한 것만은 아니다. 점점 우리 중 많은 사람이 휴가 시즌에 만나서 먹는 식사에 덩달아 끼여 드는 안주 같은 존재, 즉 저녁 식사에 함께한 직계 가족 외의 다른 친척과 가지게 되는 불편한 정치 이야기들이 끔찍하게 느껴서 피하고 싶어진다.

그게 당신이라면 손을 들어 보라!
어쩌면 당신은 좌파 성향이어서 집안의 바드 삼촌이 걱정스럽고, 혹시나 그분이 이민 정책에 대해 거친 말투로 "그런 인간들"과 같은 인종 차별적 언사를 남발할지 몰라 우려할 수도 있다. 또는 당신이 우파 성향이어서 내놓고 사회주의자라고 말하는 조카 데이비드와 그의 채식주의 여친인 앤을 걱정할 수도 있다. 작년 같은 휴가 시즌에 처음 그녀를 만났을 때 자기 소개를 하면서 여성을 부르는 대명사(she/her/hers)를 써 달라고 해서 완전히 돌아버릴 뻔했기 때문이다(최근 영어권의 어떤 사람들 사이에서 유행되고 있는 이런 자기 소개는 성정체성의 문제를 단순히 남녀 2분법이 아닌 성전환자 등 기타 그룹의 사람들이 있는 것을 의식적으로 생각하게 하는 소개 방식이다.-역자주).

명절 연휴 때는 항상 스트레스가 많다. 그러나 휴가 때 집안 사람들이 만나서 식사를 함께 하는 것은 정치적 부조화 때문에 훨씬 즐겁지 않을 수 있는 것 아니겠는가. "감자 그릇 좀 이쪽으로 달라"고 말하면서 웃음을 띠려고 노력하지만, 아무리 그래 봐도 숙모가 당신을 바라보는 눈초리가 예사롭지 않은 그 현실이 바뀌지는 않을 것이다.

소셜 미디어에 올라오는 분노 어린 고성들을 보고 있노라면, 또 가족들이 모일 때가 다가온다는 걸 알게 되며, 그 시간이 어떻게 흘러갈 것도 안다. 짐은 바드 삼촌이나 데이비드, 앤, 혹은 예사롭지 않은 눈길의 아주머니를 봐야 하기 때문에 마음이 심란하다.

흥미로운 사실은 그런 게시물들을 올리는 사람들은 가족들 중에 다른 사람들이 그들에 대해 똑같은 말들을 하고 또 그렇게 느낄 것에 대해서는 눈꼽 만큼도 생각하지 않는다는 것이다.

누가 그런 자의식이라도 있다는 말인가?

칠면조 스터핑 같은 것은 말고라도 당신 같으면 정치화되어 버린 휴가 시즌의 가족 모임의 불편한 부분들을 완전히 바꿔서 차라리 낯 모르는 사람들과 그런 대화를 하고 싶어 하지 않겠는가?

놀랍게도 낯선 사람들과 저녁을 하면서 정치에 대해 말한다는 아이디어는 2016년 선거 당시 힐러리 클린턴이 트럼프 지지자들의 절반은 "개탄스러운 부류의 사람들"[1]이라고 지칭했었는데, 바로 그 선거가 끝난 하루 만에 저스틴 리(Justine Lee)라는 이름의 아시아계 여성이 생각해 낸 것이었다.

---

[1] "Clinton: Half of Trump Supporters 'Basket of Deplorables,'" BBC, September 10, 2016, www.bbc.com/news/av/election-us-2016-37329812/clinton-half-of-trump-supporters-basket-of-deplorables.

그렇다. 그 선거는 트럼프가 그와 대립하는 거의 모든 정적을 놀리는 별명들을 지어냈을 뿐만 아니라, 테드 크루즈(Ted Cruz) 상원의원은 "거짓말쟁이"라고 하면서, 그의 아버지는 존 F. 케네디 암살에 가담했을 거라는 억측을 늘어놓기도 했던 선거였다.[2] 그렇다. 정계의 상황은 날로 악화되어 가고 있고, 정중함 같은 것은 사라지고 있는 것 같다.

선거가 끝난 다음날 리에게 이전에 생각지 못했던 아이디어가 뇌리에 스쳤다. 다양한 정치적 성향과 사회적 배경의 사람들이 모여 저녁을 함께 나누면서 이야기를 하면 어떨까라는 생각이었다.

리는 정치 쪽에서 일을 맡아 하던 사람이 아니었다. 그는 샌프란시스코 베이 지역에서 마케팅 일을 하고 있었다. 그러나 그는 품위를 신경 쓰며, 미국에 대해 염려하는 사람이었기에 자기 친구인 트리아 창(Tria Chang)과 함께 '미국이여 다시 함께 저녁을 하자'(Make America Dinner Again, MADA)라는 단체를 공동 창립했다.

이 단체는 말하기를 사람들이 항의나 모금, 투쟁을 할 수 있는 통로는 많이 있지만, MADA는 서로의 이야기를 청취하는 통로이다. 이들이 진행하는 저녁 식사 행사는 작은 규모로 6인 내지 10인의 다양한 정치적 견해를 가진 사람들을 게스트로 초청한다. 이 행사를 하는 저녁 시간 동안 운영자들은 참가자들이 모두 어느 정도 괜찮은 음식을 먹는 중에 대화가 서로를 존중하는 방식으로 진행되도록 하며, 여러 순서의 진행 방향을 제시하는 일을 맡는다.

리는 다음과 같이 말한다.

---

2 Dylan Matthews, "We Shouldn't Have to Explain That Ted Cruz's Dad Didn't Kill JFK, but Here Goes, I Guess," Vox, May 3, 2016, www.vox.com/2016/5/3/11580740/ted-cruz-lee-harvey-oswald-donald-trump.

우리는 음식은 따뜻한 것으로 하되 대화와 상호 이해가 이뤄질 수 있도록 하는 좋은 통로 정도로 봅니다.[3]

식사에 참여하는 사람들의 공통점이 있을까?

그들은 실제 생활에서 그들과 다르게 생각하고 다르게 살고 있는 이웃들을 알고 싶어 하고, 그런 이웃들을 이해하려고 하는 사람들이라고 한다. MADA의 목적은 서로 다른 관점들을 존중하는 태도로 청취해 주고, 뜻밖의 관계들이 만들어질 수 있을 정도로 사람들이 서로 상대에 대해 공감하도록 하는 것이다.

샌프란시스코에서 MADA가 첫 회합을 가진 이후로 이 단체는 상당히 성장을 해서 이 단체에 의해 진행된 디너가 전국적으로 수십 개 도시에서 진행되었고, 이제는 영국 의회 의원 중 한 사람이 여기서 영감을 얻어 브렉시트(Brexit)와 관련하여 '탈퇴파'와 '잔류파'에 각각 속한 사람들이 함께 만나는 디너를 주최할 계획이다.[4]

이 아이디어를 받아들였고, 디너를 기다리는 사람들 중에는 보수주의 쪽의 토크쇼 진행자인 글렌 벡(Glenn Beck)이 그가 일하는 언론 기관인 더 블레이즈(The Blaze)를 위해 리아즈 파텔(Riaz Patel)이라고 하는 성공한 게이 할리우드 제작자와 함께 이벤트를 준비했다.[5]

나는 벡이 이 행사에 동참하게 되었다는 소식을 듣고서 깜짝 놀랐다. 나는 글렌 벡의 엄청난 팬은 아니었다. 그는 믿기 어려울 정도로 논란을 불

---

3 Bianca Taylor, "At 'Make America Dinner Again,' Bridging Political and RacialDivides," KQED, September 23, 2017, www.kqed.org/news/11618110/at-make-america-dinner-again-bridging-political-and-racial-divides.

4 Make America Dinner Again, Facebook post, April 1, 2019, accessed June 15,2019, www.facebook.com/makeamericadinneragain/.

5 The Blaze, Facebook video post, April 26, 2018, accessed June 15, 2019,www.facebook.com/theblaze/videos/1829744067062925/.

러일으키는 사람이었기 때문이었다. 그는 기독교인들이 정의를 추구하는 것을 무력화하기 위해 터무니 없는 말들을 하기도 했었다. 예컨대, 당신이 다니는 교회의 웹사이트에 "사회 정의"라는 글이 뜨면 "가능한 한 빨리 그 교회에서 나오라"는 식으로 부추겼던 것이다.[6]

그래서 벡이 다른 사람들이 말하는 다른 관점들을 들어 보기 위해 마음을 열고 있다는 소식을 들었을 때, 회의적이었지만 동시에 희망을 갖게 되었다. 벡은 이런 상황에서 우리와 같지 않은 사람들과 디너에서 이야기를 해 보면, 우리가 적으로 간주했던 사람이 정치 성향의 스펙트럼 정반대 쪽에 있었던 사람이라는 것과는 관계없이 생각했던 것과는 전혀 다른 사람이었다고 말한다.

벡은 다음과 같이 말한다.

> 우리 바로 옆에 앉은 사람과 우리가 아무리 다른 생각을 하고 있고, 우리는 정반대의 입장에 서 있다고 하더라도, 가장 중요한 것은 우리가 결코 인간애라고 하는 면을 무시해서는 안 된다.

벡과 파텔이 주관한 행사의 주제들은 쉬운 것이 아니다. 사회주의, 총기법, 총기 사고를 어떻게 줄일 수 있을까, 언론의 자유, 언론 검열 등을 다루고 있는데, 모두 다 중요하고, 현실적 주제들이어서 대화가 좌충우돌로 이어질 수밖에 없다.

나는 글렌 벡도 MADA 행사를 하기로 했다면, 나도 MADA에 참여해서 경험을 해 봐야겠다고 생각했다. 그래서 나는 MADA 시애틀 지부에 등록을 했고, 몇 주 후에 등록 확인 이메일을 받았다.

---

6 "Glenn Beck Original Clip on Social Justice and Churches from March 2, 2010," Right Scoop YouTube channel, posted March 15, 2010, www.youtube.com/watch?v=5c4D-qdleJuY.

솔직히 말하면, 나는 긴장하면서 갔다. 어떤 식일지를 전혀 알 수 없는 상태에서 갔다.

여기에 오는 게스트들은 어떤 사람들일까?
토론이 균형은 있을까?
보수 쪽 사람들도 충분히 참석을 할까?
시애틀에 보수주의자들이 있기는 한 건가?
사람들이 처음에는 존중하는 태도로 상대의 말을 들으려고 하겠지만, 결국에 가서는 고함을 지르고, 서로 손가락질을 하면서 이종격투기로 끝나는 건 아닐까?
내 나름대로 정리를 해 줘야 하는 건 아닐까?
내가 기독교인이고, 진보주의적인 시애틀 사람들에게 가장 끔찍한 낱말 중의 하나로 묘사되는 '복음주의' 교단에서 안수를 받은 목사라고 하면, 참석자들이 나를 어떻게 생각할까?
그리고 가장 중요한 사항으로 각자 음식 한 가지씩을 가지고 가는 식인데, 난 뭘 준비해 갈까?

금요일 저녁이 왔다. MADA 진행자를 포함해서 일곱 명의 낯선 사람들이 지역의 한 교회 지하에 저녁 식사를 위해 모였다. 놀란 것은 저녁 식사에 참석한 사람들은 다방면의 사람들인데다 인종도 다양했고, 나이도 다양했다. 참석자들의 직업은 학교 선생님, 바텐더, 목사, 기술자, 대학생, 안내인, 비영리 단체 직원 등이었다.

저녁 식사는 솔직히 맛있었다. 끝내주는 맛의 치킨 윙을 가져온 사람에게는 "땡큐"를 연발했다. 우리는 각자를 소개하는 시간이 있었고, 이어서 토론이 시작되었다. 분명한 것은 우리가 모두 정치적 지형에 있어서 다양한 위치를 접하고 있었기 때문에, 참석자들이 일치했던 유일한 부분은 정치 상황에 대해 좌절감을 느낀다는 것이었다.

우리는 낙태, 총기 규제, 인종차별주의, 특권, 이민 등등의 주제에 대해 논했다. 우리는 토론하다가 서로 의견을 공유하고, 또 상대의 의견을 청취하다가 토론으로 이어지고, 또 그러다간 상대의 이야기를 더 들어 보고 하는 식으로 시간을 보냈다. 내 경우는 솔직히 두어 번 정도는 민망한 마음에 움찔하는 순간들이 있기도 했다. 특히, 한 사람이 국경 같은 것을 다 없애고, 그냥 하나의 인류 공동체 국가가 되어야 한다고 말할 때 그랬다.

그러나 그날 밤 나에게 가장 뚜렷이 머릿속에 남은 것은 어맨다(실제 이름이 아님)와의 만남이었다. 내 추측으로는 약 50대 중반 정도 되어 보이는 분이었는데, 소개할 적에 남편과 자신은 아이들이 다 독립해서 둘만 사는 엠티네스터(empty-nester: 새끼들이 떠난 둥지라는 뜻-역자주)라고 했다.

그는 공화당 지지자로 트럼프에게 투표했고, 총도 몇 정 가지고 있다고 하면서 실제로 가지고 다니는 총도 하나 보여 주었고, 지역교회에서 예배를 드린다고 했다. 또한, 지난 20여 년간 시애틀의 한 공립학교에서 교사로 봉직했다고 한다. 기독교인으로 시애틀에 살면서 겪은 고통과 경험을 이야기했는데, 우리 지역에 사는 다른 복음주의 기독교인들에게서 내가 들어 왔던 이야기들과 비슷한 거였다. 사람들에게 조롱과 무시, 심지어는 폭언과 괴롭힘을 당해 왔다고 했다.

교사로서 그녀는 시애틀 지역의 교사 노조가 교사들로 하여금 '흑인의 삶도 중요하다'(Black Lives Matter, BLM) 티셔츠를 입도록 한 결정에 반대를 했다면서, 그가 반대한 것은 교사들이 BLM 티셔츠를 입는 것에 반대한 것이 아니고, 모든 교사에게 의무적으로 입게 하는 그런 결정에 반대했다는 점을 분명히 했다. 그녀는 흑인이든 갈색인이든 모든 학생을 사랑한다고 간곡한 어조로 호소하듯 말했다. 그렇기 때문에 지난 20년을 하루도 빠지지 않고 학교에 출근해서 가르쳤다는 것이다. 그러나 그녀는 그 기관이 내세우는 모든 것에 동의하지 않기 때문에, 그 노조를 지지할 수 없었다.

이때 그녀는 머리를 숙인 채 모인 사람들과 애써 눈을 마주치지 않으려고 하면서, 지난 2년 동안이 교사로서 생활하면서 겪은 가장 힘든 시간이었다고 술회했다. 노조에 대한 지지 거부 표시 이후로 일어난 반박, 안면 몰수, 무시와 같은 반응들이 있었다고 했다. 이전에 친근감을 보이고 그녀와 더불어 자주 대화했던 동료 교사들이 패거리로 그녀를 무시했고, 특히나 "그녀가 '예수를 믿는 기독교인이었다'면서"라는 식의 소문이 떠돌 때가 가장 힘들었다고 했다.

몇 시간을 함께 보낸 일곱 명의 다양한 사람의 회합에서 우리가 사회나 문화의 고질병들을 다 해결한 것은 아니었다. 우리가 국가 부채를 삭감시켜 준 것도 아니었다. 우리가 사는 도시의 집 없는 이들의 문제를 해결한 것도 아니다. 아편 문제를 해결한 것도 아니고, 종합적인 이민 정책의 개혁안을 제시한 것도 아니다.

또한, 총기 규제 정책을 어떻게 확립할 것인지를 구상하지도 못했다. 우리는 아무것도 해결하지는 못했다. 그러나 우리는 우리가 가진 견해들이 서로 다르지만, 원수로 지낼 사람들도 아니라는 인식을 갖게 되었다. 우리는 기꺼이 시간을 내어 상대의 이야기를 청취하고, 공감하며, 그렇게 하는 동안 더욱 서로를 이해하게 되었고, 좀 더 서로에 대한 인간애를 갖게 되었다.

바로 그 점이 내가 말하고자 하는 포인트이다. 다른 사람들과 그들의 견해를 축소 왜곡하는 것은 너무나 극단적으로 단순화하는 것임을 알게 된 것이다. 우리의 견해와 확신들을 인정하는 것도 중요하지만, 그래서 필요하다면 우리의 목소리를 높이고, 그런 견해들을 위해 싸울 필요도 있겠지만, 우리가 다른 사람들이 어떻게 느끼는지를 전혀 모르고, 또 그들이 그렇게 느끼는지에 대해 아무것도 모른다면, 우리가 누구와 의미 있는 대화를 한다거나 그 대화에서 진전을 이룬다는 것은 거의 불가능할 것이다. 공손함은 상대의 말을 청취하려는 진정한 헌신이 없다면 불가능하다.

2. 청취하려는 열망

2015년 12월 당시 대통령 후보였던 도널드 트럼프는 무슬림들의 미국 입국을 금지하는 법안을 제안했다. 그것은 한 특정 종교인들 전체에 대한 제한 법안으로 그 종교를 믿는 사람들로서 이미 미국에 들어와 살고 있는 사람이 아니면 입국을 금지하는 것이었다.

트럼프는 그 제안을 할 때 이슬람 국가(Islamic State) 소속 테러리스트 그룹이 교사한 것으로 보이는 충격 사건이 있고 난 며칠 후에 열린 사우스캐롤라이나의 유세 집회 현장에서 연설을 하는 중이었다. 미래의 대통령이 될 이 인사는 환호하는 군중들에게 다음과 같이 말했다.

> 도널드 J 트럼프는 이 나라의 대표자들이 우리나라를 지옥으로 만든 이들이 벌인 일의 자초지종을 파악할 때까지는 무슬림들의 미국 입국을 완전히 전면 봉쇄할 것을 주장하는 바입니다.[7]

한편, 사우스캐롤라이나주는 무슬림 인구가 전 인구의 1퍼센트도 안 되는 비무슬림주이다. 전국적 통계를 보면 무슬림 인구는 1.1퍼센트 정도로 인구 중 작은 부분을 차지한다.[8]

미국의 반대쪽인 내가 사는 시애틀의 라디오 방송 제작자인 로스 레이놀즈(Ross Reynolds)는 모든 무슬림에 대한 입국 금지안에 대한 소식을 듣고 나서 의아한 듯 묻는다.

---

7 Jenna Johnson, "Trump Calls for 'Total and Complete Shutdown of MuslimsEntering the United States,'" *Washington Post*, December 7, 2015, www.washingtonpost.com/news/post-politics/wp/2015/12/07/donald-trump-calls-for-total-and-complete-shutdown-of-muslims-entering-the-united-states/?utm_term=.ee94e61f672a.

8 "Muslims," Pew Research Center, accessed October 9, 2019, www.pewforum.org/religious-landscape-study/religious-tradition/muslim/.

"비무슬림 미국인들 중에 도대체 무슬림을 한 사람이라도 아는 사람들이 있기라도 한가?"

그런 질문을 염두에 둔 새로운 라디오 방송 시리즈가 지역 NPR 방송인 KUOW에서 탄생했다. 〈애스크 에이…〉(Ask A…이 사람에게 물어봤습니다)라는 프로인데 MADA의 콘셉트와 비슷하다. 생각해 볼 많은 내용이 있는 이슈들을 놓고 투명하고 상대를 존중하는 방식으로 우리가 사는 공동체 안에 대화를 창출하고자 노력하는 프로이다.

KUOW에 의하면 다음과 같다.

> 이 프로의 콘셉트는 단순한 것으로 뉴스에 등장하는 여덟 명의 사람을 한 그룹으로 만들어서 그 여덟 명이 그 그룹 사람들에 대해 더 알고자 하도록 대화하는 자리를 만든다. 그들 각 사람은 그룹에 있는 사람들이 서로를 다 만날 때까지 일대일 대화를 이어 간다. 그리고 나서 그룹 토론의 시간을 갖게 되는데, 식사를 하면서 대화를 계속 이어 간다. 이것은 뜻이 맞는 사람들끼리만 서로 "좋지, 좋아" 하는 식의 자화자찬 분위기를 박차고 나와서 우리가 사는 커뮤니티에 속한 다른 사람들과 연결을 해 보려는 한 방법이다.[9]

〈애스크 에이…〉 방송 첫 회는 "무슬림에게 물어봤습니다"였고, 그 주제는 두 번 더 반복되었다. 다른 회차들도 방송되었는데, 다뤘던 주제들은 총기 규제와 성정체성과 같이 다양했다. 초기에 올렸던 에피소드 중 하나는 "트럼프 지지자에게 물어봤습니다"였다. 사우스캐롤라이나의 트럼프 유세에 나온 사람들 중에 무슬림을 아는 사람들이 거의 없는 것처럼, 시애틀에서 NPR 방송 청취자들 중 트럼프 지지자들과 가까운 사람들도 거의 없을 것 같다.

---

9 "Ask A …," KUOW, May 5, 2017, www.kuow.org/series/ask.

"트럼프 지지자에게 물어봤습니다" 이벤트에 참여하여 인터뷰에 응했던 사람들은 대통령에 대해 다양한 견해를 가지고 있었다. 한 여성은 트럼프가 대법원 법관으로 지명했던 사람들에 대해 아주 흡족해했지만, 공화당이 좋은 대안도 없으면서 오바마케어를 번복하고 갈아 치우려 한 움직임에 대해서는 큰 실망을 표했다.

트럼프 지지자들에게서 들었던 그 밖의 견해들로는 다음과 같다.

- "저는 그가 여우처럼 영악하다고 생각합니다."
- "그는 실수를 하면서도 계속 밀고 나가요. 포기하지 않죠."
- "그는 업무 중 세세한 부분에 대해서는 잘 준비된 사람이 아니라고 생각했어야 하는 것 같습니다."

이 라디오 방송국 스튜디오에 모인 적은 수의 청중은 처음 만나는 사람들과 식사를 하고 대화를 하며, 자신의 개인사에 대해 궁금해하는 부분들을 말하기도 하고, 자기가 가진 견해를 갖기까지의 과정과 그 이유들에 대해 서로 나누었다.

KUOW 방송 관계자는 말하기를 그 식사 이벤트는 아주 성공적이어서 참석자들은 이벤트가 다 끝날 때까지 자리를 떠나지 않으려 했다고 한다. 이 방송국 연구팀은 이런 식사 이벤트가 꼭 들어 보고 싶은 방송 이야기 이상으로 어떤 목적을 달성했다고 한다면, 그런 영향력이 어떤 것인지에 대해 궁금해졌다. KUOW는 세 번의 설문 조사를 진행했다. 설문을 이벤트 전과 직후, 그리고 3개월 후에 진행해 봤다.

질문에 나선 사람들이 일단 트럼프 지지자나 어떤 무슬림에 대해 알게 된 다음 그들은 그들이 인터뷰했던 사람들이 가지고 있는 이해나 감정 이입의 정도 등에 대해 물었다. 응답 결과를 통해 그들이 발견한 것은 그런 이벤트로 사람들과 만난 후에 그 사람들에 대한 긍정적 느낌이 증가했고,

그런 이벤트를 갖기 전에 오랫동안 해당 부류의 사람들에 대해 가졌던 것보다 긍정적 느낌이 더 높아졌다는 것이다.

MADA와 〈애스크 에이…〉는 우리가 가지고 있는 견해들이 옳았는지를 다시 생각해 보도록 도전한다. 그러나 우리 중 대다수는 여전히 우리가 가진 견해, 종족, 또한 그게 뭐든지 간에, 우리가 살아온 이야기 같은 것들을 지키려는 경향이 있다. 우리의 이웃들을 만나서 그들을 알게 되면, 백신을 맞는 것처럼 우리의 편협함에 대해 한방에 예방되는 것은 아니다. 우리는 우리와 같지 않은 사람들과 한 번 만날 뿐만 아니라 오랫동안 관계를 유지할 필요가 있다.

3. 네브라스카에서 듣는 법을 배운다

시애틀에서 살다 보니 종교와 관계된 모든 것에 대해, 특히나 조금이라도 복음주의의 냄새가 나는 것일 경우, 대개는 냉소적이거나 적대적인 것처럼 보이는 이 도시 사람들 가운데서 하나님께서 어떤 일을 하고 계시다는 것을 잘 볼 수 있게 된다.

시애틀은 생동감, 혁신, 세속주의, 깊은 믿음, 회의주의, 그리고 기쁨이 있는 곳이다. 그리고 덧붙여 말하면, 그렇게 규정지은 유형들은 대개 사실에 가깝다. 시애틀은 정치적으로 상당히 진보적(liberal)이다.

우리가 위험을 무릅쓰고 좀 더 깊이 들어가서 이슈들을 보려고 할 때, 또한 아주 중요한 것은 책이나 미디어에만 매달리기보다는 우리와 다르게 생겼고, 또 다르게 생각하는 사람들과 실제로 교류하는 것은 매우 중요하다. 우리는 다른 사람들 앞에 우리를 노출시켜 우리의 약한 면을 열어 보여야 한다.

나에게 있어서 가장 엄청났던 깨달음과 관점의 변화가 일어났던 것은 내가 사는 이곳 시애틀에서 1500마일 떨어진 곳에서 일어났다. 어떤 통찰을 얻고 싶었는데 그 과정을 통해 많은 것을 얻을 수 있었다.

내가 사역하던 교회의 어떤 사람들은 공화당에 관련되어 있어서 수년 동안 나는 우파에 경도된 친구들, 이웃들과 수많은 대화와 식사 교제를 해 봤지만, 개인적으로 트럼프 지지자들을 그렇게 많이 알지는 못한다. 그런 만큼 네브라스카에 다녀오는 몇 번의 여행은 어떤 빛을 비춰 주었고, 또 나를 겸손케 하는 것이었다.

지난 10여 년 동안 나는 해마다 네브라스카에 가서 푹 쉬다가 오곤 했다. 소셜 미디어를 한 두 주쯤 딱 끊고, 내 책상에 쌓아 두었던 책들을 읽으면서 기도와 성경을 읽으며 나만의 시간을 충분히 가졌다. 네브라스카에 가는 또 한 가지 이유는 내가 낚시를 엄청 좋아하기 때문이었다. 언젠가 농어 낚시 전문가가 되겠다는 마음에 품은 야심대로 낚시 스킬을 좀 키워 볼 요량이었던 것이다. 농담처럼 들릴 수도 있겠지만, 진실이다.

독자들께서 내 스폰서가 되어 주시면 어떨까?

여하튼 그렇게 해서 나는 네브라스카에 자주 가다 보니 사람들도 만나고 거기서 친구들도 생겼다. 우리는 서로 문자를 주고받고, 같이 모여서 밥을 먹기도 한다. 관계를 맺고 신뢰를 쌓게 되면, 우리는 질문도 하고 서로의 삶 이야기, 가족, 포부, 혹은 삶의 고민 같은 것들에 대해 알게 된다.

나는 그들의 두려움과 아픔, 특히 자기 이야기를 들어 줄 사람들이 없단 이야기도 듣게 되고, 대개 해안 도시들에 대해서만 사람들이 관심을 가지기 때문에, 내륙 도시에 사는 자기들 같은 사람들은 잊혀지는 느낌이라고 한다. 자기들은 눈에도 들어오지 않는 투명인간들처럼 느껴진다는 농부들 이야기도 듣는다.

도대체 자기들이 겪는 고통과 희생에 대해서는 언론에서 다루지 않는다고 했다. 2012년에 엄청난 손실을 가져온 가뭄으로 그 지역 사람들이 피해를 입지 않은 사람들이 거의 없을 정도였다는 것을 그들이 말하는 것을 통해 알게 된 것을 기억한다. 그들은 그 가뭄이 1930년대 이후 그들이 겪어 왔던 가뭄 중에 최악이었다고 했다.

그들의 이야기를 들으면서 나는 뉴스를 잘 보는 편인데도, 그 가뭄에 대해서는 한마디도 듣지 못했다는 것을 알게 되었다. 그들이 그때 미국은 어디에 있었고, 당신은 어디에 있었던 거냐고 물을 때 나는 할 말이 없었다.

나는 그들의 이런 이야기를 들으면서 어떤 계시 같은 게 오는 걸 느꼈다. 어디서 한 번쯤 봤던 걸 다시 보게 되는 듯한 데자뷰가 느껴졌다. 그들이 해 준 이야기들 속에 있는 내용들은 내가 전에 들었던 수많은 이야기들과 비슷한 것이었는데, 또 다른 인종의 사람들이나 다른 정당을 따르는 사람들한테서 들었던 것들과도 비슷했다.

만약 누군가가 우리가 나누는 대화를 들으면서 이 네브라스카 친구들이 없는 존재처럼 느낀다든지, 버림을 받고 잊혀진 사람들처럼 느꼈다는 이야기들을 듣게 된다면, 그들은 이야기를 마치고 가면서 이런 이야기는 좌파의 어떤 사람이 없는 존재처럼 느낀다든지, 버림을 받고 잊혀진 사람들처럼 느꼈다고 하는 말을 들은 것처럼 느껴졌을 것이다.

진부한 이야기처럼 들리겠지만 (무슨 말인지 감을 잡으셨으리라), 이 순간 나는 사람들이 생각보다 훨씬 더 서로 간에 공통점이 많다는 것을 상기하게 되었다.

내가 좀 놀랐던 것은 거의 모든 사람이 백인인 시골 동네에서도 도시에서 듣게 되는 이야기들을 듣게 되는 것이었다. 아마 백인이 주로 사는 지역의 유색인은 친구들과 지내는 때를 빼면, 사람들의 눈이 온통 자기만 쳐다보는 것처럼 느낄지 모른다.

이 나라에 도착할 때 많은 사랑을 받았던 난민이 어쩌면 몇 달이 지난 후에는 이렇다 할 아무런 지원이나 자기를 돌보는 공동체가 없다고 느낄지도 모를 일이다. 또 먹고 살기 위해서 자기가 모든 것을 다 해야 하는 싱글 맘이라면, 아무리 사람들이 도와준다고 해도 충분하게 느껴지지 않을 것이다.

나는 그와 같은 비슷한 정서를 고되게 일하며 사는 농부들의 이야기에서 느낄 수 있었다. 그들의 의견은 주목받지 못하는 것처럼 느끼는 것이다. 사회가 그들의 목소리를 대변하지 못하고 있다고 느끼는 것이다. 자기가 사는 나라와 그들이 겪는 문제들을 풀어 달라고 뽑아 준 지도자들이 전혀 자기들의 속내를 알지 못한다는 느낌 같은 것이었다.

실업이나 준실업 상태의 문제, 지나치게 높은 건강보험료, 봉급을 받아서 겨우겨우 다음 봉급 때를 기다릴 뿐, 그 이상의 미래를 내다보거나 재정적 안전을 확보하지 못하고 살아가는 삶 등의 문제였다.

나는 또 그들에게 물었다.

"다른 사람들을 뽑았던 사람들 하고도 대화를 해 봤습니까?"

그건 내가 가끔 시애틀에 사는 사람들에게 묻는 질문이다. 우리는 그 질문에 대해 생각해 볼 필요가 있다.

우리는 우리의 의견과 다른 사람과 사이에 껴서 의도적으로 대화를 하고 있는가?

우리는 이웃들에 대해 관심을 갖고 그들이 어떤 사람들이며, 어떤 배경에서 왔고, 어떤 신념과 의견들을 가지고 있는지를 알려고 하는가?

우리는 우리가 문제 삼는 이슈들에 대해 우리가 안다고 하지만, 그 심층 부분을 파고들 만큼 관심을 갖고 있는가?

우리는 사람들과 고성을 지르며 논쟁하지만, 그 사람들과 관계를 세우려고 하지는 않는다. 이런 일은 사람들이 끼리끼리만 어울리기를 좋아하기 때문에 교회에서도 일어난다.

나는 거기에 갔던 처음 한 2년 동안은 이런 이야기들을 하지 않으려고 했지만, 지금은 네브라스카에 가는 날이 기다려진다. 낚시 때문만이 아니라 내가 전에 만나 본 적이 없는 사람들, 내가 몰랐던 사람들을 만날 수 있기 때문이고, 그들을 이제 이해할 수 있기 때문이다. 그건 놀라운 일이다. 이런 일이 나에게 일어나다니 하는 느낌이다.

어떤 이슈들에 있어서 의견이 다를 수 있는 사람들과 친구가 되는 것이 가능하다. 당신의 이웃 사람들이 정치적으로 다른 사상을 가지고 있을지라도 그들의 이야기를 듣고 또 그들을 사랑할 수가 있다.

우리는 성경에서 배우고, 또 배운다. 특별히 예수님의 사역을 통해 사람들과 만나고, 그들과 만들어 가는 관계들이 중요하다는 것을 계속 배운다. 관계라는 것은 서로가 상대의 이야기를 듣고, 우리 각자가 가진 이야기들을 나누려고 하지 않는다면 불가능한 것이다.

4. 이해하기를 배우기

'포커스 온 더 패밀리'(Focus on the Family)는 짐 데일리(Jim Daly)가 돕슨 박사 후임으로 책임을 맡은 후에 달라진 기관이 되었다. 나는 여러 번 그를 만나 좋은 시간을 가졌다. 콜로라도 스프링스 본부에서 있었던 회의나 워싱턴 DC에서 열린 여러 차례의 공개 지지 행사에서도 여러 차례 만났다.

한 번은 그가 진행하는 라디오 쇼에 나가 그와 인터뷰하는 내용을 녹음한 적도 있었는데, 우리는 그때 아내와 내가 극한의 전 지구적 빈곤이라는 복잡한 이슈에 개입하기 위해 시작한 '하루 임금 나누기'(One Day's Wages) 운동 이야기를 포함하여 많은 것에 대해 토론했다. '포커스 온 더 패밀리'는 여전히 정치적으로 보면 우파 쪽으로 기울지만 지난 몇 년 동안 정체성에 있어서 정치성을 덜 띠게 되었다.

나는 이 세상에서 그리스도를 위한 용기를 가진, 그러나 겸손한 목소리가 되고자 하는, 데일리의 바람에 대해 깊이 감사하는데, 그가 사람들의 이야기를 듣는 귀가 되기 위해 지금까지 했던 일은 때로 매우 큰 용기를 가진 사람만이 할 수 있는 일이기에 그가 해 온 일에 대해 찬사를 보낸다.

우리 문화에서 목소리를 낸다는 것은 종종 용기 있는 일로 칭송을 받아 왔다. 분명히 그런 전통에는 뭔가 진실이 담겨 있다고 하겠는데, 조용히 있으면서도 다른 사람들의 이야기를 듣는 귀가 되어 준다고 하는 것도 용기 있는 일이다. 우리 모두가 좀 더 많이 들을 수 있으면 좋겠다. 특히, 역사적으로 침묵을 강요당했던 이들의 목소리를 더 들을 수 있으면 좋겠다.

데일리는 『아직도 복음주의자입니까?』(*Still Evangelical?*)에 한 꼭지의 글을 기고했다. 기독교인이 문화에 참여하려 할 때 필요한 태도가 어떤 것이어야 하는가에 대한 그의 생각을 정리한 글이다. 그는 이렇게 썼다.

> 복음주의자들이 이 세상에 참여하려고 할 때(그것은 그리스도의 기쁜 소식을 교회 밖에 있는 사람들과 공공의 광장으로 가지고 나가는 것이니 만큼 우리가 취해야 할 가장 바람직한 정향이다), 우리는 어느 단체나 그룹도 단선적이지 않다는 것을 기억해야 한다. 우리는 사람들이 모든 기독교인을 하나로 보고 캐리커쳐하여 볼 때, 개의치 않는 것처럼, '이 세상'도 천편일률적이지는 않다는 것을 알 필요가 있다. 무신론자들이라고 해서 다 교회에 대해 분개하거나 우리에게서 아이들을 떼어 놓아야 한다고 생각하지 않는다.
>
> 대학교수와 미디어 전문가라고 해서 모두가 기독교의 모든 면을 보고 공격하려고 나선 '인본주의자들'은 아니다. 우리가 속한 공동체 밖에 있는 사람이라고 해서 모두가 기독교인들을 혐오하거나 우리가 문화에 참여하는 것을 싫어하는 것도 아니다. 대부분이 그렇다고 할 수도 없다.[10]

---

10   Jim Daly, "The Importance of Listening in Today's Evangelicalism," chapter 10 in Mark Labberton, ed., *Still Evangelical? Insiders Reconsider Political, Social, and Theological Mean-*

데일리는 각 개인이 하나님에 의해 창조되었기 때문에, 그들은 눈송이처럼 각각 독특한 개인이므로 그들이 가진 독특함을 받아들이는 태도로 사람들을 포용해야 한다고 말한다. 그는 계속 말하기를 기독교인들이 우리를 둘러싸고 있는 사람들과 관계하려고 할 때, 그들에게 어떤 도움을 요청하고, 어떤 질문을 해야 할지를 항상 염두에 두어야 한다고 한다.

"당신이 믿는 바를 내가 이해할 수 있도록 도와주세요."

"그런 결론들을 내리게 된 이유는 무엇인가요?"

이런 작업을 위해서는 상대의 이야기를 잘 경청할 줄 알아야 한다. 교황 요한 바오로 2세를 그의 생애 중에 만나 본 사람들은 그가 얼마나 집중하여 자신들의 말을 들어 주던 사람인가에 대해 언급했다. 그가 어떤 사람과 만날 때면 그에게는 그 사람 외에는 다른 어떤 사람도 존재하지 않는 것처럼 대했다고 한다.

당신은 그런 사람과 이야기를 해 본 적이 있는가?

만약 그런 경험이 있었다면, 당신은 지금 그 사람을 그려 볼 수 있을 것이라고 확신한다. 그들이 당신에게 어떤 느낌을 주었는지 잘 기억하고 있을 것이다. 정치적 이야기든, 그 밖의 다른 이야기이든, 우리가 나누는 대화에서 우리 각 사람은 대화하는 상대방에게 '청취'라는 선물을 주기로 작정할 수 있다. 그것은 우리가 사는 세계의 미래에 좋은 소식이다.

5. 미국을 위한 '선한 천사들'

2016년 대통령 선거 직후에 사람들로 하여금 서로 대화하도록 돕는 일에 많은 경험을 가지고 있던 결혼 및 가정 치유 사역자들은 이 나라가 그들을 필요로 한다는 확신을 하게 된다. 열 명의 트럼프 지지자들과 열한

---

ing (Downers Grove, IL: InterVarsity, 2018), 179.

명의 클린턴 지지자들이 오하이오주의 사우스 레바논에 모여 진행자가 이끄는 대화의 시간에 모여 했던 행사를 통해 '선한 천사들'(Better Angels)이라는 단체로 성장하게 되었다. 그것은 비영리 단체로서 양극화된 미국을 비양극화하는 것을 목표로 선언하며 출범했다.

그 첫날 한 번의 행사에서 들인 노력을 통해 사람들은 서로가 정말 좋아한다는 것을 발견했다. 그들 사이에는 공통점이 있었다. 그들이 깨달았던 것은 서로가 꼭 동일한 의견을 가져야 한다거나 그들이 믿고 있는 바로 바꿔야만 상대방에 대해 존중감과 친절로 대할 수 있는 것은 아니라는 것도 알게 되었다.

요즘 '선한 천사들'은 매달 전국적으로 스무 개 이상의 이벤트를 계획하고 있는데, 한 행사에 최소 열두 명의 참석자들이 참여하고 있다. 그들은 사람들이 서로 동의하지 않으면서도 서로 대화할 수 있다는 이 희귀한 아이디어를 전파하고 있었기 때문에, 전국 네크워크를 가진 뉴스 채널에서 다뤄지기도 했다. 그것도 아주 유쾌한 분위기로 방영되었다.

이 단체를 보면 그 모든 측면(곧 이사회, 스태프들, 이벤트 참가자들)이 공화당과 민주당을 다 대변하고 있다. 2019년 전국 대회에 나온 기조 연설자들 중에는 BLM 뉴욕 지부의 의장인 호크 뉴섬(Hawk Newsome)과 리버티 펀드(Liberty Fund)의 교육 컨설턴트이며, 과거 트럼프 정부 기관의 후보 지명인이었던, 알렉산드라 허드슨(Alexandra Hudson)이 포함되어 있었다.

'선한 천사들'의 가입 선서를 보면 많은 사람이 생각하기에 불가능할 것으로 보는 세 가지 단순한 아이디어에 초점을 맞추고 있다.

첫째, 우리는 개인으로서 서로 동의하지 않을지라도 상대방의 입장을 이해하려고 한다.
둘째, 우리가 속한 공동체에서 동의하지 않는 이들과 교류하며 공통의 입지를 찾아 협력할 길을 찾는다.

셋째, 우리는 정치에 있어서 분열보다는 통합을 할 수 있는 원칙들을 지지한다.[11]

이웃들을 비난하기보다 그들을 실제로 알아 간다는 것은 얼마나 멋진 생각들인가. 그것은 예수님이나 하실 만한 일이라는 생각이 들었다.

6. 떡을 떼며: 영감 있는 아이디어

예수님의 많은 이야기를 생각할 때 한 가지 분명한 것은 주님이 먹는 것을 즐기셨다는 것이다. 아주 단순한 것인데 그것은 아주 인간적이면서도 또한 신적인 일이다.

예수님이 일으키신 첫 기적은 혼인 잔치에서 물로 포도주를 만드신 일이었다. 또 그분은 세리인 레위를 찾아나서셨다. 그는 사람들이 원수로 생각하는 사람이었는데, 예수님은 그뿐만 아니라, 세리 무리와 함께 식사를 하셨다. 예수님은 또 그 당시 유대인들이 그들과 사마리아인들 사이에 있는 적의와 긴장 관계 때문에 거의 택하지 않는 경로인 사마리아를 거쳐 가는 길을 통과하면서 만난 사마리아 여인에게 물을 달라고 하심으로써 우리 이웃에 대한 사랑이 어떻게 나타나야 하는가를 가르쳐 주셨다.

또한, 마리아와 마르다와 함께 식사를 하시면서도 더 나은 길들이 있음을 보고 계셨다. 오천 명을 먹이신 이야기라든지 그 밖의 많은 이야기가 있다.

예수님은 사람들을 만나 먹기를 즐기기만 하신 것이 아니라, 사람들이 함께 앉아서 먹다 보면 자연히 만들어지는 공동체적 분위기와 관계 맺는 것을 좋아하셨다. 만약 당신이 집으로 초대해 저녁 식사를 하는 손님들에

---

11 "Our Story: Depolarize America, from South Lebanon, Ohio, to All Fifty States," Better Angels, accessed October 9, 2019, www.better-angels.org/our-story/#leadership.

대해 차별적 태도를 갖지 않는 사람을 생각한다면, 예수님은 본으로 삼을 수 있는 사람 중 넘버 원이다.

누가복음 14장에서 예수님은 한 바리새인의 집에 저녁 식사 초대를 받고서 응하셨다. 이 식사를 하면서 그들은 쉽지 않은, 그러나 온라인이나 은어들을 사용하는 텍스트 메시지의 교환과 같은 것이 아닌 진짜 대화를 나눴다. 식사를 하면서. 직접 가서 대면하여 대화를 나눴던 것이다.

나는 지금 마지막 만찬에서 어떻게 예수님이 꺼림 없이 유다와 식사를 하실 수 있었는가에 대해 생각해 본다. 식사를 마치자마자 바로 나가서 예수님을 관헌에 넘겼던 바로 그 유다와 말이다. 예수님은 자기를 배신하고 처형당하도록 길을 내주게 될 그 사람과 음식을 나누셨다. 그건 엄연한 사실이다. 우리가 예수님을 추종하는 게 무슨 뜻인지를 안다고 생각하는데, 예수님은 제자들, 특히 자신을 배신하고, 부인하며, 내버려두고 도망칠 제자들의 발을 씻어 주셨다.

사실 인류 역사를 뒤흔들어 놓은 그 결정적 순간에 예수님의 최측근들마저도 예수님이 정말 누구신지를 파악하지 못하고 있었다. 바로 그 만찬 석상에서 예수님의 제자들은 권력과 영향력의 자리를 놓고 다퉜다.

누가 더 큰가?
누가 권력 서열 2위이며, 그다음 서열은 누구인가?
누가 예수님의 오른팔인가?

식사하는 동안 베드로는 항상 예수님 곁을 지키겠다고 맹세했다. 그러나 우리는 어떤 일이 일어날지 알고 있다. 반석이라는 이름을 가진 베드로는 불과 몇 시간이 못 되어 예수님을 세 번이나 부인하게 된다. 그럼에도 불구하고 예수님은 그분의 친구들이자 신자들인 그분의 가족과 함께 앉아서 식사를 하셨다. 그것은 획기적인 모습이었다. 그것은 모든 권세를 가지신 하나님이 이것이 사는 길이라고 본을 보이셨던 모습이었다.

이웃을 사랑하라는 하나님 나라의 이상과 그 실천은 매우 반문화적이고 말도 안 되는 그런 것이다. 그러나 우리는 주님이 하신 것처럼 해 봐야 한다. 이것이 바로 예수님에 대해서만 아는 것이 아니라, 그분을 따른다는 것이 뜻하는 바이기 때문이다.

MADA와 〈애스크 에이…〉 같은 행사들은 세속적 상황 속에서 그리스도의 정신을 나타내는 기회가 될 수 있다. 그런데 이 이벤트들에 참여했던 참가자들 중 어떤 이들에게는 그것이 아주 깊은 영적 체험의 기회가 되었다고 했다. 그들에게는 그 이벤트가 심지어 종교에 실증 난 사람들에게까지도 하나님의 화해 사역으로 인도하는 목적 의식이 강한 경험이 되었기 때문이다.

MADA의 시애틀 지부장은 에밀리 넬슨 루이스(Emily Nelson Lewis)라는 이름의 20대 여성이다. 그녀가 우연히 내가 섬기는 퀘스트교회에 참석하게 되었다가 교회의 학생 사역 책임자인 필 루이스(Phil Lewis)와 결혼했다. 그녀는 성경을 열심히 공부하는 학생으로 신학교 공부를 하면서 현재는 예술과 교회를 서로 연결 짓는 일을 위해 일하고 있다.

에밀리는 스스로를 "환대 예술가"(hospitality artist)라고 부르는데, 요즘과 같은 현대에 정치와 같은 말 많은 주제를 그것도 시애틀과 같이 심각하게 양극화된 곳에서 건설적 대화와 두 진영 사이에 다리 놓기와 같은 일을 하려고 할 때 필요한 수완을 발휘하는 것을 보면 정확한 타이틀이 아닐 수 없다.

그녀 자신의 삶에서 인종이라는 것의 역학 또한 현실적으로 나타난다. 그녀 자신이 백인인데 아프리카계 미국인과 결혼을 했기 때문이다. 에밀리는 무지막지하게 보수적 정치성을 가지고 있는 몬태나의 한 소도시에서 자랐고, 필은 시애틀의 근교에서 자랐다.

에밀리는 그녀 자신의 삶 이야기에서 들을 수 있는 대로 양극화와 엉망이 되었던 삶 때문에 MADA와 같은 아이디어에 끌렸다고 한다. 또 MADA가 그녀에게 사람들을 우리 각자의 삶 이야기 속에 있는 가치로 이

끌어 줄 수 있는 기회를 제공한다는 것을 보았던 것이다.

2018년 4월 이래로 그녀와 그 밖의 다른 MADA 인도자들이 수십 회의 행사를 진행하면서 지금까지 오백 명 이상의 사람들이 함께 식사를 했다.

MADA 저녁 식사에 대해 묘사할 때, 에밀리는 관련된 토픽들에 대해 명확한 포인트를 끌어낸다. 그녀는 말하기를 자기 또래의 밀레니엄 세대들은 관계들이 불편해지려고 하면 사람들과의 관계를 가차 없이 끊어 버리는 거 같다고 한다. 그것을 일컬어 "취소 문화"(cancel culture)라고 부르는데, 이 말이 점점 일반화되고 있다면서 그건 온라인 구독 취소를 말하는 게 아니라고 강조한다.

당신은 상대방이 잠수를 타서 이별을 당한 적이 있는가?

통화 금지를 당하거나 페북 친구에서 삭제되어 본 적이 있는가?

에밀리의 말을 인용해 본다.

> 나와 생각이나 행동, 투표, 생활 방식 등이 다른 사람들을 소셜 미디어에서 팔로우를 끊고, 구독 등을 취소하고 그들의 존재를 지우는 건 다반사다. 우리가 온라인상에서 배타적 관계로 교류하다가 난처한 일이 생기게 되면, 그 상대방도 사람이라는 것을 잊어버리기가 쉽고, 또 그렇게 생각하도록 하는 유혹에 빠지기가 쉽다. 이것이 우리의 현실이기 때문에 관계의 갭이 그렇게 커지는 것이고, 심지어 우리가 친구라고 부르는 사람들과도 어려운 대화를 해야 한다는 생각만으로도 질려 버리게 된다.

한 사람이 다른 사람을 "캔슬"(지워 버린다)한다는 것이 무엇인가를 보면서 삶이라는 것의 진정한 의미가 다른 사람들과 함께하는 것이고, 그들을 위한 것이어야 함에도 우리의 삶이라는 것이 얼마나 거래의 대상으로 전락했는가를 볼 수 있다. 물론, 각 세대가 갖는 특징들이 10년, 20년이 지나도 젊은 사람들은 게으르고, 이기적 부류들로 분류하게 된다는 면에서 비슷한 것 같다.

그러나 요즘은 우리가 소셜 미디어를 통해 사회적 부족들(social tribes)을 형성하는 능력이 생기면서 우리는 우리와 비슷한 사람들을 골라내는 한편, 그 나머지는 외면한다. 우리는 그렇게 하면서도 마음에 켕기는 법이 없다. 이것이 밀레니엄 세대나 Y세대만 그러는 게 아니다. 이것은 우리 모두에게 뭔가 영향을 주고 있다. 이런 일이 왕왕 더 많이 일어나고 있을 뿐만 아니라, 그런 행동들이 계속 더 부추겨지고 있다.

사회 주변에서만 일어나는 일이 아니고, 우리의 정치 지도자들에 의해 옹호되고 있으며, 슬프게도 우리가 다니는 교회의 영적 지도자들에 의해서도 옹호되고 있다. 이런 문제들에 대해 설교하는 것을 들어 봤고, 자기가 가진 개인적 확신이나 건강한 경계 설정을 위해 이런 "캔슬 문화"를 따라가는 것도 괜찮다고 말하는 교회 지도자들에 대해 언급되는 경우들이 있었음을, 기억하고 싶지는 않지만, 알고 있다.

자기 확신을 잘 유지하기 위해 건강한 경계를 설정하는 것도 분명히 중요하다. 그러나 우리는 부족주의나 캔슬 문화를 극복할 수 있는 더 깊은 수준의 상상이 필요하다.

다양한 배경을 가진 수백 명의 사람, 삶의 경험들이 각자 달랐던 사람들이 함께 저녁 식사를 하는 과정을 통해 에밀리는 자기 주변에 있는 사람들 속에 있는 하나님의 형상을 보다 더 쉽게 볼 수 있게 되었다고 말한다. 그런데 이것이 바로 예수님이 그분의 생애, 죽음 그리고 부활을 통해 가르치고, 몸소 보여 주고자 하셨던 것의 정수(精粹)가 아닐까.

교회여!

우리와 의견을 달리하는 사람들을 비인간화하지 않도록 주의하자. 우리가 자기의(自己義)에 빠져 있으면, 우리가 다른 사람들에게 있다고 비판하는 사이에 우리도 모르게 우리가 바로 그 사람들처럼 된다.

이것이 하나님 나라에 속한 이들의 킹덤 상상력(kingdom imagination)이다.

나는 나 자신에 대해 끊임없이 채근해 볼 필요가 있다. 내가 전제해 온 생각들, 판단해 온 것들, 이런저런 인식들, 그리고 사람들에게 대해 이러쿵저러쿵 해 온 이야기들에 대해 과연 그게 맞을까라고 다시 물어볼 필요가 있다. 또한, 나는 사람들이 다른 사람들에 대해 그동안 인지하고 만들어 온 이야기들을 되뇌일 때, 그들을 존중하는 마음을 가지면서도 그들의 그런 이야기들이 과연 옳은 것인가를 다시 물어보도록 도전하는 용기를 가질 필요가 있다.

그런다고 온 세상이 바뀌지는 않는다 하더라도 그런 작은 시도들을 통해 우리가 바뀔 가능성은 있을 것이다.

예컨대, 어떤 이슈에 대해 당신이 격하게 동의할 수 없었던 어떤 사람과 함께 식사를 할 수 있다면 어떨까?

그 한 번의 식사로 당신의 견해가 바뀌지는 않을 것이다(혹은 바뀔 수도 있을지 모른다). 그러나 그런 기회를 통해 당신은 그 사람을 더 이해할 수 있다. 수천 수만의 악플러들이 사는 세상에서 당신은 지금까지 다른 사람들은 몰라도 나는 전혀 그런 류의 사람은 아닐 거라고 생각해 왔겠지만, 그런 시도를 통해 우리는 좀 더 인간적인 사람이 될 수 있다. 하나의 삶의 방법과 수칙으로서 그런 시도를 해 보는 것은 가치가 있는 일일 수 있다.

그런 은혜의 태도를 가지고 에밀리는 생각의 재료가 될 이야기들과 관점 형성에 도움이 되는 이야기들을 들을 수 있었다. 나에게 자기의 경험을 이야기해 준 것들인데, 여기서는 참가자들의 이름을 바꾸어서 올린다.

> 그 저녁 식사 자리에는 온통 낯선 사람들 뿐이었는데, 낙태에 대한 생각이 어떠냐는 질문을 받았을 때, 자넷은 이렇게 대답했다.
> "저는 무신론자로서 그 문제에 대해서는 리버럴한 생각을 합니다. … 저는 신이 존재하지 않는다고 믿습니다. 그러나 저는 항상 생명이 경외의 대상이라고 믿어 왔어요. 왠지는 모르겠고, 그것을 뭐라고 표현할지도 모르겠지만, 제 속의 뭔가가 무고한 생명이 죽도록 하는 걸 거부합니다."

그 저녁 식사 자리에서 어떤 사람이 그를 코앞에 두고 물었다.
"세르게이, 도대체 어떻게 트럼프를 찍을 수 있었어요?"
미국으로 이민 오기 위해 10년씩 기다렸다는 이민자인 그는 이렇게 답했다.
"저처럼 자영업을 하는 시민들에게는 다른 사람이 대통령이 돼서 세금이 계속 오르면 거리로 나앉게 될 수도 있고, 자기가 내야 할 건강보험료 수가 때문에 질식해 버리게 될 것이기 때문에, 그 사람을 대통령으로 뽑을 수밖에 없었죠. 다른 대안은 거의 없었어요."

그 저녁 식사 자리에 온 로완은 근본주의적 기독교 가정에서 자랐지만 후에 신앙으로부터 멀어졌던 사람으로 이렇게 묻는다.
"기독교인들은 엄마 뱃 속에서 생명을 잃는 것에 대해서는 결코 용납하지 못하는 사람들이면서 어떻게 우리가 오늘날 직면하고 있는 자살률이라든지 정신 건강 위기 등에 대해서는 나 몰라라 합니까?"

그 저녁 식사 자리에서 에이자가 후안에게 대놓고 미국으로 올 때 합법적 절차를 통해 왔느냐고 묻자, 후안은 자기 선대의 어른들이나, 자기 손 아래의 조카들이 안전한 꿈의 나라에 오기 위해 국경을 넘다가 목숨을 잃었다는 이야기를 한다. 순간 실내는 고요해진다. 에이자가 던진 질문에 대한 답은 없었지만, 후안이 살아온 삶에 대한 존경의 분위기가 그 방에 가득해진다.

이 저녁 식사 이벤트에서 볼 수 있는 어떤 핵심이 있다고 한다면, 그것은 누가 누구를 가르치려고 한다거나 누가 한 말의 꼬투리를 잡으려는 것이 아니라, 상대가 하고 있는 말을 의도적으로, 그리고 적극적으로 청취하려고 하는 마음들이 있었다는 사실이다.

우리가 잘 보지 못하는 사각지대들이 있다는 것을 겸손하게 인정하고 다른 사람들이 다른 견해를 가질 수 있도록 상대를 존중하여 여유를 남겨 주려고 하는 그런 마음들이 있었다. 우리는 내 생각에만 빠져서 사람들에 대한 내 나름의 가정을 하지 말아야 한다.

사람들이 어떤 생각을 하고, 어떻게 살아왔는지에 대해 물어보자. 그리고 들어 보자. 진실한 마음으로. 그리고 겸손하자. 다른 사람들이 우리에게 뭔가를 전달해 줄 수 있도록 여유를 주자. 인간적 태도를 가져 보자. 선한 이웃이 되어 보자.

에밀리는 계속해서 말했다.

> 적극적 청취는 상대의 말에 뭐라고 반응할까를 준비하려고 하기 전에 그 사람의 말을 받아들이는 행위이기 때문에 쉽지 않은 일입니다. 그것은 이제 그만 일어나서 가시죠라고 하기 전까지 누군가와 진흙탕에 함께 앉아 있는 기술입니다. 그냥 앉아 있는 거에요. 앉아서 그냥 그 사람의 이야기를 듣는 겁니다. 우리가 사람들에게 희망을 주고, 망쳐진 삶과 문화에 예수님의 메시지로 치유를 선사하고자 한다면, 우리는 사람들이 거들떠보려고도 하지 않는 사람들이라도, 그들이 어떤 사람들이든지 간에 그들과 함께 만나 그에게 식탁을 준비하여 그들과 기꺼이 먹고 마시려고 해야 합니다.

나는 그녀가 제시한 마음에 그려지는 장면이 참 좋았다. 이것이 바로 우리가 그토록 원했던 킹덤 상상력이다.

- 다른 사람을 위한 여유 공간을 주는 것
- 서로 먹고 마시며 식사를 나누는 것
- 상대의 말을 청취하는 것

이런 상상의 일들이 현실이 되기 위해서는 우리 편에서 행동과 훈련된 태도가 필요하다. 우리가 게으르게 앉아서 이 세상 사람들이 우리에게 찾아올 때까지 꼼짝 않고 앉아 있을 수는 없다. 그런 일이 있게 되면 정확히 우리가 원하는 대로 하리라고 생각하면서 그렇게 앉아 있을 수만은 없다.

이것을 마음에 새기자. 그래서 잘 준비된 만찬 자리에서만 우리의 믿음과 정치, 이웃과 가족, 직장 동료, 낯선 사람들과 대화를 촉발시킬 의도로 준비된 간혹 있는 그런 이벤트에서만 할 것이 아니다. 우리 가족과 친구들, 비록 그들이 미친 사람들처럼 보일지라도, 그들과 이런 우정과 교제의 철학을 우리들이 휴가 시즌에, 그리고 매일같이 몸소 실현해 보자.

우리가 먼저 사람들의 이야기를 친밀하게 들어 주는 경청자가 되어 상대를 찢어발기는 것이 아니라, 하나님 나라를 건설하도록 하자.

❖ 적용 질문 ❖

1. "우리가 위험을 무릎 쓰고 좀 더 깊이 들어가서 이슈들을 보려고 할 때, 또한 아주 중요한 것은 책이나 미디어에만 매달리기보다는 우리와 다르게 생겼고, 또 다르게 생각하는 사람들과 실제로 교류하는 것은 매우 중요하다"고 했는데, 최근에 가졌던 정치 관련 대화를 한번 생각해 보라.
그 대화는 당신과 생각이 똑같은 사람과 나눈 것이었는가, 아니면 아주 다른 견해를 가진 사람과의 대화였는가?

2. 당신의 이웃, 직장 동료, 혹은 당신이 소속된 공동체 사람들을 얼마나 잘 알며, 또 그들을 이해하는가?
위에 열거한 사람들 중 두세 명을 꼽아서 그들이 가지고 있는 세 가지 가장 중요한 정치적 관심사들이 무엇인지 나열해 보라.
그 관심사들이 당신의 것이 아닐지라도 그들의 그런 관심사에 깊이 공감할 수 있는가?

3. 당신은 어맨다가 처한 입장, 즉 현 상황(status quo)에 대해 도전했다가 그런 도전을 제기한 것 때문에, 농락을 당하는 입장에 처해 본 적이 있는가? 그런 상황이 있었다면, 당신은 그때 어떠한 반응을 보였겠는가?

제4장

하나님 나라를 생각하라

감방의 한 죄수가 처형을 앞두고 있었다. 그에게는 희망이 사라지고 있었다. 한 시간, 두 시간 이렇게 시간은 흘러 하루 이틀이 되고, 그렇게 몇 주가 지나고, 몇 달이 지나가는 중에 이 신실한 전도자는 그와 가장 가까운 친구 두어 명에게 속마음을 털어놓으며, 하나님에 대해 일어나는 의심들을 말하고 있었다. 그는 자기 믿음의 핵심을 이루고 있던 자기 필생 사명의 목적이 무엇이었던가에 대해 묻고 있었다.

"광야의 외치는 자의 소리"라던 세례 요한은 예수님의 정체에 대해 불확실한 느낌이 들기 시작했고, 예수님이 이 세상에 오셔서 이루신 일이 무엇인가에 대해 불확실하게 느껴졌다.

감옥에 있는 세례 요한은 자기 제자들 중 둘에게 청하여 가서 예수님께 질문하라고 했다.[1]

> 오실 그이가 당신이오니이까 우리가 다른 이를 기다리오리이까(마 11:3).

이 일은 특히 우리가 주목해 볼 만한 것이다. 왜냐하면, 예수님에 대해 확신을 가진 사람이 있었다고 하면, 그는 다름 아닌 세례 요한이었기 때문이며, 그가 맡은 책임이 메시아인 그리스도를 위한 길을 예비하는 것이었기 때문이다. 실제 세례 요한은 직접 예수님께 세례를 주기까지 했

---

1 [마태복음 11:2-3]

다. 그 어느 누구도 자기 이력서에 그런 경력이 있다고 쓸 수 있는 사람은 없었다.

세례 요한의 제자들은 그 길로 예수님을 찾아갔는데, 보니까 그분은 사람들, 그것도 아주 많은 사람이 웅성이는 가운데 둘러싸여 계신 것이었다.

예수님을 둘러싸고 있는 사람들은 부유한 사람들이거나 왕궁에서 온 사람들이 아니라, 가난하고, 절박한 삶의 고달픔이 있는 사람들, 심지어는 귀신들린 사람들이었다. 그들이 예수님께 나아온 것은 그들의 황폐한 삶의 질고와 삶에 시달려 얻은 질병에서 그들을 건져 줄 이가 바로 이분일 거라는 소문을 들었기 때문이었다. 아무 다른 방도가 없던 중에 그들은 예수님 안에서 살 길을 찾았던 것이다.

예수님은 세례 요한의 메시지를 전하러 온 그들에게 이렇게 말씀하셨다.

> 너희가 가서 보고 들은 것을 요한에게 알리되 맹인이 보며 못 걷는 사람이 걸으며 나병환자가 깨끗함을 받으며 귀먹은 사람이 들으며 죽은 자가 살아나며 가난한 자에게 복음이 전파된다 하라(눅 7:22).

예수님은 친히 하고 계시던 사역을 설교처럼 말씀하심으로써 세례 요한에게 자기 정체가 무엇인지를 드러내셨다. 왕 중 왕, 사람이 되신 하나님이 병든 자들, 상처 입은 자들, 온갖 불안에 시달리는 자들과 함께하고 계셨던 것이다. 그분은 지금 그들의 형편을 있는 그대로 보시고, 사랑하시며, 고치고 계셨던 것이다. 예수님은 그분의 나라가 이 세상을 뚫고 들어와 있는 실례를 보여 주심으로써 자신이 누구인가를 선포하신 것이었다.

예수님은 그분이 도래시키는 나라에 대해 말씀하셨는데, 그것은 사람들이 기대했던 것과 너무나 다른 것이었기에, 그분의 오심을 친히 선포했던 이 예언자마저도 그 나라가 오고 있는데도 그것을 보지 못하고 있었던 것이다.

예수님의 나라는 중요해 보이지 않았다. 그것은 겨자씨처럼 눈에 띄지 않는 것이었다. 시작은 아주 작았는데, 그것이 자라 가면서 실제 모습을 갖추고, 강해지며, 뿌리를 든든히 내리고 있었다. 이 나라의 가치를 사람들은 지나칠 수도 있지만, 그것은 고이 간직해야 할 보물처럼 중요한 것이었다.

> 천국은 마치 밭에 감추인 보화와 같으니 사람이 이를 발견한 후 숨겨 두고 기뻐하며 돌아가서 자기의 소유를 다 팔아 그 밭을 사느니라(마 13:44).

그런 왕은 어느 누구도 생각했던 왕이 아니었다. 심지어 세례 요한이 생각했던 왕도 아니었다.

성경에 유대인들에게 주어졌던 약속들을 생각해 보라. 신령하고 실제적인 나라와 상황을 제대로 바꾸어 놓을 것이라는 그 꿈의 왕에 대한 약속을 생각해 보라.

당신은 시편 47편 1-4절에 제시된 이 왕에 대한 비전을 볼 수 있다.

> 너희 만민들아 손바닥을 치고
> 즐거운 소리로 하나님께 외칠지어다
> 지존하신 여호와는 두려우시고
> 온 땅에 큰 왕이 되심이로다
> 여호와께서 만민을 우리에게,
> 나라들을 우리 발 아래에 복종하게 하시며
> 우리를 위해 기업을 택하시나니
> 곧 사랑하신 야곱의 영화로다(시 47:1-4).

예수님은 진정 온 땅을 다스리실 위대한 왕이신데, 그분이 행하시는 사역은 어느 누가 봐도 사람들의 기대와는 너무나 달랐다.

세례 요한은 아마 예수님에 대해 상상하기를, 자기가 지금까지 해 오던 것과 같은 일을 하실 것인데, 자기보다 더 큰 규모로 하실 것이라고 생각했던 것이 아닐까 생각된다. 그는 어쩌면 요즘 우리 대부분의 사람이 생각하는 것처럼 예수님도 우리 시대에 유행하는 마케팅이나 광고 전략 같은 것들을 따라서 그분의 나라를 다스리지 않으셨을까라고 생각했을 것 같기도 하다.

더 큰 규모의 청중을 놓고 더 좋은 음향 기기와 번쩍번쩍하는 섬광등과 배경에 안개 구름을 일으켜 가면서 더 큰 소리로 더 많은 설교를 하는 그런 모습을 상상했던 것인가?

세례 요한은 어쩌면 예수님이 무소불위의 권위를 가지고 사람들을 장악하고 지배하시는 그런 모습을 상상했을지도 모른다.

그런데 실제는 어떠했던가?

우리는 지금도 예수님이 사람들을 이끄셨던 모습에 놀란다. 좀 더 정확히 말하면, 우리 사람들은 자연히 권력을 쥐려 하고 그것을 휘두르는 경향이 있기 때문에, 예수님이 어떻게 사람들을 인도하셨는가를 잊어버리는 경향이 있다.

그러나 예수님이 도래시키는 나라는 다른 종류의 그런 통치이다. 예수님이 다른 종류의 통치자이며 왕이시기 때문이다. 세례 요한의 메신저들에게 답하시는 가운데 예수님은 새로운 질서가 도래하고 있으며, 그와 더불어 새로운 삶의 길이 열리고 있음을 선언하고 계신다.

예수님은 세례 요한의 질문에 다양한 방법으로 답하실 수 있으셨을 것이다. 그러나 그분은 예수님답게 아주 독특한 방법으로 답하신다. 복음이 온전히 역사하게 되면 어떤 모습인가를 보여 주시는 방법을 택한 것이었다. 내 말을 오해하시지 말기 바란다.

예수님은 분명히 사람들에게 "천국이 가까이 왔으니"[2] 회개하라고 하셨고, 사람들에게 명하여 하나님과 화해하라고 하셨다.

예수님은 이 세상의 구세주이시다. 우리는 결코 이 세상에 이 복음 메시지를 전하는 일을 그만두거나, 폐하거나, 흐리멍텅하게 해서는 안 된다. 그러나 세례 요한이 겪고 있던 위기의 순간에 이 구세주의 정체에 대해 그가 물었을 때, 예수님의 답변은 아주 실감나게 이 복음의 깊이와 높이, 넓이, 그리고 그 핵심이 무엇인지를 보여 주셨다.

예수님은 예루살렘에 입성하실 때, 나귀를 타고 들어가셨던 분으로서 다른 사람들을 섬기고, 우리 적들을 겸손히 대하시고, 그들을 사랑하라는 말씀을 전하셨던 분이다. 왕이시지만 그분은 어린이들을 환영하시고, 우리에게 이렇게 말씀하셨다.[3]

> 하나님의 나라는 이런 아이들의 것이다(막 10:14).

예수님은 세례 요한의 제자들이 찾아와서 그분이 오실 그분이신지를 묻고 있을 바로 그때 아직 천국이 완전히 임하지 않았기에 여전히 돌봄이 필요했던 사람들에 의해 둘러싸여 계신 그런 왕이셨다.

아픔을 당하며 사람들에게서 잊혀지고 있던 사람들에게 희망이 도래한 것이었다. 희망의 왕이 우리에게 오셔서 우리와 함께하시며, 우리를 하나님과 화해케 하시고, 우리가 어떻게 살아야 하는가에 대한 삶의 근본과 본질을 바꿔 놓으셨다.

그것은 사람들이 이해하지 못하여 넘어지기도 하고, 그 깊이를 다 측량할 수 없는 복음의 아름다움이 가지고 있는 심오함이다. 이것이 바로 만인을 향한 하나님의 사랑을 선포하는 복음으로, 우리 사회, 그리고 심지어

---

2 [마태복음 4:17]

3 [마가복음 10:14]

우리들의 교회 안에서조차 잊혀진 사람들을 품어 주는 사랑의 복음이다.

사랑은 알 수 없는 안갯속 같은 것도 아니고 이론도 아니다. 사랑은 섬기고, 발을 씻어 주며, 희생하고, 용서하며, 아파하는 사람들을 끌어안아 주고 모든 사람을 불러 함께 한 상에서 먹는 것이다. 이것이 바로 복음이 삶에 나타난 모습이다. 이것은 『4영리』(CCC의 전도지-역자주)로만 표현할 수도 없는 것이며, 형태가 없는 어떤 신학도 아니다. 간단히 말해서, 그것은 희망 없는 사람들에게 주는 희망이다.

'이것이 예수님의 길이다.'

우리는 영적 존재이면서도 동시에 몸을 가진 신체적 존재로서 가장 큰 두 가지 계명이 말씀하는 대로 하나님과 우리 이웃들과 올바른 관계로 들어오도록 부름을 받았다는 것을 인정해야 한다. 우리가 먼저 우리의 이웃을 사랑함으로써 우리를 둘러싸고 있는 사람들의 삶에 들어가 하나님의 사랑이 피부로 느껴질 수 있도록 하기보다 하나님 나라가 이 세상에 역사한다는 것을 말로만 증거하려는 일이 얼마나 많은가.

우리가 만약 하나님 나라를 보여 주는 사명을 받은 것이 아니라면, 우리가 할 일은 대체 무엇이란 말인가?

1. 예수님께만 집중한다?

필자가 열여덟 살 나이에 예수님을 따르는 제자가 되었을 때, 나는 신앙을 통해 내 삶의 모든 측면을 어떻게 복음 중심으로 살아 움직이게 할 것인가를 생각하면서 삶의 분야를 몇 개로 나누는 구획적 관점(compartmentalized view)을 가지고 있었다. 나의 뇌리에는 정치에 대한 관심은 없었고, 대신 이것 아니면 저것을 선택해야 하는 것인 양 '그냥 예수님께만 초점을 맞추고 있었다.'

그 당시 나의 관점은, 나보다 더 '성숙한' 기독교인들이 나에게 "그런 거야"라고 말해 준 것이었고, 정치라는 것은 우리가 이해하는 제자도로 볼 때 중요한 것이 아니었다. 신실한 기독교인으로서 살려고 하는 나는 교회에 가서, 그 지역교회에서 봉사하고, 경건의 시간을 가지며, 성경 공부에 참석하고, 또 너무 많은 이런저런 질문을 하지 않는 것이었다.

따라서 나는 내가 사는 동네의 이웃들에 대해서도 관심을 쓰지 않았다. 내가 사는 도시에 대해서도 관심이 없었다. 어떤 정책이 어떻게 돌아가고 있는지, 솔직히 말해서 정책이라는 게 도대체 뭔가 하는 것도 몰랐다. 나는 사회 정의에 대해 관심이 없었다. 그러나 나는 전도에 대해서는 열정적으로 관심을 기울이고 있었다.

정확히 말해서 비록 내가 거리에 나가서 외치는 가두 전도자는 아니었을지라도 나는 종종 거리에 나가서 전도를 했다. 지금도 기억하고 있는 것은 친구 몇 명과 함께 캘리포니아주립대학교 데이비스 캠퍼스에서 차를 몰아 샌프란시스코의 시가지까지 가서 노란색의 『4영리』라는 작은 전도지를 사용해 예수 그리스도의 기쁜 소식을 나누었던 게 아마 열서너 차례는 되었던 거 같다.

그러던 중 우리가 어떤 노숙자에게도 다가가서 말을 건넨 적이 있었는데, 그때 땅바닥에 앉거나 누워 있는 사람 옆으로 가서 무릎을 구부리고 이렇게 물었다.

"실례지만, 당신이 오늘 밤 죽는다면, 내일 아침 어디에 있을거라고 생각하세요?"

그들 거의 모두 "엉?"이라고 대꾸했다.

나는 그 소리를 듣고 나서 후속 질문을 이어 가곤 했다.

"예수님을 주님과 구세주로 영접하고 싶으십니까?"

놀랄 것도 없이, 열에 아홉은 "아니"라고 답하거나 여기에 그대로 옮기기가 어려운 그 밖의 '고상한'(?) 답들이 돌아오곤 했다.

나는 그때 땅바닥에 널브러져 있는 이들에게 무릎을 구부려 가며 했던 그와 같은 수많은 대화를 기억한다. 나는 그들의 관심을 끌고자 해서 그들의 눈을 뚫어져라 쳐다보면서 구원을 받았느냐고 묻곤 했었다. 그런 노력 속에는 모든 사람이 예수님을 필요로 하는 만큼 그들을 불쌍히 여긴다는 그런 마음도 있었다. 그러나 내가 그 당시에 얼마나 내 사고가 구획적 사고였던가를 생각하면 난감해진다.

한번은 한 노숙자가 "아니"라고 고개를 저었을 때, 나는 그 자리를 떴다. 그때 내 머릿속에는 그 사람이 몸은 괜찮은가, 배는 고프지 않은가, 목은 마르지 않은가, 춥지는 않은가, 내가 달리 도울 수 있는 일들은 없는가, 그들이 연락해서 도움을 받을 수 있는 기관이나 단체 같은 것들이 있는지는 모르는가와 같은 질문들은 전혀 떠오르지 않았다.

전도에서 나의 시선은 내가 던지는 질문에 대해 예냐 아니냐에만 꽂혀 있었기 때문에, 답이 아니요이면, 그저 그다음 상대에게로 가는 것이었다. 내가 거리 전도를 하던 내 생애의 순간들은 우리가 영혼 구원이라는 직접적이고 영원에 관계되는 사안이 아니라고 생각해서 사회와 정치가 사람들에게 주는 영향을 무시하게 되면 어떤 일들이 벌어질 것인가를 보여 주는 실례들이다.

달리 말하면, 하나님 나라는 단지 천국 가는 표와 같은 그런 것이 아니다. 늦게서야 깨달은 것이지만, 예수님이 고난 주간에 예루살렘에 들어가시자 마자 바로 십자가로 직행하지 않았다는 사실이다. 예수님은 예루살렘에서 부패와 위선에 대해 정면으로 도전하셨고, 환전상들의 상을 뒤집어 엎었으며, 맹인들과 아픈 자들을 고쳐 주셨고, 불완전한 자기 친구들을 위해 식사 자리를 베풀고, 그들의 발을 씻어 주셨다.

하나님 나라는 천국에 가서 영원한 삶을 누리는 것일 뿐만 아니라 이 땅에서의 삶에 대한 것이기도 하다.

2. 새로운 사고

하나님 나라는 이 세상의 아름다움과 아픔 속에 나타나며, 우리를 둘러싼 모든 곳에서 볼 수 있다. 예수님은 그분의 나라가 이미 여기에 와 있다. 그러나 한편 아직 오지 않았다고 선포하셨다. 즉, 우리는 이 세상에 이뤄져야 할 하나님의 구속적 사역에 참여하도록 초대를 받은 가운데 미래에 있을 영광의 그날도 기다린다는 어떤 긴장이 거기에 있음을 말씀하셨다.

하나님 나라의 "아직 오지 않은" 측면만을 믿고 있는 사람들은 그들 주위에서 벌어지고 있는 사람들의 아픔과 고통의 문제를 외면하거나 간과해 버리는 유혹을 받으면서 그들이 얻게 될 미래의 영광만을 바라볼 수 있다.

하나님 나라가 이미 여기에 왔다고 믿는 이들은 하나님의 은혜를 받기 위해 회개할 필요가 있다는 것을 무시한다. 그들은 자신들의 삶이 무슨 마법 같은 것으로 보호를 받는 삶을 누릴 것처럼 기대하지만, 사실 예수님이 그런 어떤 것도 약속하신 바는 없다. 그분은 건강이나 번영을 선전하는 전도자가 아니셨다.

우리가 아는 이 왕에게는 걸프스트림 G650 같은 개인용 제트기 같은 것은 없다. 대신 그분은 "이 세상에서 너희가 환란을 당하나"[4] 라고 말씀하심으로 그분을 따르기 위해서는 희생이 필요하다고 사람들에게 거듭거듭 도전하셨다.

> 한 서기관이 나아와 예수께 아뢰되 선생님이여 어디로 가시든지 저는 따르리이다 예수께서 이르시되 여우도 굴이 있고 공중의 새도 거처가 있으되 인자는 머리 둘 곳이 없다 하시더라 제자 중에 또 한 사람이 이르되 주여 내가 먼저 가서 내 아버지를 장사하게 허락하옵소서 예수께서 이르시되 죽은 자들이 그들의 죽은 자들을 장사하게 하고 너는 나를 따르라 하시니라 (마 8:19-22).

---

4 [요한복음 16:33]

분명히 예수님은 자기의 플랫폼을 확장하기 위해 비금전적 혜택이나 돈 찍어 내기, 중요치 않은 일로 시간 벌기 등의 꼼수를 쓰는 법과 같은 강좌들을 들으신 적이 없다. 예수님의 방법은 요즘 소셜 미디어에서 흔히 볼 수 있는 좋아요 최다수 만들기, 팔로워 끌어 모으기나 개종자 늘리기 등과 같은 판매고 극대화 수법과 같은 것이 아니다. 이것은 우리 영혼뿐만 아니라, 우리 몸이 움직여야 가능한 것으로 전혀 다른 방식의 사고를 요하는 것이다.

우리는 하나님 나라의 일을 단지 영적 활동과 실제 활동으로 축소시킬 수 없다. 그리스도인의 삶은 그런 식으로 구획화하는 것이 아니다. 이 세상에서 그분의 백성을 통해 활동하시는 살아 계신 하나님의 추종자들로서 우리는 하나님과 화해해야 하며, 또한 우리 이웃들을 사랑해야 한다. 그리고 우리 이웃을 사랑한다고 할 때 그것은 우리 이웃이 사는 이 세상에 대한 돌봄을 의미한다.

더 나은 삶을 위해 근본적으로 다른 하나님 나라의 비전이 우리 각 사람의 생각을 바꾸며, 영감을 주어야 한다. 특히, 권위의 자리에 있는 이들에게 그런 일이 일어나야 한다.

우리가 하나님 나라의 삶을 완전히 포용하려고 한다면, 두 가지 큰 계명, 곧 하나님을 사랑하고, 사람들을 사랑하라는 그 두 계명이 우리 삶의 모든 부분에 대해 질문하게 해야 한다. 그것은 어떤 특정의 정당이나 정치 체제보다 훨씬 큰 것이다. 그것은 우리 삶의 본질을 모든 면에서 다시 들여다보는 작업을 요구한다. 예컨대, 우리의 정치적 결정들이 우리 이웃들의 삶에 영향을 미칠 것이므로 우리가 어떻게 정치에 참여할 것인가와 같은 부분까지도 다시 들여다봐야 한다.

어느 누구도 하나님 나라를 독점할 수 없다.

아무도 독점할 수 없다고 할 때, 그것은 정당들이나 정치 지도자, 혹은 기타 어떤 인사나 제도도 독점할 수 없다는 것을 의미한다. 그 사람이 아무리 탁월한 전문가든, 지도자든, 지지율이 가장 높은 사람일지라도 그들이 독점할 수 있는 것이 아니라는 뜻이다. 어떤 탁월한 연구자이든, 교황이든, 빌리 그래함이든, 캐니 웨스트든, 조이 마이어든, 트리니티 방송이든, 유진 조, 혹 그 밖의 누구든 아니다. 어느 특정 정당이나 후보도 도덕성이나 영성에 관한한 독점권이 없는 것과 마찬가지로 하나님 나라에 대한 독점권을 갖는다는 것은 어불성설이다.

하나님 나라는 우리가 속한 정당이나 종교 단체가 다 커버할 수가 없는 것이다.

그 점을 하나님께 감사한다!

3. 새로운 통치

정확히 말해서 하나님 나라란 무엇인가?
우리 정치를 포함해 오늘날 우리의 삶과 그것은 어떻게 연관되는가?

'하나님 나라'라는 말은 신약성경에 162번 나오며, 구약 기자들이 전능하신 하나님에 대해 말하면서 간혹 '왕권'(시 103:19 참조)이라는 말을 쓰거나, 혹은 '그의 나라'(시 145:11, 13 참조)와 같은 표현을 쓰기는 했지만, 구약성경에서는 '하나님 나라'라는 말이 단 한 번도 나오지 않는다.

내가 작고한 교수이며 학자인 마커스 보그(Marcus Borg)와 중요한 신학적 입장 차이로 그에게 동의하지는 않지만, 그가 예수님이 말씀하신 하나님 나라에서의 삶이라는 새로운 패러다임이 언급되는 맥락에 대해 묘사하고 있는 것은 의미가 있다고 생각한다.

> 예수님이 사시던 세계에서 '나라'라는 말은 정치적인 말이었다. 예수님의 말씀을 듣고 있던 청중은 그 밖의 다른 나라들, 곧 헤롯이 다스리는 나라, 로마 통치하의 나라(로마제국의 동쪽 지역을 가리킬 때 이 나라[kingdom]라는 말을 썼

다)와 같이 다른 나라들에 대해 알고 있었다. 하나님 나라는 그런 나라들과는 다른 어떤 것이었다.

하나님 나라는 이 세상 사람들을 위한 것이다. 주기도를 보면 하나님 나라가 이미 하늘에 있지만, 땅에 임하는 것에 대해 말한다. 따라서 '하나님 나라'라 하면 그것은 이 세계의 변혁에 대한 것이다. 즉, 하나님이 통치하시는 것이지, 지배 체제들을 장악하고 있는 지배자들이 통치하는 것이 아닐 때, 이 세상의 삶이 어떨지에 관한 것이다. 이를 생각해 보라.

만일 예수님이 하나님 나라를 말씀하실 때 그것이 갖는 정치적 의미를 회피하려고 했다면, 그분은 하나님의 '가족' 혹은 하나님의 '공동체'라고 말하거나, 하나님의 '사람들'이라고 말할 수도 있었을 것이다. 그러나 예수님은 그러지 않으셨고, "하나님 나라"라고 말씀하셨다.[5]

하나님 나라의 신학은 중요하다. 간략히 말하면, 그것은 하나님의 통치라는 것이 무엇인지를 밝히는 것이다. 우리는 예수님이 오신 것이 이 세상 사람들에게 하나님 나라에 대해 강조를 두어 일깨우기 위한 것이라고 믿는다. 사실 예수님은 그분의 삶과 가르침, 사역, 치유, 화해 등을 통해 하나님 나라를 나타내 보여 주신다. 그 모든 측면은 하나님 나라가 도대체 무엇인가를 한번 일별(一瞥)해 볼 수 있게 한다.

산상수훈의 팔복은 하나님 나라에 대한 아름다운 초상이다. 그중 두어 개만 봐도 예수님의 나라에서 무엇이 가장 중요한가 그 상상을 뛰어넘는 본질에 대한 암시를 볼 수 있다.

너희 가난한 자는 복이 있나니
하나님의 나라가 너희 것임이요

---

[5] Marcus J. Borg, "Jesus and Politics," Bible Odyssey, accessed October 9, 2019, www.bibleodyssey.org/en/people/related-articles/jesus-and-politics.

> 지금 주린 자는 복이 있나니
> 너희가 배부름을 얻을 것임이요(눅 6:20-21).

예수님은 사람들이 흔히 하는 주장과 신념들을 병치시킴으로써 여러 많은 사상을 제시하기도 하셨고, 그것들을 비유로 말씀하셨다. 그분이 사셨던 무조건적 사랑의 삶, 회개에 대한 도전, 심오한 자기 희생과 같은 것들이 다 하나님 나라를 보여 주는 예이다.

목사이며 저자인 릭 맥킨리(Rick McKinley)는 오레곤 주 포트랜드에서 교회를 인도하고 있는데, 교회 이름이 이마고데이커뮤니티(Imago Dei Community)이다. 이 세상의 가장 힘든 부분에서 성육신적 임재가 나타날 수 있도록 부름을 받은 신자들이 그 도시에서 공동체를 이룬다는 뜻에서 그런 이름을 붙인 것이다.

고아들을 입양하여 돌본다든지, 지역사회의 어려움에 발 벗고 나서서 돕는다든지, 어린이나 난민들을 납치해 성노예로 만드는 인신매매 때문에 고통 중에 있는 이들을 위한 개입과 같은 많은 사역을 통해 이 교회공동체는 이 세상에서 하나님 나라가 어떻게 임할 수 있는가를 본으로 보여 주고 있다.

맥킨리는 그의 책 『이 아름다운 진창』(This Beautiful Mess)에서 하나님 나라의 본질에 대해 쓰고 있는데, 하나님 나라라는 것이 행함이 아니라 어떤 실존의 상태라고 말하면서, 그렇기 때문에 이 하나님 나라라는 것이 릭(저자 자신)과 같은 사람들, 곧 나처럼 다음에 또 할 만한 좋은 일을 찾아서 성취하려고 항상 밀고 나가는 사람들에게는, 얼마나 불만스러운 것이 될 수 있는가에 대해 말하고 있다.

목사나 평신도 지도자들은 하나님 나라를 도래시킨다든지, 하나님 나라를 건설하는 것에 대해 즐겨 말한다. 마치 예수님이 이렇게 말씀하시는 것처럼 말이다.

"나의 나라는 천국에 있는 트럭에 벌목한 통나무를 쌓아 올린 것이니, 소년 소녀들이여 해머를 가지고 나와서 나를 도와 이 나무들에 못질을 해서 세울 수 있게 도와주시 않으련?"

그러나 예수님이 그렇게 요구하지는 않으셨다. 예수님이 하나님 나라에 대해 말씀하실 때, 우리가 나서서 그것을 건설하거나 도래시키는 것이라고 하신 적이 없다.

결코!

그분은 다음과 같이 말씀하셨다.

"(나의) 나라는 … 이다"(The kingdom is …, 여기서 do가 아닌 is라고 한 것은 우리의 행동을 요구하는 것이 아니라, 이미 그렇게 존재하는 어떤 실존을 가리킨다는 뜻 때문이다-역자주).

예수님은 단지 그분의 추종자들에게 와서 그것을 보라, 그것을 받아들여라, 그것의 빛 바래지 않는 실재를 믿어라. 그리고 그분의 아버지가 이미 이 세상에서 하고 계시는 일에 와서 참여하라고 초청하셨다.[6]

우리가 하나님 나라에 대해 말할 때, 그것은 어떤 구름 속에 있는, 먼 나라, 낭만적이고 이 세상과는 무관한, 그런 개념 같은 것이 아니다. 우리는 어느 날 그 나라가 지금 하늘에 그렇게 있는 것처럼 이 세상에도 도래할 것이라고 말하는 것이 아니다. 그것은 지금 … 진행되고 있는 것이다. 하나님이 일하고 계신다.

이런 진리가 현재 우리가 사는 삶의 방식이 어떠해야 하는지에, 또 그러므로 우리는 어떻게 살아야 하는가에 영향을 미쳐야 한다. 또 이것은 우리가 죽고 난 후에 현실이 되기를 갈망한다는 식의 숙명주의적인 어떤 것이 아니라, 오늘 우리가 희망을 주는 사람이 되어 그 하나님 나라를 발견하고, 그 나라에 참여하기를 사모하는 사람들이 되어야 함을 말한다.

---

6 Rick McKinley, *This Beautiful Mess* (Colorado Springs: Multnomah Books, 2006),56-57.

이것은 우리의 본성에 반하는 것이기 때문에 매우 도전적일 수 있다. 특히, 우리가 이 세상이 망가진 모습을 보면서 헤매고, 심지어는 정신적으로 마비가 될 수 있는, 그런 삶의 상황 순간에는 정말 도전적일 수가 있는 그런 개념이다.

이런 긴장 속에서 우리는 어떻게 살아야 할까?

베드로가 기독교인들을 가리켜 말했던 것처럼, 우리는 "특별난 사람들"[7] 로 부름을 받았다. 우리는 거듭난 하나님의 소유이기 때문에, 우리의 삶이 변혁되어 가고 있는 만큼 다른 삶을 사는 것이다. 때로 그렇게 사는 것이 어려울 수 있겠지만, 우리는 하나님이 이미 일하고 계시다는 사실에서 위로를 받을 수 있다. 그러므로 우리는 하나님 나라에 관한 사람들이면 어떻게 살아야 하는가를 분별해야 한다.

4. 하나님 나라의 정신으로 살아가기

뉴욕의 리디머교회(Redeemer Church) 팀 켈러(Tim Keller) 목사는 기독교인들이 정치에서 이탈하지 말아야 한다고 말한다. 참여하지 않는 것은 현 상황을 지지하는 것이기 때문이라고 했다.

그런데 우리 신앙과 정치라는 것이 어떻게 서로 연관될 수 있을까?
우리는 어떻게 하나님 나라의 마인드 셋을 삶으로 살아 낼 수 있을까?
어떤 방식으로 우리의 믿음으로 내린 결단들이 입법에 반영되게 할 수 있겠는가?

---

[7] [베드로전서 2:9]

켈러는 말하기를, 그것은 여러 가지 면으로 가능한데, 실천적 지혜의 문제라고 했다. 인종차별주의에 대한 반대나 가난한 자들과 억압당하는 자들을 돌보는 것과 같은 이슈들이 신자들에게 분명히 맡겨진 의무인데, 그것들을 통치로 전환시키는 데는 여러 측면이 있다.

그런데 구체적으로 우리의 그런 확신들을 어떻게 법으로 활성화시킬 수 있을까?

켈러는 이렇게 말한다.

> 가난한 자들을 돕는 가능한 방법은 많다.
> 정부를 축소시키고 사적 자본시장에 자원을 분배해야 할까?
> 아니면 정부 기능을 더 확대하고 국가에 더 많은 권한을 주어서 부를 재분배하도록 해야 할까?
> 아니면 보다 바른길은 그 양단간의 가능성 사이에 있는 여러 가지 중도적인 가능성들 중 하나일까?
> 이런 문제들에 대해 성경은 매번 모든 지역의 사람들과 그들의 문화 속에 적용될 수 있는 정확한 답들을 제공하지는 않는다.[8]

희망이 없어 보이는 상황에 직면했다고 해서 기독교인들이 그들의 이웃들을 돕던 활동 중에 철수할 수는 없다. 그렇게 되면 그들에게 "너희는 가망이 없어"라는 인상을 남길 것이고, 또 그런 후퇴로 인해 그들이 생각해 오던 것처럼 세상이 원하는 대로 '허용'해 버리는 결과가 될 것이기 때문이다.

---

[8] Timothy Keller, "How Do Christians Fit into the Two-Party System? They Don't," *New York Times*, September 29, 2018, www.nytimes.com/2018/09/29/opinion/sunday/christians-politics-belief.html.

마이클 웨어(Michael Wear)는 기독교적 희망이 정치적 희망이 될 수 있도록 할 수 있는 세 가지 피부에 와닿는 방법들을 확인해 주고 있다.

첫째, 이기적인 고립 상태로 후퇴하기보다는 우리 사회를 위한 진정한 선을 추구하는 일에 적극적으로 참여하고자 하는 헌신
둘째, 옳은 행동이 잘 사는 것보다 낫다는 굳은 확신을 행동으로 표현하는 정의
셋째, 문화 전쟁에서 표출되는 지배 욕망을 극복하고 다른 사람들 위에 군림하려 하기보다 다른 사람들에게 정말 유익을 끼치고자 하는 겸손

그는 이어서 다음과 같이 말한다.

> 우리가 이웃을 사랑하는 것은 그런 삶에 대한 인정을 받기 위함이 아니고, 우리가 먼저 사랑을 받았기 때문이다. 지금은 우리가 뒤로 물러갈 때가 아니고, 우리의 의도를 재정립하여 공공의 신의를 추구해야 할 때이다.[9]

우리가 기독교인으로서 진실로 우리의 이웃들을 사랑하기 원하고 공공의 신의를 추구하고자 한다면, 우리는 정치를 초월해서 그냥 "복음만을 전파한다"고 할 수만은 없다. 예수님이 우리를 부르신 것은 우리만 구원받으라고 하신 것이 아니다. 그분이 우리를 부르신 것은 그분을 따르도록 하신 것이다. 그분이 가시는 곳이 어떤 불편한 곳일지라도 우리는 그분을 따라야 한다.

우리가 현실 속에 살고 있기 때문에, 우리가 정치적 행동에 나서든, 나서지 않든, 그것은 우리 주변에 있는 이웃들에게 영향을 미친다. 그러므로

---

[9] Michael Wear, *Reclaiming Hope: Lessons Learned in the Obama White House about the Future of Faith in America* (Nashville, TN: Thomas Nelson Books), 226.

우리가 우리의 이웃을 어떻게 배려해야 하는가의 문제는 그 이웃들의 삶에 영향을 주는 환경에 대해 우리가 어떻게 해야 하는가의 문제이다.

켈러가 말한 것처럼, "정치적이지 않은 것도 정치적이다"(To not be political is to be political).[10] 19세기 초 미국 교회들은 노예 제도에 반대하는 발언들을 하지 않았다. 그때 그들은 그렇게 하는 것을 "정치에 가담하는 것"이라고 불렀기 때문이었다. 그들이 적극적으로 정의를 추구하지 않았기 때문에, 그들은 그들의 정치적 비활성화를 통해 노예 제도를 적극적으로 지지했던 것이다.

하나님 나라의 길은 이 세상의 길이 아니다. 나의 신학은 어떤 정당의 입장과도 잘 맞지 않는다. 어떤 정당의 정강도 나의 신학이나 나의 확신을 대변하지 않는다. 그런 만큼 내가 안착할 수 있는 곳이 어디인가를 알려고 하면 거기에 긴장이 있는 것을 보게 된다. 때때로 나는 아웃사이더같이 느껴진다. 물에서 나온 고기처럼 말이다.

내가 보건대, 우리는 정치적 성향의 문제에 있어서 융통성을 갖되, 예수님이 우리에게 어떻게 살고, 사랑해야 하는가에 대해 말씀하신 부분에 대해서는 견고해야 한다. 그러므로 거기에는 많은 긴장이 있다.

어떤 정당이 만들어져서 그리스도의 당이라고 주장할 수도 있겠지만, 어떤 정당도 예수님의 길을 모델로 해서 완전히 그것을 따를 수는 없다. 그것은 심지어 생명 존중 대 여성 인권 논쟁과 같은 양극화된 논쟁에서도 확인되는 바이다.

---

10 10. Keller, "How Do Christians Fit," www.nytimes.com/2018/09/29/opinion/sunday/christians-politics-belief.html.

5. 평등 그리고 존중

오늘날 우리 정치에서 가장 어렵고 마음을 힘들게 하는 난제들 가운데 하나가 많은 기독교인이 참여하는 투표에 있어 리트머스 테스트가 되고 있다. 낙태 이슈는 정당들뿐만 아니라 신자들에게도 모래 위에 그은 선이 되어 버렸다. 이 이슈의 엄청난 중요성으로 볼 때, 이해할 만한 상황이다. 나는 태아의 임신부터 무덤에 갈 때까지 생명의 존엄성을 지지하고 싶다.

생명 존중이 어린이들에게는 어떤 의미가 있을까?
이민자들에게는?
장애인들에게는 어떨까?
형사법 제도에서 불리한 입장에 놓이기 일쑤인 사람들의 입장에서는 어떠할까?
노인들의 입장은?

어떤 진보주의자들은 태아에 대한 부분을 잊고 있다. 나는 "당신의 낙태를 외치라"고 주장하는 이 운동 단체 지도자의 셔츠에 이 말이 훈장처럼 새겨진 것을 보는 순간 마음이 혼란스러웠다. 그녀는 낙태를 했던 여성들이 그것을 떳떳하게 선언함으로써 그게 얼마나 흔한 일인가를 보여 주기를 원한다. 어쨌든 미국 여성 4명 중 1명은 낙태의 경험이 있다.[11]

"당신의 낙태를 외치라"라는 캠페인의 목표는 낙태한 사람들에게 씌워진 오명을 씻어 내려는 것이다.[12] 분명히 이 캠페인에는 낙태가 의미하는

---

[11] "Abortion Is a Common Experience for U.S. Women, Despite Dramatic Declines in Rates," Guttmacher Institute, October 19, 2017, www.guttmacher.org/news-release/2017/abortion-common-experience-us-women-despite-dramatic-declines-rates.

[12] Nicole Brodeur, "How 'Shout Your Abortion' Grew from a Seattle Hashtag into a Book," *Seattle Times*, December 13, 2018, www.seattletimes.com/life/how-shout-your-abor-

심각한 폐해의 측면들에 대해 일말의 정돈된 표현 같은 것은 존재하지 않는다. 그냥 못 본 체 지나쳐 버리는 것이다.

그러나 나는 또한 우리가 임산부의 낙태선택권을 인정한 법안(Roe v. Wade법안이라고 통칭된다-역자주)을 개정하여 낙태를 불법화하는 법안(물론, 대법원의 관할에 있는 것이지만)을 만들려고 한다면, 입법 과정이나 법 집행을 어떻게 할 것이냐를 놓고 많은 질문이 제기된다는 것을 알고 있다. 나는 낙태를 했다는 이유로 가련한 싱글 여성을 기소해서 가족과 분리시키고 수형생활을 하게 할 수도 있는 상황을 상상하는 것은 힘든 일이다.

낙태라는 시술을 금하는 것이 법안의 형태여야 할까, 아니면 단지 개인의 깊은 고민 속에 내리는 윤리적 선택으로만 취급해야 할까?
현재 미국에서 낙태와 관련된 이야기를 낙태 찬반 이외에 그것을 초월하는 어떤 것으로 바꿀 수 있을까?
찬반 논쟁으로 가기보다 생명 그 자체, 그것이 태어나지 않은 생명이든, 태어나기 이전의 생명이든, 생명 자체의 가치에 대해서만 열정을 가질 수는 없을까?

낙태 문제는 공화당의 입장에서 너무나 많은 정책 입안이 좌초되는 경험을 안겼고, 여러 해 동안 미국은 공화당 출신의 대통령 임기 중에 낙태법을 번복할 기회들이 있었다. 공화당이 의회를 장악한 20년 동안, 상원을 장악하고 있던 20년 동안이 그랬고, 보수 성향의 대법원이 구성되었던 수년 동안이 그랬었다.[13]

---

tion-grew-from-a-seattle-hashtag-into-a-book/.

13 Keith Giles, "The Shiny Red Button (How Republicans Use Abortion toManipulate Christians)," PATHEOS, January 28, 2019, www.patheos.com/blogs/keithgiles/2019/01/the-shiny-red-button-how-republicans-use-abortion-to-manipulate-christians/.

'포커스 온 더 패밀리'(Focus on the Family)의 짐 데일리는 낙태에 대해 좀 더 실용주의적인 접근법을 취해 왔다. 그는 '계획된 부모로 살기'(Planned Parenthood), '전국 낙태 및 생식권 행동 연합'(National Abortion and Reproductive Rights Action League, NARAL) 등 유명 낙태권 기구의 사람들과 연관을 맺어오고 있다.

NARAL 쪽의 대표자들은 낙태가 "안전하고, 합법적으로 시행되되 희소하게" 되기를 바란다고 말한다. 데일리의 입장에서는 어떤 낙태든지 그것이 '안전하게' 시술될 수 있다는 것에 찬성하지는 못하지만, 낙태를 희소하게 할 수 있는 일을 위해 우리가 할 수 있는 일이 어떤 것이 있을까를 묻는다.

데일리는 『아직도 복음주의자입니까?』(Still Evangelical?)라는 책에서 이렇게 말한다.

> 생명 존중의 입장을 취하는 복음주의자로서 우리가 낙태를 당장 종식시킬 수 없겠지만, 우리가 우리와 의견을 달리하는 사람들과 어떤 분야에서 의견의 일치를 보면, 단기적으로나마 얼마나 많은 태아를 구할 수 있을까라는 질문을 해 본다.[14]

대다수의 낙태 시술이 예약을 통한 대기 시술의 경우들이지만, 그것이 다 헛된 생각 때문에 하는 것만은 아니다. 많은 경우 그것은 아이를 낳아도 키울 능력이 없다는 생각 때문에 결정된 것이다. 낙태하는 경우의 절반은 가난한 여성들인데, 이런 사례는 증가 추세에 있다.

이런 사실은 우리에게 무엇을 말하는가?

---

14 Jim Daly, "The Importance of Listening in Today's Evangelicalism," chapter 10 in Mark Labberton, ed., *Still Evangelical? Insiders Reconsider Political, Social, and Theological Meaning* (Downers Grove, IL: InterVarsity, 2018), 179.

낙태가 점점 경제적 긴박함이 요인이 되어 이뤄지는 시술이고, 낙태 시술을 받는 환자들의 절반은 2014년의 경우 연방정부가 정한 빈곤층 수준 이하의 삶을 사는 환자들이었고, 30년 전에는 그 동일한 수준의 수입 때문에 낙태를 했던 사람들은 30퍼센트였다.[15]

나는 여전히 낙태에 관해 심각한 윤리적 우려들을 갖고 있으며, 앞으로도 계속 그러할 것이다.

그러나 우리가 젊은 여성들이 보다 더 재정적인 안정성을 갖도록 하기 위해 투자를 한다면, 낙태 사례들을 얼마나 줄일 수 있을까?
우리의 정치가 그것을 지원할까?
이런 확신을 우리 각 개인의 자선적 헌신을 통해 지원해야 할까?

나는 생명 존중 운동에 대해 많은 열정이 있다. 나는 2017년 워싱턴 DC에서 열린 복음주의생명존중대회(Evangelicals for Life conference) 기조 강연자들 중 한 사람이었다. 그러나 내가 낙태선택권법안(Roe v. Wade)에 대해 가지고 있는 개인적 소신 때문에 어떤 복음주의자들은 나를 기조 강연자 중 한 사람으로 초청한 것에 대해 불만이라는 점을 분명히 밝혔다.

내가 강사로 정해진 것이 발표되고 나서 내가 받은 몇 개의 흥미로운 이메일들에도 불구하고, 내가 그 대회에 참석하는 것은 중요했다. 그리고 나는 앞으로도 태어나지 않은 아이들의 권리와 존엄에 대해서도 계속해서 목소리를 높일 것이다.

내가 강연 초청에 응한 이유는 무엇이었던가?
그리고 내가 같은 기간에 생명 존중을 위한 행진 행사에 참여한 이유는 무엇이었나?

---

15 "Abortion Is a Common Experience," Guttmacher, www.guttmacher.org/news-release/2017/abortion-common-experience-us-women-despite-dramatic-declines-rates.

이유는 복음이 사회 정의와 인간 존엄의 문제를 배제하지 않는다고 믿기 때문이었다. 나는 모든 남성과 여성, 그리고 어린이들(여기에는 태어나지 않은 어린이도 포함된다)이 하나님의 형상으로 창조되었다고 믿는다.

나는 생명은 모태에서부터 무덤에 들어가기까지 신성하고 존엄함을 믿는다. 아기들의 생명만이 아니라, 그 엄마들의 생명도 마찬가지다. 우리 자신의 생명만이 아니라, 그들의 생명도 신성하고 존엄하다. 미국인들의 생명만이 아니라, 시리아인들의 생명도, 기독교인들의 생명만이 아니라, 무슬림의 생명도 신성하고 존엄하다.

모든 생명을 존중한다는 것은 미국 문화에서 원주민, 흑인, 갈색인들에 대해 자행되는 제도적 불의가 있음을 인정하는 것이다. 생명 존중의 입장을 가진 사람으로서 성소수자(LGBTQ)군에 속한 청소년들 중에 자살 시도의 비율이 일반인에 비해 3배 내지 6배 높다는 사실을 듣고 망연자실하게 된다.[16] 그런 통계는 계속 이어진다.

우리가 생명의 신성함에 대해 입장을 분명히 해야 하겠지만, 그 개념에는 복합적인 뉘앙스들도 있음을 인정해야겠다. 나는 그 깊이를 다 헤아리기 어려운 어떤 결정 때문에 여성들이 수치감에 휩싸이게 해서는 안 되며, 그와 같은 여성들을 범법자로 만드는 것도 지지하지 않는다. 생명 존중이 곧 낙태 반대의 확신을 의미하는 것이어서는 안 된다. 거기에는 훨씬 더 많은 이슈가 있다.

우리는 낙태하려는 사람들의 수를 줄여 나가고 낙태는 필요하다고 생각하는 인식이나 낙태 수요 자체를 줄일 수 있는 정책들을 펴 나가도록 해야 한다. 우리는 전체 낙태 사례의 75퍼센트를 차지하고 있는 가난한 저소득 여성들의 입장을 살펴봐야 한다.[17]

---

16   Linda Carroll, "LGBT Youth at Higher Risk for Suicide Attempts," Reuters, October 8, 2018, www.reuters.com/article/us-health-lgbt-teen-suicide/lgbt-youth-at-higher-risk-for-suicide-attempts-idUSKCN1MI1SL.

17   "Abortion Is Increasingly Concentrated among Poor Women," Guttmacher Institute, Oc-

어떤 사람들은 동의하지 않겠지만, 우리는 산아 제한의 방법을 계도할 필요도 있다. 우리는 또한 입양이나 수양아의 양육을 하려는 이들도 지원해야 한다. 이 모든 것 가운데 우리는 복음의 능력과 하나님의 임재를 구하며 기도하고, 사람들의 마음이 변화되도록 기도해야 한다. 그리고 우리는 사랑에 진력해야 한다.

우리가 생명 존중 문화를 고양시키며 경축할 수 있기를 기원한다. 생명 자체만이 아니라, 우리에게 생명을 선물로 주시고 그분의 아들 그리스도를 선물로 허락하신 하나님께 감사하자.

복음주의생명존중대회가 끝난 후에 몇몇 사람이 내가 어떻게 거기에서 강연할 기회를 가질 수 있었는지에 대해 궁금해했다. 나중에 그 행사의 강연자 가운데 한 사람은 아주 인기가 많은 Desiring God이라는 웹사이트에서 대화가 오가던 중 혹평을 늘어놓다가 내 이름을 언급했다. "당신은 영아 살해자"라는 제목의 이메일을 수십 통 받는다는 것은 유쾌한 일이 아니다.

그러나 흥미롭게도 나는 진보적 기독교와 연관된 여러 개인과 그룹이 전해 주는 말도 들었다. 그들 중 많은 사람이 내가 그런 대회에 나가 강연을 하게 된 것에 크게 실망했다는 이야기들을 했다. "당신은 정말 실망입니다"라는 내용의 이야기를 듣게 된 것이었는데, 대개 이름을 밝히지 않은 사람들이 보낸 이메일로 이런 내용이었다.

> 유진 씨, 복음주의생명존중대회에서 강연하신 것은 정말 창피한 일입니다. 그것은 당신이 여권 신장과 그들에게 신이 부여한 자유를 충분히 발휘하고 자신의 몸에 대해 전적 자율권을 발휘할 자유를 평가절하하는 가부장적이고 여성 혐오적인 주장에 동조하고 있다는 것입니다. 여성들과 그들의 리더십을 옹호하겠다고 했던 사람이라면서 당신이 여성들을 어떻게

tober 19, 2017, www.guttmacher.org/infographic/2017/abortion-rates-income.

그렇게 배신할 수 있는지 이해할 수 없습니다. 여성을 억압하는 것은 결코 품위 있는 일이 아닙니다. 당신에게 너무 실망했어요. 당신의 그런 행동을 재고하시기를 요청합니다.

그 대회 이후로 나는 두어 개의 교회와 대학 캠퍼스를 포함하여 몇 개의 보수주의 써클로부터 강사 초청을 받지 못했고, 진보적 그룹들의 이벤트에도 앞으로 다시는 초청하지 않을 것이라는 이야기를 들었다.

그 대회에서 강연한 것이 어떤 사람들에게 실망을 안겨 주었지만, 나는 또한 시애틀에서 있었던 여성 행진에 참여하여 나의 아내와 나의 어머니들, 나의 딸들, 그리고 내가 섬기는 교회에 있는 여성 교우들과의 연대를 보여 주었다. 내가 그 행진에 참여한 또 다른 이유는 우리 집에서 우리가 믿는 바에 따른 행동이 무엇인지를 나의 아들에게 본받도록 시범을 보이기 위함이었다.

많은 사람이 그때 나의 결정에 대해 이미 그들이 얼마나 실망하고 경악했으며, 혐오하게 되었는지를 표현했다. 그들은 내가 여성 행진에 참여한 것을 보고는 내가 낙태를 지지한다고 느꼈다.

가장 중요한 사실로 내가 행진한 것은 행진 때에 전시된 어떤 문구나 표지판에 동의하거나 반대하기 때문이 아니라, 내가 기독교인으로서 여성들은 두렵고도 놀랄 만큼 하나님의 형상으로 창조되었다는 근본 진리를 믿기 때문이었다. 그러므로 그들의 가치는 인정되어야 하고, 그들의 목소리를 경청하며, 존중해야 한다.

또한, 나는 여성들이 번성하지 않고서는 우리가 번성하는 사회가 될 수 없다고 믿기 때문이었다. 또한, 교회는 여성들의 은사를 인정하고 그들의 목소리를 듣지 않고서는 교회가 될 수 없기 때문이었다. 여성들이 가진 모든 은사들을 다 포함해서.

여성 평등을 지지하고 태어나지 않은 아이들을 존중한다는 것은 아주 외로운 일이라고 생각되는데, 나만 그렇게 느끼는 것은 아니다. 그런 만큼 이 대의명분에 헌신한 우리는 난관을 무릅쓰고 밀고 나갈 수 있기를 바란다.

인간 사회의 도전적 난제들에 대해 간단한 흑백논리의 답변이 듣기에는 좋을지 모르지만, 그렇다고 해서 그게 분명히 옳은 답은 아니다. 앞서 말했던 것처럼, 하나님 나라의 방법이 이 세상의 방법은 아니다. 이 세상에서 산다는 것은 다양한 의견과 판단이 넘치는 바다와 같은 곳에 산다는 것이며, 거기에는 의견의 차이가 있다.

그러나 하나님 나라는 우리에게 우리 이웃 모두를 사랑하라고 부른다. 그 이웃들이 가지고 있는 신념들이 어떤 것이든, 또 우리가 그들의 신념에 대해 보이는 반응이 그들이 생각하는 생각의 범주에 잘 맞아떨어지든 그렇지 못하든 간에 우리는 그들을 사랑해야 한다. 하나님 나라는 이 세상 사람들이 가지고 있는 범주의 틀을 거부한다.

6. 길을 건너 거기에 있는 이웃을 사랑하라

사실 결정해야 할 가장 중요한 정치적 사안들은 대개 지역적인 것들이다. 우리가 사는 시애틀의 경우 우리는 점점 악화되고 있는 노숙자 문제와 씨름하고 있다. 나는 아마존을 비롯한 기타 유명한 회사들의 본사가 있는 이 도시, 평균 집값이 82만불인 이 도시의 우리가 사는 인근 공원에서 텐트나 자동차를 집 삼아 사는 사람들을 본다.[18]

---

18 Nat Levy, "Seattle Median Home Price Hits Record $820K, Soaring $43K in aMonth, Putting Buyers in a 'Pressure Cooker,'" GeekWire, April 6, 2018, www.geekwire.com/2018/seattle-median-home-price-hits-record-820k-soaring-43k-month-putting-buyers-pressure-cooker/.

그런 만큼 특히 내가 사는 지역에 관련하여 이슈가 되는 것에 대해 그리고 바로 코앞에 사는 이웃들에게 어떤 일이 일어나고 있는가와 같은 문제를 고려하여 누구를 뽑을 것인가를 결정하는 것이 중요하다. 전국 정치에 대한 관심에 너무 집착한 나머지 지역의 문제들을 간과하게 되면, 우리가 사는 도시나 지역에 역기능을 초래할 수 있다.

우리가 사는 도시나 주의 정치에 어떤 일들이 일어나고 있는지를 모른다면, 우리가 사는 나라를 위해서도 건강한 것이 아니다. 이런 부조화를 비유하면, 그것은 마치 세계 선교나 빈곤 문제에 열정을 가졌으면서 자기 이웃이나 같이 일하는 사람들에게 전도하지 않거나, 자기가 사는 도시에 있는 빈곤층을 섬기는 일에 아무런 관심을 갖지 않는 것과 같다.

내가 말하는 것은 세계 선교나 빈곤 문제에 관심을 갖는 것이 그릇된 일이라는 뜻이 아니다. 결코 그럴 수는 없는 일이다. 나는 종종 해외에 나가 있는 선교사님들과 선교 단체들을 격려하기 위해 여행을 한다. 그리고 내가 앞서서도 말했던 것처럼, 세계의 극빈 문제에 집중하는 인도주의 개발 기구를 설립하여 운영하고 있다.

그런 만큼 내가 지적하고 있는 것은 우리가 더 넓은 세계에 집착하다가 우리가 길을 사이에 두고 사는 우리의 이웃들에게 다가가서 그들과 관계를 세우는 일을 못하는 것과 같은 단절의 문제이다. 그러므로 정치적 관점에서 볼 때, 우리는 전국 정치에만 몰입해서는 안 되는 것이다.

우리는 동시에 우리의 이웃과 우리가 속한 공동체 안에서 우리가 가진 믿음을 삶 속에서 실천하도록 해야 한다. 그리스도인들이 이런 권유를 무시하게 되면, 우리가 사는 도시에서 하나님이 하고 계시는 하나님 나라의 사업을 놓칠 수가 있다.

시애틀 지역만 해도 안정된 주거가 없는 사람들의 수가 1만 2천 명 이상이다. 시애틀과 그 인근 지역을 포함하면, 시애틀은 전국적으로 볼 때 뉴욕과 로스앤젤레스 다음으로 노숙자가 많은 세 번째 도시가 되고 있으며,

노숙자 수는 계속 늘어가고 있다.[19]

이런 사실은 내 마음을 아프게 한다. 내가 시애틀에서 목회를 해 온 여러 해를 거치면서 나는 집 없이 노숙하거나 길에 세워 둔 자기 차에서 생활하는 사람들을 만나 통성명을 하고 알게 되었는데 그런 사람들의 수가 많다.

시애틀에 주거가 불안정한 사람들의 수가 늘고 있고, 만성적인 주거불안정의 사람들 가운데 거의 3분의 2는 중독[20] 문제로 시달리고 있다는 사실을 고려한다면, 뭔가 중요한 조치가 있어야 한다.

경찰 입장에서는 시당국자들의 지침 때문에 공공장소에서의 캠핑에 대한 법령을 들어 단속할 수 없다고 느끼고 있고, 노숙인들 입장에서는 그들에게 고지서가 부과되어도 벌금을 낼 처지가 아니다. 그 결과 공원이나 도로 중간에 있는 공터에 텐트를 치고 사는 사람들이 있다. 이런 상황은 많은 사람에게 불만스럽다.

우리가 비록 이렇게 점증하는 위기 상황에 대해 이 지역의 선출직 관리들을 압박하여 뭔가 지도력을 발휘하라고 하기도 하지만, 이것은 이 지역 교회의 교인들에게 주어진 우리 이웃을 사랑할 기회이다.

2010년에 내가 섬기는 퀘스트교회는 수년 동안 관계를 쌓고 신뢰를 구축해 온 후에 브릿지돌봄센터(Bridge Care Centre, BCC)라는 것을 탄생시켰다. 이 센터는 시애틀의 우리 이웃 중에 집이 없거나 경제적 고통을 경험하는 사람들이 들러 갈 수 있는 쉼터다.

---

19 "Count Us In Shows Significant Reduction in Veteran Homelessness, SmallOverall Increase in Homelessness for Seattle/King County," All Home, May 31,2018, http://allhomekc.org/wp-content/uploads/2018/06/Count-Us-In-2018-news-release-5.31.

20 Kate Walters, "Seattle Homeless Population Is Third Largest in U.S., after LA andNYC," KUOW, December 18, 2018, www.kuow.org/stories/here-s-how-seattle-and-washington-compare-to-national-homeless-trends.

여기에 오면 남자든 여자든 안전하고 따뜻한 휴식 공간에서 쉬며 영화를 보고 간식을 먹을 수 있다. 그리고 가장 중요한 것은 그들을 돕는 사례 담당자들(case managers)과 그들에게 집을 구하거나 어떤 사회보장 서비스나 치료를 받는 데 필요한 참고인 추천사 작성 등의 지원을 받을 수 있다.

우리가 하는 이 BCC 사역의 핵심 가치는 인간 존엄에 기반한다. 우리는 모든 사람이 고유한 가치를 갖고 있다고 믿는다. 우리의 지역사회를 돌보는 일은 협동의 노력으로 우리의 몫 가운데 하나는 우리가 돕는 의뢰인들과 여러 기관이나 그 기관이 제공하는 서비스들을 서로 연결되도록 다리를 놓아 주는 것이다. 그렇게 하여 우리는 힘들게 지내고 있는 사람들과 자신들을 추스려 노숙인의 삶에서 벗어나려는 사람들에게 지속적 지원을 제공하는 것이다.

BCC의 사역이 매우 큰 의미를 갖는 것이지만, 그것은 또한 점증하는 여러 어려움이 있다. 작년 한 해 동안 우리가 진행하는 작은 지역사회를 위한 사역을 통해 연관을 맺었던 사람은 773명에 달하며, 총 4천 200건의 방문이 있었고, 어려움에 처한 사람들에게 2만 4천 5백 건의 도움을 제공했다.

우리는 그동안 우리 이외의 이해 당사자들, 업주들, 교회들이 참여하도록 했다. 우리는 많은 지역사회 관련 회의에 참석하기도 했다. 우리는 여러 관리를 대동한 시애틀 시장을 접견하기도 했다. 우리는 노숙인들을 지원하기 위해 상당량의 자원을 모집했다. 그중에는 금전적 기금도 있었고, 자원봉사 지원도 있었다. 그런 자원을 가지고 가정 폭력이나 마약 중독 등을 피해 나온 여성들을 위한 '작은 집'들을 지어 주었다.

왜 이런 일을 하는가?

각 사람의 가치, 곧 그들의 생명, 그들의 건강, 그들의 미래를 소중히 생각하는 조직이 없다면, 우리 사회는 주변으로 밀려난 이들을 잊어버리게 될 것이기 때문이다. 또한, 의도적으로 모든 사람의 가치를 인정하지 않는다면, 우리가 사는 이 나라나 심지어 그 보다 작은 어떤 사회도 그것이 가지고 있는 잠재력을 충분히 다 살려 낼 수 없기 때문이다.

기독교인으로서 우리는 주변으로 밀려난 이들을 특별히 생각해야 한다는 성경 말씀에 귀를 기울여야 한다. 시편 82편 3절은 이렇게 당부한다.

> 가난한 사람과 고아를 변호해 주고, 가련한 사람과 궁핍한 사람에게 공의를 베풀어라 (시 82:3, 새번역).

만일 우리가 길을 건너가서 우리의 이웃을 찾아 그들을 사랑하려고 하지 않는다면, 우리는 이 나라의 정치가 돌아가는 것을 보면서 분개할 아무런 권리가 없다. 그러나 만일 우리가 우리가 사는 도시와 이웃들에게서 볼 수 있는 하나님 나라의 일을 위한다면, 우리는 전국적으로도 긍정적 변화를 이루는 일에 도움을 줄 수 있을 것이다.

❦ 적용 질문 ❦

1. "하나님 나라의 일을 위한다"는 것이 당신에게는 어떤 의미가 있는가?
2. 하나님 나라는 당신이 생각하는 정치를 포함하여 오늘 당신의 삶과 어떻게 연관되고 있는가?
3. "전국 정치에 대한 관심에 너무 집착한 나머지 지역의 문제들을 간과하게 되면, 우리가 사는 도시나 지역에 역기능을 초래할 수 있다."
   당신은 당신이 사는 도시에서 일어나는 하나님 나라의 일을 위해 일하거나, 정치적으로 참여하고 있는가?
   그렇지 않다면, 당신은 어떻게 참여할 수 있겠는가?

제5장

너의 확신들을 삶으로 살아 내라

나의 첫 책 『부풀림: 우리는 행동보다 생각으로 세상을 바꾸려 하진 않는가?』(*Overrated: Are We More in Lo!e with the Idea of Changing the World "an Actually Changing the World?*)에서 나는 실제로 세상을 변화시키기보다 그런 생각 자체를 더 좋아하고 있는 나의 어려움에 대해 고백한 바가 있다.

내가 지금까지 했던 일들 중에 가장 어려웠던 일은 나의 아내 민희와 함께 비영리단체를 시작한 일이었다. 사실 그 일은 우리 둘이서만 시작한 게 아니고, 우리 가족 모두가 시작한 것이고, 그들은 많은 것을 희생해서 '하루 임금 나누기'(One Day's Wages, ODW)라는 단체를 출범시켰다.

하나님이 내 안에 심어 주셔서 자라고 있던 씨는 극한의 빈곤으로 인한 고통을 보게 하고, 그 고통을 나눌 수 있게 했다. 나는 인도주의적 구제와 개발에 관련된 역사와 철학 등 관련된 많은 사실에 대해 읽어 보았다. 그러나 직접 사람들을 찾아가 만나고 그 현장을 직접 볼 수 있을 때까지 그 문제의 핵심이 무엇인지 충분히 파악하지 못했다.

지금 미얀마로 불리는 버마에 가서 나는 눈이 열려서 이 지구상의 수도 없이 많은 사람이 당하는 고통을 보았다. 나의 사상을 형성시켜 준 이 여행 기간 동안 경험했던 두 번의 순간이 뚜렷이 기억된다.

하나는 시골 마을의 지도자와 나눈 대화였다. 그 마을 공동체는 이름이 없었다. 왜냐하면, 그들은 그들이 속한 종족을 말살하는 데 전심전력하고 있던 군부 독재를 피해서 항상 한 지역에서 또 다른 지역으로 계속 이동하고 있었기 때문이다. 달리 말해서, 그들은 인종 학살의 대상이었던 것이다.

그 여행 중에 나는 그 마을의 어린이들을 위해 지어진 임시 교사(校舍)를 방문할 기회가 있었다. 15개의 서로 모양이 각각인 책상과 의자들과 너무 많이 사용해서 여기저기 흠집 투성이의 푸르스름하게 빛 바랜 칠판이 걸려 있는 광경을 상상해 보라.

그 교실로 걸어 들어 갔을 때, 나는 순간 칠판에 붙어 있는 사진 모음으로 눈이 갔다. 거기서 본 손이나 발이 없거나 피투성이가 된 여성, 남성, 어린이들의 사진을 보고는 너무 끔찍해서 움찔했다.

내가 사진들을 보다가 심란해졌다는 것을 눈치챘는지, 나를 안내하던 이가 나더러 좀 더 자세히 볼 수 있도록 가까이 다가가 보라고 했다. 나는 그 사람에게 실례가 되기를 원치 않았기 때문에, 아무 말없이 가까이 걸음을 옮겼다. 그 순간 그는 이 포스터의 맨 아랫줄을 가리켰다. 거기에는 녹회색의 금속 느낌을 주는 장치가 보였다.

"그게 지뢰들이에요. 우리는 어린이들에게 가르쳐 줘요. 그 대인지뢰들을 피하라고요."

그는 완벽하지는 않지만 뜻이 전달되는 영어로 말해 줬다.

그 순간 나는 숨을 죽이고 침묵 속에 서서 인간들이 다른 인간들에게 가할 수 있는 잔인함의 충격을 온 몸으로 맞고 있었다.

그날 늦은 시간에 나는 이 마을 사람 몇 명을 만났다. 그중에는 지뢰 폭발 생존자들도 있었다. 나는 또 그 마을의 또 다른 지도자와 이야기했는데, 그는 내가 찾아갔던 그 교실에서 가르치는 선생님들의 봉급이 미화 40달러라고 설명했다. 그 40달러는 하루의 일당도, 주급이나 월급도 아니고 … 1년치 봉급이라고 했다.

이건 오타가 아니다. 나는 이 아이들을 위해 자신의 삶을 바쳐 가르치고 있는 사람들이 1년에 40달러를 받고 있다는 걸 알고 충격에 빠졌다. 하루 일당으로 계산하면 고작 몇 센트를 받고 있는 것이었으니.

그날 마을을 다녀온 후 여행을 반추하면서, 나는 많은 것을 되씹어 봐야 했다. 나는 기도하면서 성령께서 내가 행동하도록 이끄시는 것을 느꼈다. 아내와 나는 이 일에 대해 수표 한 장을 써 주는 게 다가 아니고, 다른 사람들도 이 일에 합세하여 하나의 운동을 시작하도록 권하는 것에 대해 기도하기로 했다. 다른 사람들도 이 운동에 참여하여 기부함으로써 세계에서 가장 가난한 사람들이 더 나은 삶을 살 수 있도록 기회를 주도록 하자고 일깨워야겠다는 결심을 하게 되었다.

기부금은 현지의 원주민 지도자들과 연대하고 그들에게 힘을 실어 주는 것이 될 것이었다. 그것은 우리가 존엄의 아름다움, 곧 모든 인간은 하나님의 형상을 지니고 있기에, 누구든지 소중하다는 사실을 믿는 믿음에 기초한 것이었다.

우리 기구의 이름인 '하루 임금 나누기'(ODW)는 후원자들이 하루에 버는 일당, 혹은 급여의 하루 분을 기부하여 지구상에서 극빈층을 돕자는 데서 착안한 것이었다. 1년 연봉에서 그 비율을 따져 보면, 수입의 0.04퍼센트에 불과한 것이다. 이 기구를 출범시키기 위해 아내인 민희와 나는 1년치 봉급을 기부하자는 확신이 왔다. 당시 퀘스트교회의 목사로서 그 액수는 6만8천 달러였다.

문제는 그 돈을 우리가 그런 경우를 대비해서 모아 둔 것이 아니었던 것. 사실 나는 그것을 어떻게 할지를 놓고 고심했다. 그러나 우리에게 확신이 왔기 때문에, 그 꿈을 놓지 않았고 오히려 창의적 생각들이 나왔다. 우리는 우리에게 필요 없는 것들을 팔고, 우리가 필요 없다고 생각한 서비스들의 구독을 중단하는 등 우리 생활을 좀 더 단순화했다. 그러나 아쉽게도 우리가 절약하고 가진 돈을 다 합쳐도 목표액에는 미치지 못했다.

하루는 다급한 마음도 있고, 또 좀 허송세월하는 것 같기도 해서 우리가 사는 집을 세를 놓을 생각으로 약간 엉성한 광고를 올렸다. 나의 가족과 내가 사는 집인데 내가 올린 광고는 "10주에 1만 달러에 세놓음"이었다.

그 광고를 올리면서, 나는 어떤 좀 미친 사람이 그 광고를 보고 세를 들어오겠다고 한다면, 목표액에 근접하겠다고 생각했다. 그러나 그 돈을 내고 세를 들어오려는 사람이 있을 것 같지 않았다.

그다음에 이야기가 어떻게 돌아갔을까?

그 광고를 올리고 나서 얼마 되지 않아 영국에서 사업차 여기에 온 사람이 그 광고를 보고 들러 보기로 했다. 그는 우리 집을 보고 좋다며 단 한 가지만 빼면 렌트 계약을 하고 싶다고 했다. 자기 가족과 함께 그 주 금요일에 입주해도 좋겠냐는 것이었다.

이틀 후에!

눈빛에 일말의 두려움이 느껴지는 것을 애써 감추면서도 멍해진 나는 좋다고 말했다.

작은 문제가 있었다. 이렇게 하는 것에 대해 아내에게 아직 물어보지 않은 것이다. 당신이 결혼생활의 조화를 더 염려한다면, 이런 식으로 하는 것을 추천하고 싶지는 않다. 민희는 이 일에 대해 좋은 마음이 아니었지만, 하나님이 축복하사 그 도전을 받아들였다.

아내와 아이들은 한마음이 되어 집을 청소했고 우리는 이틀 만에 집을 비우고 이사했다. 참고로 아내의 배경을 설명하면, 민희는 결혼 및 가족 치료사이고, 지금은 그런 결정은 결코 하지 말아야 할 한 예로 사람들에게 말해 준다. 한편, 나는 아내에게 그런 실생활의 예와 경험을 제공하여 상담과 강의에서 실제로 사용할 수 있게 한 것에 상당한 자부심을 가지고 있다.

1. 배우고, 배우고, 또 배우자

ODW 사역을 시작한 지 10년이 지난 지금 나는 인도주의 개발에 대해 너무도 많은 것을 배우고 있다. 그리고 얼마나 모르는 게 많은지를 깨닫고 있다. 그런데 내가 거듭거듭 깨닫고 있는 것 한 가지는 확신하는 바를 삶의 행동으로 바꿨을 때 그 힘이 어떤 것인가 하는 것이다.

우리 아이들 중 둘이 집을 떠나 대학에 다니고 있고, 막내도 곧 그 아이들의 뒤를 따를 것이다. 이 아이는 기적인가 싶을 정도로 키가 커서 7피트(약 213센티미터-역자주) 정도 된다. 적어도 내가 보기에는 그 정도로 보인다. 얘는 하루에 열 한 끼를 먹는 것 같다. 두 명을 대학에 보내고, 한 젊은 애를 집에 두고 있게 되면, 돈이 아주 많이 든다.

내 생각에 사람들에게 이 ODW가 마음에 울림을 주는 이유 중 하나가 바로 그런 면이라고 생각한다. 우리는 억만장자도 아니고, 록스타도 아니다(기껏해야 K-팝 스타 지망생 정도일까?). 그런 면에서 보통 사람들조차도 어떤 변화를 만들 수 있다고 할 때, 바로 우리가 그 증거라고 생각한다. 지금까지 살아온 내 인생의 궤적을 살펴볼 때, 나는 하나님께서 얼마나 자비가 많으신지 우리가 믿음으로 주님을 따르기로 작정하면, 얼마나 많은 것을 주시는지 볼 수 있다.

ODW가 어떤 자선 단체가 아니라 하나의 운동이라고 생각한다. 우리는 우리 자신과 다른 사람들에게 그들이 확신하는 바가 있는 곳에 돈을 내라고 도전한다. 그리고 우리는 보통 사람들도 이 세상을 바꿀 수 있는 힘이 있다는 이 생각에 사로잡혀 버렸다.

모인 돈은 세심한 감사가 이뤄지는 비영리 단체들에 기금을 보내거나 우리가 섬기는 나라들에 세워진 보통은 작은 기구들을 지원하기 위해 쓰인다. ODW의 기부자들로부터 모인 기금은 재해 구호, 난민 캠프, 깨끗한 물 공급을 위한 운동, 전쟁으로 찢긴 나라 어린이들의 수술, 아동 인신매

매 방지, 병원 건축, 그리고 현지 지도자들을 위한 투자 등등 모든 종류의 일에 힘을 실어 주고 있다.

우리 가족이 처음 모았던 6만 8천 달러의 헌금으로 종잣돈이 만들어진 후 2만 명이 넘는 사람들이 이 비전에 공감하여 기부금을 드리게 되었다. 전 세계적으로 67만 4천 명의 궁핍한 사람들이 도움을 받았다. 기금은 우리가 처음 투자했던 액수의 100배 이상으로 늘어 이 책을 쓰고 있는 이 시간까지 8백만 달러 이상이 만들어졌다.

이 운동을 하면서 나온 놀라운 이야기들 가운데는 아주 흔치 않은 취미를 가진 미니애폴리스(Minneapolis)에 사는 삼 형제의 이야기가 있다. 이 세 명의 바츠(Bartz)형제, 곧 오스틴, 트레버, 코너(Austin, Trevor, Connor)는 미네소타 기후가 가지고 있는 경이로운 사실들을 활용하여 지난 8년간 세계를 위해 선한 일을 해 오고 있다.

이들의 부모가 소유한 비탈의 복층 가옥 앞에다가 바다 생물 모양을 한 대형 눈 조각 작품들을 만들어 전시해 오고 있는 것이다. 눈이 툭 불거진 복어, 나긋나긋한 모양의 달팽이, 멍청해 보이는 바다코끼리와 같은 생물들을 눈으로 조각한 것들이다. 그들의 작품 전시는 너무 놀라워서 NBC 저녁 뉴스와 엘렌 쇼에 소개되기도 했다.

그 조각 전시가 점점 사람들에게 알려지면서 기회가 왔다. 이 플랫폼을 이용하여 이 세상을 위해 선한 사업을 할 기회가 온 것이다. 그들이 진행한 ODW 캠페인을 통해 그들은 하이티와 말라위, 그리고 전 세계 다른 나라들에서 진행하는 깨끗한 물 프로젝트를 위해 9만 달러를 모금했다.[1]

그들이 하는 조각 작업에는 이제 대형 눈 달팽이의 측면을 깎아 올리기 위해 하네스와 미끄럼 방지 아이젠 등의 도구들을 사용한다. 첫 조각 작품

---

[1] Deanna Weniger, "Bartz Brothers of New Brighton's Latest Snow Sculpture: A Silly, Surprised Snail," *Twin Cities Pioneer Press*, January 3, 2019, www.twincities.com/2019/01/01/bartz-brothers-of-new-brightonunveil-eighth-snow-sculpture-on-new-years-day/.

을 만드는 데 8시간이 걸렸었는데, 가장 최근의 작품 제작에는 7백 시간이 소요되었다. 바츠 형제들은 이제 20대 청년들인데 지금도 다른 사람들을 돕기 위한 예술 작품과 동지애, 열정으로 함께 힘을 모은다.

ODW는 내가 성령의 음성을 들어 갖게 된 확신이고 도전이다. 주신 열정이 오늘의 ODW의 모습으로 성장할 거라고 상상도 못했다. 나는 그냥 페이스북이나, 블로그에 글을 올리는 식으로 하고 싶지는 않았다.

당시 내가 스스로 물었던 질문들은 이 확신을 어떻게 실제로 구현할 것인가?

이 확신이 다른 사람들에게도 어떻게 영감 있게 전파될 수 있을 것인가?

내가 성령의 인도하심을 감지하게 되면서는 이것이 내 삶에 한 전환점이 되고, 내가 사는 삶의 방식에 일대 변화가 올 것이라고 생각할 수 있었다.

서구 기독교에 속한 우리는, 특히 우리를 위로하는 복음이라는 것에 푹 젖어 있어서 우리 삶을 뒤엎는 복음에는 거의 매력을 느끼지 않는다. 그러나 사실 복음은 두 가지 기능을 다하고 있다. 우리에게 두 가지가 다 필요하기 때문이다. 위로의 복음으로만 향하는 경향이 있다면, 거기에는 뭔가 위험성이 있다.

처음에 우리 가족이 이 기구를 시작하려는 계획을 가지고 있었을 때, 우리는 우리의 일 년 급여를 포기하게 될 것이라든지, 3년간 여정을 시작하게 될 것과 같은 것은 전혀 몰랐다. 지난 시간을 돌아보면서 이 과정이 얼마나 고통이 있을 것인지를 알았더라면, 처음에 시작할 때 그런 희생을 감수할 수 있으리라고 생각지는 못했을 것이다. 그러나 그동안 일어난 일들을 생각하면 놀랍기만 하다.

우리가 이 기구를 시작했을 때, 우리는 하나님이 우리를 통해 세상을 변화시키기를 원하신다고 생각했다. 그게 터무니 없는 일이 아니라 생각했기에 나는 그 비전을 놓치지 않았다. 그러나 정말로 놀라웠던 일은 ODW

를 통해 그것을 하나님이 우리 안에서 일하시는 수단으로 사용하셨다는 것이다. 그 일이 추진되는 과정에서 하나님은 그것을 통해 우리를 변화시키셨다.

러시아의 작가이며 철학자인 레오 톨스토이는 이렇게 말한 적이 있다.

> 누구든지 세상을 변화시키는 것을 생각하지만, 아무도 자기를 변화시킬 생각은 하지 않는다.[2]

현실 세계 속에 살면서 우리의 확신을 삶의 행동으로 옮겨서 실천할 때, 우리 신념들은 보다 더 우리 스스로의 것이 된다. 그 결과 우리는 다른 사람들에게 선포하고 말로 건네는 단계에서 자신의 성숙과 변화로 가게 된다. 이 캠페인을 위해 행동하고자 하는 우리의 첫째 동기가 다른 사람들을 돕고자 하는 열망이었는데, 그것은 또한 우리 자신에게 선물이 되었다.

우리 공동체가 확장되고, 함께 활동하는 회원들 사이의 유대가 깊어지고, 다른 사람들과 관계하는 우리 능력이 자꾸 커졌다. 우리가 우리 확신을 삶의 행동으로 옮기게 되면서 우리는 구원의 복음이 어떻게 우리를 움직이며 변화시키는 복음인지를 보여 주게 되었다. 이 세상은 우리를 위해서 죽었던 예수님이 또한 그분의 백성들의 삶 속에 살아 계시는 구세주인 것을 보고 있는 중이다.

그리스도인들로서 우리는 하나님의 뜻이 어떤 것인가를 사람들에게 알려 주는 목회적 사역을 할 수도 있고, 불의가 무엇인가를 드러내 말함으로써 예언자적 사역을 할 수도 있다. 그런데 당신이 개인적으로 행동으로 옮기고자 하는 이슈들에 대해 파고들어 그것을 다른 사람들에게 나누게 되

---

2 "Leo Tolstoy's Infamous Quote: 'No One Thinks of Changing Himself,'" posted by Andrea Schlottman, Books on the Wall, accessed October 10, 2019, https://booksonthewall.com/blog/leo-tolstoy-quote/.

면, 지금까지 그 누가했던 설교보다 더 위대한 최고의 설교를 하게 된다. 사실 사람이 전할 수 있는 가장 능력 있는 메시지는 어떤 사람이 살아가는 신실한 삶 그 자체인 것이다.

    기독교가 위기에 처했다고 하는 이유들 중 하나는 그리스도를 따르는 사람들이 말만 하고 행동하지 않는 데서 사람들이 위선의 모습을 감지하기 때문이다. 우리는 완전해질 수 있다는 거짓 복음을 전하지 않도록 주의해야 한다. 그러나 메시지와 삶 사이에 연관이 없을 때, 우리가 그토록 열정을 보이고 외치는 것들을 삶의 실천으로 옮기려는 진실되고 겸손한 열망이 없을 때, 우리는 단지 말로만 떠드는 약장수가 된다.

    우리에게 예수 또라이들이 더 이상 필요 없는 것과 마찬가지로, 우리에게는 더 이상 공허한 약장수들이 필요치 않다. 우리에게 필요한 것은 좌파든, 우파든, 아니면 중도파든 간에 진실한 사람들, 겸손하게 자기의 확신을 삶으로 실천하는 그런 사람들이 필요하다.

2. 행동하는 삶: 목사 스파이

    많은 사람이 사랑하고, 선망의 대상이 될 뿐만 아니라, 학자들과 전기 작가들 사이에 벌어지는 논쟁의 중심에 있는 사람으로 디트리히 본회퍼(Dietrich Bonhoeffer)와 그의 이야기는 많은 기독교인에게 익숙하다. 그는 평화주의자로 삶을 시작하여 처형당한 스파이로 마감했던 순교자였다.[3]

    1906년 종교적 분위기가 없는 가정에서 태어난 젊은 본회퍼는 책에 빠져 살던 중 신 관념에 매료되어 14살 나이에 사제가 되고 싶다고 선언함

---

3 "Dietrich Bonhoeffer Biography," Biography Online, March 8, 2017, www.biography-online.net/spiritual/dietrich-bonhoeffer.html; and Janie B.Cheaney, "Man in Conflict," World Magazine, February 14, 2019,https://world.wng.org/2019/02/man_in_conflict.

으로써 가족들을 충격에 빠뜨렸다. 그는 베를린대학을 졸업하고 스페인과 미국으로 여행을 떠나기에 앞서 신학 박사 학위를 취득했다. 미국으로 건너 온 그는 유니온신학교에서 대학원 과정 공부를 하게 된다.

미국에 오기 전부터도 그는 그의 조국에서 나치의 영향력이 점점 커 가고 있는 것에 대해 매우 큰 우려를 가지고 있었다. 그런 우려와 함께 미국의 흑인 교회에 대해 그가 새로이 갖게 된 매력과 애정(이것을 후에 그는 그가 경험한 "위대한 해방"이라고 불렀다)으로 인해 그의 신학이 바뀌게 되고, 여러 면에서 그 이후의 생애를 특징짓게 되었다.[4]

그는 영국과 미국에 살면서 20여 년간 독일을 떠났다가 다시 돌아가기를 여러 차례 반복했다. 여러 번의 귀국 여행 중 한 번 그는 독일 교회가 유대인들의 박해에 대항하여 일어날 의무가 있다고 강하게 주장함으로써 고백교회가 갈라져 나오게 하는 계기가 된다. 결국에 가서는 고백교회 신학교가 나치에 의해 폐쇄되고, 크게 낙심한 본회퍼는 영국으로 떠난다.

그러나 그는 계속 글을 썼고 그의 글은 널리 퍼져 나가게 되었다. 그중 독창적 내용을 담은 『나를 따르라: 그리스도의 제자직』(The Cost of Discipleship)에서 그는 더 많은 영적 훈련과 "대가를 지불해야 하는 은혜"(a costly grace)에 대해 예언자적 주장을 하게 된다.

독일로의 마지막 귀국을 했던 때 그는 공개 강의나 출판의 권리가 박탈되었다. 그러나 그는 독일 군정보 기관인 압베어(Abwehr), 즉 해외 정보부의 한 직책을 맡게 된다. 그곳은 히틀러에 대한 가장 강력한 반대파들이 자리하고 있던 곳이다. 그는 작은 규모의 독일 내 저항세력의 메신저로 영국 쪽의 접선 대상들과 연락하는 역할을 맡았다.

---

4   E. Forrest Harris Sr., "The Black Church's Influence on Dietrich Bonhoeffer,"Bonhoeffer Blog, February 21, 2009, https://bonhoefferblog.wordpress.com/2009/02/21/the-black-churchs-influence-on-dietrich-bonhoeffer/.

그는 히틀러를 암살하려는 음모들이 있다는 것을 알게 되었고, 독일에 거주하는 유대인들을 도와 스위스로 안전하게 탈출하는 일을 돕는 일에도 가담했다. 이때 그는 히틀러의 죽음과 독일의 패전이 문명 세계의 선(good)을 위해 필수적이라고 믿게 되면서 그가 지금까지 견지하던 평화주의에 대한 헌신에 대해 의문을 품기 시작했다. 결국, 독일의 유대인들을 위한 일에 가담한 것으로 인해 체포되어, 투옥되고, 처형을 당하게 된다.

본회퍼의 원칙주의적 저항 운동은 그의 뒤를 잇는 지도자들, 곧 마틴 루터 킹 주니어나 데스몬드 투투와 같은 사람들에게 영감을 주었다. 본회퍼의 유산을 잇게 된 사람이 누구냐에 대한 논쟁은 자유주의와 보수주의 학자들 사이에 오래도록 이어지고 있는 줄다리기 씨름이 되었다.

3. 행동하는 삶: 불의의 상징을 내려라

당신은 아마 남캐롤라이나주 의사당 밖의 국기 게양대를 타고 올라가서 남북전쟁 기념관의 남부연합 전승 깃발을 떼어 낸 북캐롤라이나 출신의 브리 뉴썸(Bree Newsome)을 기억할지 모르겠다. 그녀는 곧 체포되었고, 얼마 안 되어 그 전승기는 다시 게양되었다. 나는 뉴썸과 같은 또 다른 여성을 알고 있다. 영화 제작자로 자신의 확신하는 바를 과감하게 삶의 행동으로 옮기는 사람이다.

뉴썸이 과거에는 내게 불편한 마음을 주기도 했었다. 수년 전인데, 그때 그녀는 상원의원 미트 롬니(Mitt Romney)를 풍자하는 비디오를 제작했는데,[5] 그 비디오에 그려진 이 상원의원에 대한 묘사는 공정한 것이 아니어서 뒷맛이 좋지 않았다. 그녀는 행동파이며, 또한 음악가이다.

---

5 Bree Newsome, "Shake It Like an Etch-A-Sketch!," Vimeo, September 8, 2012,https://vimeo.com/49088272.

그러나 뉴썸은 나와는 다른 이야기가 있다. 그녀의 가계는 캐롤라이나에서 수 세대를 살아온 뿌리 깊은 집안이다. 미국의 최남부 지역(Deep South)에서 인종차별주의는 너무나 많은 사람의 영혼에 지울 수 없는 흔적을 남겼다.

2000년까지만 해도 남캐롤라이나주 의사당 건물에는 남부연맹기(the Stars and Bars)가 휘날리고 있었다. 게양대에서 그 깃발 위로는 미합중국기와 남캐롤라이나주기가 게양되어 있었다.[6] 근년에 와서 남부연맹기는 근처에 있는 남북전쟁기념관으로 옮겨졌다.

어떤 사람들은 그 깃발이 증오가 아니라 전통적 유산을 상징한다고 생각하지만, 그 유산이라는 게 누구의 유산을 말하는 것인가?

아프리카계 미국인의 대다수에게는 남부연합 전승기는 강한 분노를 유발시키기에 그런 반응은 충분히 이해할 만한 것이다. 거기에는 당시 세대가 어떤지를 연상시키기 때문이다. 그때는 민권을 말할 수 있던 시대 이전이었고, 해방 이전이었다. 그때는 피부색에 따라 사람을 물건처럼 소유할 수 있던 때이다. 남부연합 전승기는 흑인들이 이 나라에서 굴욕과 불의를 당하던 400년의 기간을 회상케 한다.

뉴썸에게 남부연합 전승기가 칼럼비아주 의사당 마당에 있는 깃대에 게양되어 있는 것은 개인적으로 감정을 건드리는 것이었다. 특히나 백인우월주의자가 찰스턴에 있는 한 교회에서 아홉 사람을 살해한 일이 벌어진 후였기 때문에 더 그랬다.

뉴썸은 "뉴스를 설명한다"는 것을 미션으로 삼고 있는 미국의 뉴스와 관심사를 보도하는 벅스(Vox)에 나와 말했다.

---

[6] Jason Hanna and Ralph Ellis, "Confederate Flag's Half-Century at South CarolinaCapitol Ends," CNN, July 10, 2015, www.cnn.com/2015/07/10/us/south-carolina-confederate-battle-flag/index.html.

나의 조상들이 남캐롤라이나에서 노예생활을 했습니다. 나는 그분들의 이름을 알고 있습니다. 저에게 이것은 어떤 면으로 봐도 추상적인 어떤 것이 아닙니다. 저는 그린빌에서 자랐던 할머니 곁에서 성장했습니다. 할머니는 제게 KKK(Ku Klux Klan, 백인우월주의자 그룹-역자주)가 그녀의 이웃 사람을 두들겨 패는 장면을 직접 봤다든지 하는 그런 경험들에 대해 말해 주셨습니다. 찰스턴에서 있었던 대학살을 겪으면서 이 남부연합 전승기에 대한 관심이 촉발되었습니다.[7]

찰스턴의 임마누엘AME교회(Emanuel AME Church, 아프리카계 감리교감독교회)에서 대학살 사건이 일어난 지 2주가 채 못되어 뉴썸이 게양대를 타고 올라갔던 것이다. 그 학살 사건의 범인은 인종차별주의에 깊이 젖어 남부연합 전승기 앞에서 사진을 찍기도 했다.[8] 체포되어 재판을 받는 기간 내내 그는 그 교회에서 아홉 명의 생명을 앗았던 범행에 대해 전혀 반성하지 않았다.[9]

뉴썸이 그런 행동을 해야겠다는 확신을 가졌던 것은 그녀의 기독교 신앙 때문이었다. 그녀는 기도했고, 시민 불복종 행위를 감행하는 중에 주기도문을 암송했다.

---

[7] Lottie Joiner, "Bree Newsome Reflects on Taking Down South Carolina'sConfederate Flag 2 Years Ago," Vox, June 27, 2017, www.vox.com/identities/2017/6/27/15880052/bree-newsome-south-carolinas-confederate-flag.

[8] Megan Rivers (@MegMRivers), "Suspect in #CharlestonChurchShooting caughtin Shelby, NC. He's believed to have killed 9 ppl last night at a church," Twitter,June 18, 2015, 8:14 a.m., https://twitter.com/MegMRivers/status/611552652896436224.

[9] Matt Zapotosky, "Charleston Church Shooter: 'I Would Like to Make It CrystalClear, I Do Not Regret What I Did,'" *Washington Post*, January 4, 2017,www.washingtonpost.com/world/national-security/charleston-church-shooter-i-would-like-to-make-it-crystal-clear-i-do-not-regret-what-i-did/2017/01/04/05b0061e-d1da-11e6-a783-cd3fa950f2fd_story.html?utm_term=.de6bb2165d81.

하나님이 그날 내게 게양대를 타고 올라가라고 하셔서 올라갔던 것이고, 하나님이 나를 안전하게 내려오도록 하실 것이라고 믿었습니다. 믿음이라는 것은 우리가 행동으로 나타내는 그 무엇이므로, 기도하면서 정신을 집중하여 하나님께 부르짖는 것은 아주 중요합니다.[10]

남부연합 전승기가 의사당 돔 꼭대기에 게양되었던 것은 민권 운동(Civil Rights Movement)이 일어나 혼란스러운 와중이었던 1961년이었다. 남북전쟁 개시 100주년을 기념하기 위한 것이었다.[11] 그러나 뉴썸이 시민 불복종 행위로 그 남부연합 전승기를 제거한 후 그 의사당 마당에 이 기가 걸리게 되는 날은 머지 않아 끝나게 되었다.

뉴썸이 게양대에 올라갔던 것이 그 인종차별주의적 혐오에 의한 총격 사건이 있고 나서 한 주 반 만이었다.

그러나 그녀가 게양대를 타고 올라간 사건이 일어난 후에 벌어진 공개적 논쟁에서 그 총격 범행과 남부연합 전승기의 게양뿐만 아니라 인종 차별의 역사까지도 뻔뻔스럽게 지지하는 상황이 되자 주지사인 니키 헤일리(Nikki Haley)는 그런 정치적 모멘텀을 활용하여 법안을 통과시킴으로써 전승기를 영원히 제거하게 된 것이다. 이 모든 일은 총격 사건이 일어난 지 한 달 만에 전개되었다.

확신컨대, 만일 뉴썸이 게양대를 타고 올라가서 강제로 그 기를 내리는 일을 벌이지 않았더라면, 그 깃발은 지금까지도 거기서 날리고 있었을 것이다. 뉴썸과 같은 사람들이 나와야 길이 열리게 된다. 이런 사람들이 선동가이며 운동가로서 상황을 좀 불편하게 함으로써 일이 진행되게 한다.

---

10 Joiner, "Bree Newsome Reflects," www.vox.com/identities/2017/6/27/15880052/bree-newsome-south-carolinas-confederate-flag.

11 Hanna and Ellis, "Confederate Flag's Half-Century," www.cnn.com/2015/07/10/us/south-carolina-confederate-battle-flag/index.html.

현 상황을 타개하기 위해 도전하는 게 꼭 정치적 좌파의 일만은 아니다. 우리가 그들과 열정적으로 동의하든 반대하든, 뉴썸과 같은 사람들은 우리를 도전하여 다 같이 일어나서 우리의 확신하는 바들을 삶으로 살아 내도록 한다.

4. 행동하는 삶: 우리와 그들의 자녀들을 위한 헌신

앤드류와 미셸 쉬나이들러(Andrew and Michele Schneidler) 부부는 다른 많은 커플이 그랬던 것처럼 불임의 문제를 해결하는 방법으로 입양의 길로 들어서는 여정을 시작했다. 그 과정은 정서적으로 청룡열차를 탄 것처럼 오르락내리락했다. 입양이 현실의 일로 다가오자, 미셸은 자신이 항상 입양에 대한 생각에 열려 있었음을 깨닫게 되었다.

앤드류의 경우는 … 별로였다. 그러나 그는 어느 날 기도했다.

"하나님, 제가 지금 제 앞에 다가온 이 입양이라고 하는 걸 생각해 보고 있습니다. 솔직히 말씀드리면, 저는 이 생각에 대해 마음이 열리지 않습니다. 그러나 이 생각에 제 마음이 열리도록 제 마음을 엽니다."

하나님은 그 기도에 응답하셔서 그들에게 세 명의 자녀를 보내주셨다. 첫 아이는 일반 입양으로, 나머지 두 아이는 위탁 양육을 통한 입양으로 그들의 자녀가 되었다. 그렇게 해서 그들은 입양이라는 모험을 시작했던 것이다.

쉬나이들러 부부는 첫아들을 집으로 데려온 후 17년 동안 삶을 바쳐서 이 아이들을 사랑하고, 양육하고 키웠을 뿐만 아니라, 그 밖에 훨씬 더 많은 일에 헌신하게 되었다. 그들은 워싱턴주에 있는 여러 아이가 지속적으로 생활할 수 있는 가정들을 찾아주는 일에 헌신했던 것이다. 그들의 사역은 위탁 부모와 입양 부모들을 돌보는 일뿐만 아니라, 헌신의 폭을 넓혀서 고아들을 돌보는 일을 전 세계적 스케일로 확대시켜 나갔다.

앤드류는 자신의 직업인 변호사 일을 통해 아이를 정말 입양하기 원하는 많은 사람이, 때로 그들의 친척들 가운데서도 아이를 입양하기 원했는데, 법적 수속 절차에 드는 비용을 댈 수가 없어서 입양 절차를 마치지 못하고 있다는 것을 알게 되었다. 그래서 그는 워싱턴아동법률센터(Children's Law Center of Washington, CLCW)와 '영구 프로젝트'(Permanence Project)를 세우게 되었다.

그는 CLCW는 자신의 소명이며, '영구 프로젝트'는 그 소명에 필요한 활동이라고 말한다. 2012년부터 2020년까지 CLCW는 468명 이상의 어린이들의 입양 수속을 도왔고, 그 입양아들이 각 가정에 영구적으로 생활할 수 있도록 도왔다. 그의 목표는 CLCW가 다른 주에서도 비슷한 단체가 세워지는 모델이 되도록 하는 것이다.

미셸과 앤드류 부부와 나의 아내 민희와 나는 최근에 더블 데이팅을 나갔다. 우리가 일식집에서 스시를 맛있게 먹으면서 지난 수년 동안 우리가 가졌던 우정을 돌아보았다. 민희와 나는 그들에 대해 우리가 품고 있던 깊은 경의와 존경의 마음이 어떤 것인지를 나눴다.

우리가 몇 년 전 그들을 처음 만났을 때, 그들은 리프레쉬(Refresh)라는 대회를 정기적으로 갖고 그에 연관된 공동체를 세우는 비전을 꿈꾸고 있었다. 그것은 비영리적 사역으로서 다음과 같은 사명을 가지고 있었다.

> 전국적으로 불우한 환경에 처한 어린이들을 도와주기 위해 애쓰는 위탁 부모와 입양 부모들에게 희망과 치유, 공동체를 제공하는 것이 이 단체의 한 가지 사명이다. 또 한 가지는 입양아들이 가정으로 입양된 후에 지속적 지원을 받을 수 있도록 교회들을 구비시켜 줌으로써 고아 돕기 운동이 계속 튼튼하게 성장하도록 하여 궁극적으로는 고아들이나 취약 계층 자녀들

이 지속적으로 지원을 받게 하는 것이다.[12]

그들이 개최하는 연례 대회는 2012년에 175명의 위탁 및 입양 가족들과 함께 시작해서 이제는 시애틀을 넘어 캔저스 시티와 시카고에까지 확대되어 2018년에는 총 2천 5백 가정들이 참가했다.

나는 2016년 시애틀 대회와 2019년에 열린 시카고 대회에 참가해서 강연하는 특권을 누렸다. 그 대회들에서 나는 지금까지 가 본 어떤 대회에서보다 더, 아니 가장 독특하고 생명이 넘치는 경험을 했다.

대회에 참여한 사람들에게서 볼 수 있었던 여리디 여린 모습과 함께 그들이 보인 동지애를 보면서 놀라지 않을 수 없었다. 또한, 일찍이 대회에 온 사람들이 그렇게 많은 눈물을 흘리는 것을 본 적은 없었지만, 동시에 그 위탁 부모들이나 입양 부모들의 삶 속에 역사하는 복음의 능력도 아주 많이 볼 수 있었다.

7년 동안 미셸은 시애틀에 가까이 있는 오버레이크크리스천교회(Overlake Christian Church)의 고아 돌봄 목사로 섬겨 왔다. 그러고 나서 2018년에 그녀는 자신의 사역 경험을 그동안 보잉이나 마이크로소프트, 밀가드와 같은 기업들에서 근무하며 쌓은 인사 및 경영 실무 경험에 접합시켜서 원밀리언홈(1MillionHome)이라는 기관을 세워 그 대표와 운영책임자 역을 맡고 있다.

이 단체는 전 세계적 재결합 사역으로 입양아들을 생부모와 그 가족들에게로 돌아갈 수 있도록 돕는 사역이다. 달리 말하면, 고아들을 그들이 태어난 가족들과 재결합하도록 돕고, 고아원들이 그들의 일을 재편할 수 있도록 도와줌으로써 전 세계의 고아원 사업이 문을 닫을 수 있도록 돕는 일을 하고 있다는 것을 듣기 좋게 표현한 것이다.

---

12 "Mission," Refresh Conference, accessed October 10, 2019, https://therefreshconference.org/our-mission/.

유니세프에 의하면 현재 길거리에서 사는 아이들이 1억 명이 넘으며 고아원에 수용되어 있는 고아들이 8백만 명이 넘는다고 한다. 고아원들을 더 짓는 게 거리에 사는 어린이들을 위한 답이 아니다. 원밀리언홈이 가지고 있는 혁신적 전략은 이 단체의 파트너들을 구비시켜 줌으로써 그들이 운영하고 있는 고아원들을 재결합 센터로 변환시켜 아이들을 그들이 태어난 집으로 돌아갈 수 있게 하는 것이다.[13]

쉬나이들러 부부는 어린이들과 위탁 및 입양 가족들을 섬길 수 있는 그 밖에 어떤 다른 기회들이 또 그들을 기다리고 있을지에 대해 모르지만, 새로운 기회들이 올 때마다 앤드류는 배웠던 것을 하나님께 이렇게 말한다고 한다.

"하나님, 이번에는 또 이런 일이 있군요. … 솔직히 말씀드리지만, 저는 이 생각에 대해 마음이 열리지 않습니다. 그러나 이 생각에 제 마음이 열리도록 제 마음을 엽니다."

5. 행동하는 삶: 종교적 장벽을 넘어서서

일정한 나이 이상의 사람들은 9.11에 관련된 개인적 이야기들이 있다. 나도 그중에 하나인데, 우리는 그 일이 터질 때 무엇을 하고 있었고, 어떤 생각을 하는 중이었고, 이제 지난 일이 된 그 사건에 대해 어떻게 생각하는지를 말할 수 있다.

그 테러 분자들의 공격으로 인해 널부러진 문화적 파편들 속에서 FBI 통계가 밝히고 있는 대로 2001년도에 발생한 무슬림들에 대한 공격이 그

---

13 "Why Family Reunification?," 1MillionHome, accessed October 10, 2019, https://1millionhome.com/why-family-reunification/.

전년보다 거의 8배 이상으로 증가한 상황에 대해 나의 친구인 앤드류(앤디) 라슨(Andrew[Andy] Larsen)은 반대의 입장을 표명했다.[14] 목사인 그는 예수님이 우리에게 네 이웃을 사랑하라고 하신 말씀을 따라 미국에 사는 무슬림들을 향한 두려움, 분노, 그리고 이따금씩 벌어지는 폭력 등에 대해 건설적 반응을 보인 것이다.

앤디는 내가 섬기는 교회에 소속되어 오랫동안 교회를 인도했다. 그는 자신을 일컬어 "시각적 피스메이커"(Visual Peacemaker)라고 불렀다. 그가 찍은 사진들과 관련된 스토리들을 이용해서 우리가 흔히 사람들을 구분 짓고 비난하고 싶어질 때, 그들을 인간으로 보게 하는 것을 보면 적절한 이름이라 생각한다.

9.11 이후로 그는 한 교회를 맡아 목회하던 중에 미국의 무슬림들을 향해 사람들이 보이는 독을 품은 태도나 무관심, 이해의 결핍 등에 경악했다.

> 예수님은 우리에게 두려워하지도 말고, 무관심하지도 말고, 제3의 반응을 보이라고 하십니다. … 내가 아는 무슬림 친구들은 내가 기독교 목사라는 것을 압니다. 그러나 내가 그들을 찾아가고, 그들을 한 인간으로서 알려고 해서 두 팔을 벌려 그들을 포용하려고 할 때, 나 또한 그들의 호응을 받게 됩니다. 이것은 인간의 문제이고, 전 지구적 문제입니다. 우리가 이 사명을 감당할 수 없고, 예수님이 우리를 부르셔서 이런 사람들이 되라고 하신 그 부르심을 따르지 않으면, 우리는 그리스도께로 우리를 부르신 그 소명에서 실패하게 될 것이며, 이 세상을 낙심시키게 될 것입니다.[15]

---

[14] Katayoun Kishi, "Assaults against Muslims in U.S. Surpass 2001 Level," PewResearch Center, November 15, 2017, www.pewresearch.org/fact-tank/2017/11/15/assaults-against-muslims-in-u-s-surpass-2001-level/.

[15] "Andrew Larsen—Visual Peacemaking, Extended Version, September 2013," posted by John Yeager, Vimeo, September 6, 2013, https://vimeo.com/73943630.

앤디와 그 밖의 많은 사람 덕분에 2001년 이후로는 무슬림에 대한 공격에 대한 보고 사례들이 상당히 줄어들었다.

그러나 2016년 선거의 해가 되면서 다시 급증하여 2001년 수준을 훨씬 뛰어넘었다. 그해에 오마르 매틴이라는 무슬림 남성이 플로리다에 있는 동성애자 나이트클럽인 펄스에서 대규모 총격 사건을 일으켜 49명을 죽이고, 나머지 53명에게 부상을 입혔다.

그 후 트럼프 행정부는 소위 무슬림금지법안을 상정하게 된다. 바로 이런 이유 때문에 우리 문화와 사회 안에는 피스메이커들이 절대적으로 필요하다. 이러므로 우리는 어떤 특정인이나 사상을 '좋아하고, 싫어하는' 기준을 넘어서는 상상을 촉발시킬 필요가 있다.

분명히 우리는 하나님 나라에 반하는 어떤 것들에 대해서는 막아서야 할 것이다. 그러나 그것은 또한 우리가 무엇에 대항하고 반대한다는 단순한 일반론을 넘어서서 기존의 가치를 뒤집을 수 있는 창의력을 발휘할 수 있어야 함을 의미하는 것이기도 하다.

이스라엘과 팔레스타인을 여러 차례 방문하면서 나는 종종 누구 편이냐는 질문을 받는다. 이 경우 질문이 의미하는 바는 이렇다.

"당신은 이스라엘 편이오, 아니면 팔레스타인 편이오?"

나는 어느 쪽도 아니다. 그러면 어떤 사람들은 나의 그런 입장에 대해 좌절스러워 한다. 어느 쪽이든 한 쪽 편을 들어야 한다는 것이다. 어느 한 쪽을 택하라는 이런 압박이 있지만, 나는 궁극적으로 "하나님 나라 편이다". 즉, 평화와 진리와 정의와 화해의 편이라는 말이다.

나는 전 세계를 다니면서 팔레스타인에 기독교인들이 살고 있다는 사실조차 알지 못하는 기독교인들을 만나면서 충격을 받는다. 거기에 기독교인들이 살아온 것은 아마 교회가 이 세상에 존재하기 시작할 때부터였을 것이다. 팔레스타인 주민들의 입장에서도 그렇고, 또한 팔레스타인에 있는 신자들의 입장에서도 그들은 소수자들 중에서도 소수자에 속하는데,

그 분위기에서 그들이 느끼는 두려움과 염려의 무게는 여간해서 헤아리기가 어려울 정도다.

나는 영광스럽게도 신학생, 목사, 활동가 및 여러 지도자와 함께 팔레스타인의 기독교인들을 방문할 기회를 가졌다. 또한, 거기서 성경 말씀을 가지고 설교할 수 있었던 것은 특권이었다. 그뿐만 아니라, 현지에 존속해 온 토착 팔레스타인 교회 사람들의 이야기를 들으면서 그들로부터 배울 수 있었던 것은 더 큰 특권이었다.

이스라엘을 방문했던 여러 번의 여행 중 예루살렘에서 사귄 새로운 유대인 친구들과 샤바트(안식일)를 지키는 의식에 초대를 받았던 것은 항상 영예로운 일이다. 우리가 예수 그리스도를 이해하는 방법에 있어서 차이가 있기 때문에, 궁극적으로 동일한 신앙을 공유하지는 못하지만, 한 인류라는 공유된 속성이 있는 만큼 서로 사랑하고 존중하라는 부르심이 있다는 것은 또 한 가지 새겨 봐야 할 사실이다.

샤바트를 지키는 식사를 하면서 나는 그들이 야웨께 드리는 찬양과 기도를 들으면서 감동을 받을 뿐만 아니라, 이웃을 사랑하라는 말씀을 그들 나름대로 재현하려고 노력하는 그들의 이야기를 들으면서 감동을 받는다.

내가 앞에서도 나눈 바 있지만, 우리가 만일 우리의 이웃들을 모르고 지낸다면, 우리는 그들을 우리의 이웃들로 사랑할 수 없다. 내가 최근에 이스라엘을 방문하는 중에 만난 랍비는 자기가 섬기는 회당에서 웨스트뱅크와 팔레스타인을 방문할 팀을 인솔할 계획을 잡고 관심 있는 사람들을 모으고 있었다.

몇 해 동안 팔레스타인 사람들(거기에는 기독교인들과 무슬림이 다 포함되어 있다)과 관계를 세워 온 그는 그의 회중으로 하여금 팔레스타인 사람들과 함께 공유할 수 있는 공동의 장을 마련하고, 그 공동의 장을 실현해 나가면서 사람들의 이야기를 청취하도록 돕는 일에 헌신하고 있다. 이렇게 진행하고 있는 '현장 답사'의 기회들을 통해 이스라엘과 팔레스타인에 있는 무슬림, 유대인, 기독교인들은 생애 처음으로 '다른' 그룹에 속한 사람들을 만나고 있다.

어떤 특정 그룹의 사람들 곁에서 매일 살아가면서도 그 사람들에 대해 정말 아는 것은 하나도 없고, 그 해당 그룹에서 단 한 사람과만 관계를 갖고 있다고 생각해 보라.

우리가 모르는 사람들을 배척하고 심지어 그들을 증오하는 것은 쉬운 일이다. 반면, 우리가 예수님의 본을 따른다면, 우리는 모든 종류의 사람들을 사랑해야 한다. 우리는 그런 삶을 추구해야 한다. 사람들이 사는 다양한 모습을 알려고 하면 우리는 하나님에 대해 더 많은 것을 보게 된다. 우리가 우리와 다른 사람들을 알고, 또 그들을 사랑할 때, 우리의 삶은 더욱 풍성해진다.

우리가 우리의 이웃들을 알게 되면, 우리는 오늘 한 사람의 친구를 얻게 될 것이고, 그에 따라 어쩌면 평화를 얻을 수도 있다. 물론, 그렇지 못할 수도 있다. 그러나 아무렴 어떤가. 우리는 긴장이 있는 가운데서도 신실해야 한다는 부르심을 받고 있다. 비록 우리가 이 땅에서 보상을 누리지 못하게 된다 해도 하나님은 영원한 약속을 주신다.

> 평화를 이루는 사람은 복이 있다. 하나님이 그들을 자기의 자녀라고 부르실 것이다
> (마 5:9, 새번역)[16]

---

16 [마태복음 5:9]

6. 용감하라는 부르심

때때로 우리는 환경에 의해 하나님이 우리에게 바라시는 이웃 사랑의 열망을 마주하게 되기도 한다. 때때로 우리가 하나님 나라 사업에 참여하려고 할 때, 우리는 사람들과 나누는 대화들이나 맺어지는 관계들로 인해 놀랄 때가 있다. 우리가 할 수 있는 가장 능력 있는 일들 중 하나는 예수님이 행하신 대로 행하는 것이다.

예수님은 항상 자신과 같은 생각을 가졌거나 또는 그와 동의하는 사람들이 아닐지라도 그들과 함께 식사하셨다. 요즘 우리는 '미국이여 다시 함께 저녁을 하자'(Make America Dinner Again, MADA)와 같은 방식으로 함께 먹는 식탁에 둘러앉아 먹는 일이 아주 드물다. 대신 우리의 대화는 보통 온라인 포럼 같은 데서 이뤄진다. 또 어떤 때는 타운홀 미팅 같은 데서 이웃들과 아주 열띤 논쟁을 하기도 한다.

우리는 그런 모습보다는 좀 더 낫게 할 수 있고, 또 더 나은 사람들이 될 수도 있다. 나는 "그냥 속으로 삭이고 넘어가"라고 말하고 싶지는 않다. 그러나 온라인에서 분통을 터뜨리는 걸로 끝내지는 말자는 것이다. 그렇게 해서 일을 끝내서는 안 된다.

그게 우리가 할 본분의 모두일 수 있겠는가?

이 세상은 그 이상의 것을 필요로 한다.

나는 로사 팍스(Rosa Parks)가 역정을 낸 것에 대해 감사한다. 그러나 내가 더 감사하는 것은 그녀가 그렇게 역정을 뿜어낸 여자로만 있지 않았다는 점이다. 그녀는 징징거리면서 실의에 빠져 집에 틀어박혀 있지만은 않았다. 그녀는 포기하지 않고 움직이고 행동했다. 수없이 많은 살해 협박에도 마틴 루터 킹 목사는 만약 포기해 버리면 어떻게 될 것인가를 생각했다.

'누가 이런 상황인데 포기를 주저하겠나, 이렇게까지 할 만한 일인가?'

그러나 그는 견뎠다. 그런데 말 그대로 폭탄이 정말 터졌다. 그러나 아무도 다치지 않았다.

우리가 사는 오늘날 이 세계에는 이와 같은 용기를 가진 사람들이 더 필요하다. 또라이가 되지는 말고, 예수님을 따르는 사람들로서 제대로 알고 우리의 확신하는 바들을 행동으로 옮기자. 우리가 사는 이곳에서 하나님 나라를 계속 추구하자.

7. 진짜로 설득력 있는 복음

그리스도인들이여!

이것은 다른 무엇보다도 중요하다. 여론 조사들이 보여 주고 있는 것처럼, 그리고 당신 스스로도 경험했을 수 있는 바대로, 이 세상은 우리를 보고 회의의 눈초리를 보낸다. 신앙공동체 밖에 있는 사람들은 기독교인들을 바라보고 있다. 특히, 복음주의 기독교인들을 의심의 눈초리로 바라본다. 그들은 우리를 정죄하길 좋아하고, 종족주의적 태도를 가진 사람들로 특징지어 말한다. 우리가 추구하려는 것으로 우리를 정의하기보다는 우리가 반대하는 것을 보면서 우리를 규정짓는 것이다.

이것은 그리스도의 길이 아니다. 내가 따르는 예수님은 화려한 위용을 자랑하는 마차를 타고 임하는 황제가 아니라, 나귀 등에 실려 오는 겸손한 왕이시다. 전능의 주님이시지만 색다른 방식을 택하신 분으로서 섬김을 위해 오신다.

내가 따르는 예수님은 이 사회가 버린 사람들을 찾아서 그들을 알려고 하시고, 그들의 친구가 되기 위해 의도적 노력을 하셨던 분이다. 내가 따르는 예수님은 편히 쉴 집이 있었던 분이 아니셨고, 사람들이 율법의 길을 따르지 않고 새로운 방식의 삶, 새로운 방식의 사고를 따라 살도록 도전하심으로써 그분의 나라가 하늘에서 이뤄진 것같이 땅에서도 이뤄지도록 했던 분이시다.

온 세상 사람들은 어디서든지 예수님이 사셨던 삶의 방식 때문에 그분이 사셨던 삶을 따라 살고 싶어 한다. 그분이 하신 말씀들은 도전적이지만, 그분의 행동들은 누구도 부정할 수 없으리만큼 영감으로 가득 차 있다. 물론, 나는 어느 누구에게라도 예수님을 잘 보라고 도전한다. 그래서 그분을 선생으로만 존경하지 말고, 그분이 바로 하나님의 아들이시며, 우리를 구속하기 위해 오셔서 우리에게 희망과 미래를 주신 구세주시라는 것을 깨달아야 한다고 도전한다.

그리스도인들로서 우리는 우리의 이웃을 사랑해야 한다는 하나님의 부르심을 삶 속에서 충분히 따라 행할 개인적 책임이 있다. 그 이웃이 바로 옆집 사람일 수도 있고, 지구 저 반대편에 있는 사람일 수도 있다. 내 생각으로는 상대가 사람이라면, 그는 누가 되었든지 간에 당신의 이웃이다.

마태복음 22장을 보자.

> 선생님 율법 중에서 어느 계명이 크니이까 예수께서 이르시되 네 마음을 다하고 목숨을 다하고 뜻을 다하여 주 너의 하나님을 사랑하라 하셨으니 이것이 크고 첫째 되는 계명이요 둘째도 그와 같으니 네 이웃을 네 자신 같이 사랑하라 하셨으니 이 두 계명이 온 율법과 선지자의 강령이니라(마 22:36-40).

❧ 적용 질문 ❧

1. 이 세상에 관심을 기울여야 할 많은 이슈가 있는데, 당신의 마음을 가장 많이 끌고 있는 것은 무엇인가?
   그 이슈에 대해 뭔가를 해야겠다고 하는 당신의 확신은 얼마나 강한가?
2. 만일 시간과 돈이 문제가 아니고, 또 결코 놓쳐서는 안 될 이슈가 있다면 당신이 해결하고 싶은 당신이 사는 지역의 이슈나 이 세계의 이슈는 어떤 것이 있는가?
3. 당신이 그 이슈를 해결하려고 할 때 그 첫 단계는 무엇인가?

제6장

관점과 깊이를 가져라

　나는 배경이나 나이를 불문하고 모든 기독교인이 그들의 지식과 확신에 있어서 더 깊어짐으로써 정치 참여에 있어서 관점과 깊이를 가질 수 있기를 촉구한다.
　성경, 박해, 예수님 당시의 정치 역학, 그리고 다양한 종류의 기독교인들이 포함된 몇몇 미국의 영웅에 대해 우리가 아는 바가 무엇인지를 함께 살펴보도록 하자. 미국의 영웅들에 대한 이야기는 보통 알려진 것보다는 좀 복합적인 부분들이 있다.
　만일 우리가 확신하는 바의 이유들을 제대로 이해하게 된다면, 삶 속에서 우리의 확신하는 바들을 보다 더 헌신적으로 행동에 옮겨 보려 할 것이며, 여러 시련의 때에 방비가 더 잘 이뤄질 것이다.
　내 생애에서 내가 가져본 가장 큰 특권 가운데 하나는 마틴 루터 킹 주니어 목사의 가족과 킹센터(King Center)의 초청을 받아 조지아주 애틀랜타에 소재한 에벤에셀침례교회(Ebenezer Baptist Church)에서 거행된 2017년 마틴 루터 킹 목사 추모예배에서 설교했던 일이다. 그것은 6시간 동안 진행된 가장 아름답고, 감동이 넘치는 예배여서 나는 그 시간이 결코 끝나지 않았으면 하고 바랬다.
　짧은 설교에 이어서 (마틴 루터 킹 주니어의 따님인) 버니스 킹(Bernice King) 박사, (그의 여동생인) 크리스틴 패리스(Christine Farris) 박사와 만나서 말씀을 나눌 수 있었던 것은 특별한 경험이었다.

식사를 함께 하는 동안 나는 '그 교회'가 민권 운동에 참여했던 MLK(킹 목사)를 비롯한 많은 사람에게는 정든 집과 같은 곳이라는 것을 알게 되었다. 할 수 있으면 언제나 킹 목사를 비롯한 사람들이 가두집회나 행진, 항의 시위 등을 시작하기 전과 행사 후에 만났던 곳이 바로 그 교회였던 것이다. 그들에게 교회는 안전한 휴식처요, 능력을 공급받는 곳이었다. 또한, 그곳은 그들이 과연 누구를 섬겨야 하는가 그리고 그들은 왜 정의를 추구하고 있는가와 같은 것을 되새겨보게 하는 곳이었다.

오늘날 모든 사람이 마틴 루터 킹 주니어 목사에게서 뭔가 조금이라도 얻어 가거나, 배워 가고자 하는 것 같다. 그는 우리가 사는 현시대에 와서는 만인들의 사랑을 받고 있으며, 전 미국민의 90퍼센트가 넘는 지지를 받고 있다.[1]

모든 사람이, 비록 그들이 좌파든, 우파든, 아니면 딱 한중간에 있는 중도파이든, 그를 자기네 쪽 사람이라고 주장하고 싶어 한다. 내 말이 믿어지지 않는다면, 당신이 사는 도시에서 개최될 MLK 행진에 가 보게 되면, 다양한 기구, 클럽, 특정 이익 집단들이 내세우는 그들 각자의 대의명분과 이슈들을 마치 킹 목사가 지지한 것처럼 보이게 만든 그들 각각의 팻말과 표지판들을 들고 있는 것을 볼 수 있을 것이다.

아래에 제시된 그런 인용문들은 얼마나 그럴 듯한가?

그 인용문들이 험준한 산악 그림 배경 위에 흰색의 산스 세리프 폰트로 인쇄된 것이라고 상상해 보라. 당신이 택한 소셜 미디어 플랫폼에 공유되었다고 가정해 보라.

---

1 James C. Cobb, "Even Though He Is Revered Today, MLK Was Widely Dislikedby the American Public When He Was Killed," Smithsonian.com, April 4,2018, www.smithsonianmag.com/history/why-martin-luther-king-had-75-percent-disapproval-rating-year-he-died-180968664/.

어두움은 어두움을 몰아낼 수 없습니다. 오직 빛으로만 할 수 있습니다. 증오는 증오를 몰아낼 수 없습니다. 오직 사랑만이 그 일을 할 수 있습니다.

우리의 삶은 우리가 중요한 문제들에 대해 침묵하는 날로부터 그 종말이 시작됩니다.

믿음이라는 것은 당신이 그 계단의 끝을 볼 수 없을지라도 첫걸음을 내딛는 것입니다.[2]

이번에는 미국의 주요 정당 두 곳이 제시한 다음 선언문을 살펴보라.

비폭력적 행동을 통해 마틴 루터 킹 주니어 목사는 미국 역사의 흐름을 바꾸었습니다. … 그가 소중히 여겼던 것들을 오늘 우리도 기억하고 소중히 여기며, 매일 서로서로를 존중하고 품위 있게 대할 수 있기를 바랍니다.[3]

어느 MLK의 날에 공화당 전국위원회의 전 공동의장이었던 밥 패두칙(Bob Paduchik)이 한 말이었다.

---

2   Martin Luther King Jr., "Quotable Quote," Goodreads, accessed October 10,2019, www.goodreads.com/quotes/943-darkness-cannot-drive-out-darkness-only-light-can-do-that; www.goodreads.com/quotes/6407-our-lives-begin-to-end-the-day-we-become-silent; and www.goodreads.com/quotes/16312-faith-is-taking-the-first-step-even-when-you-can-t.

3   "RNC Message Celebrating Martin Luther King Jr. Day," Republican National Committee, accessed June 16, 2019, www.gop.com/rnc-message-celebratingmartin-luther-king-jr-day/?.

우리가 킹 박사의 삶과 유산을 기리면서 우리는 그와 그 밖의 많은 다른 영웅이 얻고자 투쟁했던 그 동일한 원칙들, 곧 정의, 평등, 그리고 모든 사람에게 기회를 주자는 원칙에 대해 다시 한번 헌신해야 합니다.[4]

또 다른 MLK의 날에 민주당 전국위원회 의장인 톰 페레즈(Tom Perez)가 말했다.

심지어 트럭회사인 램(Ram)은 슈퍼볼 광고 시간에 픽업트럭 판매 광고를 할 때 킹 목사의 말을 인용하기까지 했다.[5] 아마 그 광고를 본 사람들이 있을 것이다.

마틴 루터 킹은 그가 살던 시대의 문화가 지독한 편견, 그것도 미국의 지도자들이 보이는 개인적 편견들이 지배하는 시대였으나, 그 시대의 권위들에 도전했다.

린든 베인즈 존슨(Lyndon Baines Johnson) 대통령은 역사의 분수령이 된 민권법안에 서명하는 자리에서마저 자제하지 못하고 흑인들을 니그로라고 불렀다.[6] 그럼에도 MLK는 그런 존슨과 싸우면서 그와 함께 일했다. MLK는 자기가 세운 대의에 헌신했고, 결코 포기하지 않았다.

MLK는 도덕성과 진실성이라는 깊은 우물의 물을 마시면서 시간의 시험을 견뎌 온 이상을 포기하지 않고 그 위에 우뚝 섰다.

그런데 마틴 루터 킹 주니어에게는 그것이 모두였던 것인가?

---

[4] "DNC on Dr. Martin Luther King Jr. Day," Democratic National Committee, January 21, 2019, https://democrats.org/news/dnc-on-dr-martin-luther-king-jr-day/.

[5] Michelle Garcia, "Ram Uses Martin Luther King's Anticapitalist Sermon to SellPickup Trucks," Vox, February 5, 2018, www.vox.com/2018/2/4/16972220/martin-luther-king-dodge-ram-super-bowl-ad.

[6] Adam Serwer, "Lyndon Johnson Was a Civil Rights Hero. But Also a Racist," MSNBC, April 12, 2014, www.msnbc.com/msnbc/lyndon-johnson-civil-rights-racism.

당신은 그가 1960년대 민권 운동이 진행되던 당시에 형편없이 지지를 받지 못했다는 사실을 아는가?

그가 죽던 해에 그에 대한 비호감도가 75퍼센트였다. 그는 단순히 거창하게 유명세를 구가하던 미래 선도형 목사로 볼 수만은 없는 인물이었다. MLK는 또한 반문화의 기수였고, 저항 운동가이며, 본질을 철저히 추구하는 래디컬이었다. 대중적 인기를 추구하는 사람이 아니었기 때문에 그의 행동주의는 대중의 인기와는 점점 더 거리가 멀어졌다. 결국, 그는 암살로 희생되었다.

많은 사람에게 소셜 미디어에 꾸준히 올라오는 그의 유명한 연설인 〈나에게는 꿈이 있습니다〉(I Have a Dream)에서 인용하는 인용구들이 익숙할 테지만, 사람들이 신학교 훈련을 받았던 설교자 MLK에 대해서는 너무나 잘 모른다는 사실 때문에 충격을 받는다. 사실 내가 여러 번 확인했던 것이지만, 사람들은 마틴 루터 킹 주니어 박사가 또한 안수를 받은 목사였던 것에 대해서도 전혀 모르고 있었다.

만일 당신이 그것을 모르고 있었다면, 그가 얼마나 급진적인가에 대해 충분히 음미할 수 없을 것이다. 그는 베트남전쟁에 대해 반전 데모를 했는데, 당시 그는 이렇게 말했다.

> 우리는 이 세계의 어느 나라보다도 더 많은 전쟁 범죄를 범했습니다.[7]

MLK는 또한 자본주의와 그것의 여러 측면, 즉 그 체제에 의한 경제 불평등과 같은 문제에 대해 비판적이었다. 그는 한때 광고들을 비판한 적이 있었다. 무리 가운데서 뛰어나 보이기를 원하는 인간의 타락한 본능 때문

---

[7] Vann R. Newkirk II, "The Consequences of Martin Luther King Jr.'s Canonization," *Atlantic*, January 21, 2019, www.theatlantic.com/politics/archive/2019/01/martin-luther-kings-legacy-and-those-who-claim-it/580903/.

에 우리에게 필요치도 않은 자동차들을 사도록 설득하려고 하는 광고주들에 대해 특별히 비판했다.[8]

램 픽업트럭 1500 리미티드 에디션을 6만 달러에 주저 없이 사도록 사람들을 설득하는 데 이용된 그의 음성을 들을 때 아이러니를 느끼지 않는가?

좀 더 공정하게 말하면, 그 광고는 픽업트럭을 이용해서 다른 사람들을 도울 수 있다는 이야기를 하기는 한다. 그러나 MLK가 품고 있던 열정이 5.7리터 V8 헤미 엔진을 향한 것인지는 잘 모르겠다.

MLK를 조작적으로 이용하는 것이 심각한데, 그것은 또한 우리가 믿는 바와 그 믿는 이유에 대해 우리 모두 한 번쯤 들여다봐야 한다는 것을 보여 주는 예라고 생각한다.

내가 당신에게 주고자 하는 충고는 정치에 참여하되 좀 더 생각을 하라는 것이다. 관점을 개발하고 깊이를 더하기를 바란다. 신문의 헤드라인만 쓱 읽고 지나가지 말고, 내용을 읽어 보고 배울 것은 배우자. 좀 깊어질 필요가 있다.

유권자들, 특히 신앙을 가지고 있는 사람들은 정당과 선거에 나선 후보들이 사실을 왜곡하고, 조작하며, 회유하고, 감정을 부추기며, 기싸움을 하고, 또한 우리가 가진 신앙을 이용해 먹으려는 다른 술수들이 있으면, 얼마든지 그런 것들을 사용한다는 것을 반드시 깨달아야 한다. 그렇기 때문에 우리가 주의하지 않으면, 우리는 그들 앞에서 멍청해져서 그들의 말을 곧이곧대로 듣게 되어 그 후보가 사용하는 기독교화 전략의 먹이가 되어 그것만 생각해서 투표를 결정하게 만들어 버릴 수 있음을 알아야 한다.

---

8   Garcia, "Ram Uses Martin Luther King's Anticapitalist Sermon," www.vox.com/2018/2/4/16972220/martin-luther-king-dodge-ram-super-bowl-ad.

1. 박해를 바라보는 몇 가지 관점

미국의 많은 기독교인이 우리가 적의 공격에 노출되어 있다고 생각하기 때문에 두려움에 사로잡힌 반응을 보인다. 우리가 사는 삶의 방식이 위태로워지고 있다는 염려가 있다.

무슬림들은 악해서 이들이 우리를 잡아먹으려 한다. 동성애자들이 나서서 우리를 잡으려 한다. 뉴잉글랜드 패트리어츠 팀이 나쁜 사람들이라 그들이 나서서 우리를 잡으려 한다. 우리의 이 기독교 국가가 다른 종교들과 자유주의의 영향을 잘못 받아서 선량한 기독교인들이 열외 취급을 받고 있다 등의 우려가 있다.

『보통 사람들의 기독교사』(*A People's History of Christianity*)의 저자 다이애나 버틀러 배스(Diana Butler Bass) 박사는 대문자 C로 표기되는 기독교(Christianity)에 대해 말하면서 다음과 같이 말한다.

> 그것은 기독교를 해석할 때 고난받는 교회가 하나님의 보호를 받아 전 세계의 다른 세계관들이나 종교, 혹은 정치 체제에 대해 승리를 거둔 것으로 보면서 역사를 우리와 그들의 대립 양상으로 보는 신학적 성향이다.[9]

이것은 기독교를 영토와 정복의 종교로 보는 것으로 일종의 전투적 기독교라 하겠다. 이런 형태의 기독교는 "땅에 하나님의 뜻을 이루려 한다는 의로운 목적이란 명목하에 실제 전쟁은 아니고, 비록 은유적 표현일지라도 분리를 조장하고 종교의 이름으로 일으키는 십자군, 종교재판 등을 용납하거나 종종 부추긴다."[10]

---

[9] Diana Butler Bass, *A People's History of Christianity: The Other Side of the Story* (New York: HarperOne, 2009), 5.

[10] Bass, *People's History*, 5.

미국의 기독교는 그런 기독교가 되어 버렸다. 즉, 하나님 나라를 보여 주는 기독교가 아니라, 문화적 기독교의 한 표현이 된 것이다. 하나님 나라를 보여 주는 기독교는 일종의 성육신적 기독교요, 사랑의 기독교로서 예수님을 죽였던 바리새인들의 음모 같은 것을 좌절시키고, 수많은 보통 사람들을 반문화적 예수님께로 이끄는 그런 기독교다.

미국의 기독교인들은 그리스도께서 하셨던 것처럼 사랑하고, 진리를 말하고, 사람들에게 말과 행위로 그리스도께로 가는 길을 보여 주기보다는 미국을 정복해서 그리스도께 바치는 일에 더 관심을 둔다. 다음 세대가 바라는 기독교는 이전에도 존재해 오던 것이었는데, 오늘의 미국에는 그런 기독교가 너무나 특별해 보인다.

예수님이 "너도 가서 이와 같이 행하여라"라고[11] 하시면서 선한 사마리아인을 본받으라고 하셨던 것처럼, 배스 박사는 그런 신앙을 일컬어 "위대한 명령을 따르는 기독교"(Great Command Christianity)라고 부른다.

보호주의의 마음 자세를 가지고 있는 미국의 기독교인들은 엉뚱한 것들을 놓고 걱정한다. 아니면 믿음을 실천하는 삶의 결과로 진정 하나님 나라가 선포되게 하는 일에 초점을 맞추는 것이 아니라, 몇 가지 이슈만 놓고 안달복달하면서 허송세월하고 있다.

모든 사람이 기독교인이어서 성탄절에 부담 없이 "메리 크리스마스" 할 수 있으면 좋겠지만, 현실은 모든 사람이 다 기독교인이 아니라는 것이다.

솔직히 말해서, 나의 믿음이 누군가가 메리 크리스마스라고 말해 주는 것에 좌우되는 정도라면, 그건 대단한 믿음이라 할 수 없지 않겠는가?

크리스마스에 그리스도를 지켜 내겠다는 것에 너무 집착하기보다는 그리스도인들 안에 그리스도를 분명히 모시는 것에 더 관심을 기울여야 할 것이다.

---

11 [누가복음 10:37]

하나님이 만일 사람들에게 자유 의지를 주셨다면, 내 신앙을 다른 사람들에게 억지로 강요해야 하겠는가?

우리의 궁극적 목표가 사회와 담을 쌓고, 우리가 끌어 모을 수 있는 모든 정치적 보호 장치를 갖춘 우리들만을 위한 섬을 만드는 것일까?

마가복음에서 읽을 수 있는 것처럼, "사람이 만일 온 천하를 얻고도 자기 목숨을 잃으면 무엇이 유익하리요."[12]

우리 기독교인들은 우리의 신앙, 정치, 혹은 열정을 이런 격한 감정을 유발하는 사회적 이슈들에 중심을 맞출 필요는 없다. 크리스마스 때 스타벅스 컵에 인쇄되어 나온 디자인을 놓고 팔짱을 낀 채 열을 올리는 식으로 그런 하찮은 일을 놓고 한순간이라도 허비하지 말아야 한다.

하나님 나라의 일은 그란데 마끼아또보다 훨씬 크다. 종이컵에 새겨진 그래픽 디자인을 놓고 항의하기에 앞서 한두 번 생각해 볼 일이다. 물론, 나도 커피숍의 바리스타가 내 이름을 유지니라고 여자 이름으로 써 놓는 바람에 나를 구박한다고 느꼈던 것도 사실이다.

그런 만큼 나는 오늘의 미국에서 기독교인들이 부당하게 취급당하는 이런저런 경우들의 문제를 축소시키고 싶지는 않다. 그러나 우리가 비교적 작은 문제들을 가지고 싸우려고 대들게 되면, 세계의 다른 나라들에서 정말로 공격받고 있는 우리 그리스도인 형제자매들, 예컨대 홍콩의 침례교 목사인 추이우밍(Chu Yiu-ming)과 같은 믿음의 용감한 영웅들에게 할 도리를 다하지 못하는 것이다.

추 목사와 그 외 여덟 명의 운동가는 친민주주의 단체들과 연루된 범행이 있다고 하여 유죄 판결을 받았다. 이 책을 쓰고 있는 이 시간, 그는 최고 7년 형을 언도받았으며, 그 밖의 추가 범죄 혐의를 받고 있는 다른 사람들은 그보다 더 긴 시간의 형기를 치르게 된다. 추 목사는 진정한 자유가 "국가에 대해 충성하는 것보다 더 중요하다"고 말했다는 이유이다. 그는 각 개인은

---

[12] [마가복음 8:36]

사회에 기여할 수 있는 능력과 잠재력을 가지고 있다고 믿는다.

75세의 나이인 이 목사는 광동어로 법정에서 이렇게 진술했다고 한다.

> "우리는 아무런 후회가 없습니다. 우리는 아무런 원한도, 분노도, 불만도 없습니다. 우리는 포기하지 않습니다."

그는 홍콩인들에게 보편적 의결권을 되찾아 주려는 운동에 함께 참여한 동료들을 대표하여 그렇게 말했다.

> "예수님의 말씀에 박해를 받는 자들은 복이 있나니 하나님이 요구하는 일을 했기 때문입니다. 천국이 저들의 것입니다!"

그는 계속해서 말했다.

> "평화적, 비폭력적, 시민 불복종 행위의 씨앗들이 홍콩인들의 마음에 깊이 심겼습니다."

추 목사가 피고 증언에서 말하자, 그의 지지자 몇몇은 눈물을 흘렸다.

> "이 운동은 시민 정신을 일깨우는 것입니다. … 복리, 품위, 평화가 우리가 공유하고 있는 꿈입니다. 그것은 또한 하나님의 뜻이기도 합니다. 우리가 사는 이 도시에 이 꿈이 실현되도록 함께 노력합시다."[13]

우리가 사는 이 시대는 세계 어디에서든지 그리스도인으로서 산다는 것이 위험한 때이다. 그리스도인에 대한 박해에 연루된 사람들의 수나 그들에게 가해진 범행들의 심각성으로 볼 때, "오늘날 일어나는 기독교인에 대한 박해는 역사상 그 어느 때보다 더 악화되고 있다."[14]

---

13 Kate Shellnutt, "Hong Kong Pastor Facing Prison Preaches the Sermon of HisLife," Christianity Today, April 10, 2019, www.christianitytoday.com/news/2019/april/hong-kong-pastor-occupy-umbrella-movement-chu-yiu-ming.html; and Matthew 5:10.

14 "Persecuted and Forgotten? A Report on Christians Oppressed for Their Faith2015–17

비영리 단체인 오픈도어(Open Doors)선교회는 박해를 받고 있는 기독교인들을 돕고 그들을 위해 대신 목소리를 내고 있다. 그들의 추산에 의하면 2억 4천 5백만 명의 기독교인들이 상당히 높은 정도의 박해에 직면해 있다.

2억 4천 5백만!

그것은 전 세계 기독교인 아홉 명에 한 명 꼴인 셈이다. 세계에서 가장 인구가 많은 두 나라인 인도와 중국은 이 단체가 작성한 "세계 박해 감시국 명단"에서 톱10에 속한다. 이 명단은 기독교인들에 대한 신체적 박해뿐만 아니라 믿음을 실천하려고 할 때 느끼게 되는 일상생활 속에서의 압박 정도를 보여 주는 지표이다.[15]

이 명단에서 기독교인들에 대한 박해가 가장 심한 나라 넘버원은 어느 나라일까?

북한이다. 나의 조상들이 살던 고향이며, 이전에 "동방의 예루살렘"이라고 했던 곳이다. 나의 친구 목사 케네스 배(Kenneth Bae)는 강제 노동 수용소에서 2년 이상을 생활했다. 그는 지금 북한에서 탈출해 온 피난민들을 섬기기 위해 '느헤미야 글로벌 이니셔티브'(Nehemiah Global Initiative)라는 비영리 단체를 운영하고 있다.

그가 수용소에서 보냈던 시간에 대한 이야기와 다른 남성, 여성, 그리고 어린이들이 자유를 찾아 가까스로 탈출해 온 이야기들을 들으면, 등골이 오싹해진다. 수용소에 살던 기독교인들의 이야기를 들을 수 있는 것은 아주 드문 일이다.

오픈도어에 의하면 이 권위주의 정부가 그 나라에서 기독교인을 발견하게 되면, 바로 수용소로 보내거나, 심지어는 그 자리에서 죽이기까지 하기

Executive Summary," Aid to the Church in Need, accessed October11, 2019, www.churchinneed.org/wp-content/uploads/2017/10/persecution-1-1.pdf, 10.

15 "About the Ranking: How the Scoring Works," Open Doors, accessed October 11,2019, www.opendoorsusa.org/christian-persecution/world-watch-list/about-the-ranking/.

때문이라고 한다.[16]

가톨릭 단체인 '고통받는 교회 돕기'(Aid to the Church in Need)에 의하면 북한 주민들은 강제 아사나 낙태와 같은 "이루 말로 다 표현할 수 없는 잔학한 박해"를 당하고 있다고 한다. 이 단체는 기독교인들을 십자가에 매단 뒤에 불을 놓기도 하고, 어떤 경우에는 증기 롤러에 밀어 넣어 깔려 죽게 된 사람들에 대한 보고들을 접했다고 한다.[17]

이 억압적 공산국가는 국민들이 그들의 희망과 구세주는 김정은이라는 이름을 가진 사람이 아니라는 것을 알게 되면, 어떤 일이 일어날 것인가에 대해 두려워한다.

미국의 기독교인들은 박해를 받고 있는가?

어떤 경우는 그렇다고 할 수 있으며, 우리는 그 사실에 유념해야 한다. 그러나 미국의 기독교인들이 전면적으로 박해를 받고 있다는 식으로 말하는 문화 전쟁의 수사(rhetoric)에 속아서 지금 이 나라에서 가장 심각한 박해가 이뤄지고 있다고 결론을 내려서는 안 된다.

때때로 미국의 기독교인들은 사람들이 우리를 잡으려고 나와 있다는 식의 생각에 너무 사로잡힌 나머지 현 정치를 뿌리 뽑고 모종의 결단을 내리는 투표를 해야 된다고까지 생각한다. 달리 말하면, 어떤 후보를 뽑고, 자기가 찬성하는 어떤 이슈를 "위해" 투표하기보다는 "누구는 안 된다", "무엇은 반대다"라는 식의 반대 투표를 하고 있는 실정이다.

당신의 반대 의사를 표현하기 위한 투표를 하지는 말라. 당신의 뜻이 무엇이며, 무엇을 지지하는지를 보여 주라. 더 나은 이야기를 만들어 내라. 사람들의 마음을 움직여 보라. 사람들을 이끌 대의를 세워라. 사람들의 뇌리에 더 나은 이야기가 새겨지도록 하라.

---

16 "North Korea," Open Doors, accessed October 11, 2019, www.opendoorsusa.org/christian-persecution/world-watch-list/north-korea/.

17 "Persecuted and Forgotten?," Aid to the Church in Need, www.churchinneed.org/wp-content/uploads/2017/10/persecution-1-1.pdf, 5.

2. 항상 권위를 존중하라, 할 수 있는 대로 그렇게 하라

우리는 대부분 '현 상황'(status quo)을 뒤엎어서는 안 되며, 권위를 존중해야 된다고 배웠다. 이런 신념을 지지하는, 성경에서 가장 많이 인용되는 구절들 중 하나는 로마서의 말씀인데, 그 말씀을 잘 살펴보면, 우리가 이런 뜻일 거라고 생각했던 것처럼 그렇게 단순한 말씀이 아니다.

바울은 억압적이고 반기독교적인 환경에 살고 있었기 때문에, 다른 것은 몰라도 적대적 시대를 살던 로마의 기독교인들에게 편지를 쓴 것이었다. 네로가 막 황제가 된 때였고, 아마 바울이 아직 그와 같은 정황은 몰랐더라도 로마의 통치자들이 기독교인들과 유대인들을 박해하고 추방하고 있다는 사실은 알고 있었을 것이다.

네로는 오합지졸 같은 통치자들 축에서도 가장 현란한 자였다. 그의 개인 정원에 사자와 사나운 개들을 거느리고 있었고, 사람 몸에 불을 붙여 밤을 밝히는 만행을 일삼고 있었다. 온갖 나쁜 짓을 하고 있었다.

이런 상황 속에 사는 사람들에게 바울이 로마서와 같은 편지를 쓰고, 그것도 13장에서 어떻게 다음과 같은 내용을 쓸 수 있었을까 하는 것은 미스테리이다.

> 각 사람은 위에 있는 권세들에게 복종하라 권세는 하나님으로부터 나지 않음이 없나니 모든 권세는 다 하나님께서 정하신 바라 그러므로 권세를 거스르는 자는 하나님의 명을 거스름이니 거스르는 자들은 심판을 자취하리라 다스리는 자들은 선한 일에 대해 두려움이 되지 않고 악한 일에 대해 되나니 네가 권세를 두려워하지 아니하려느냐 선을 행하라 그리하면 그에게 칭찬을 받으리라 (롬 13:1-3).

베드로도 비슷한 내용의 권면을 했다.

> 인간의 모든 제도를 주를 위해 순종하되 혹은 위에 있는 왕이나 혹은 그가 악행하는 자를 징벌하고 선행하는 자를 포상하기 위해 보낸 총독에게 하라 곧 선행으로 어리석은 사람들의 무식한 말을 막으시는 것이라 너희가 자유가 있으나 그 자유로 악을 가리는 데 쓰지 말고 오직 하나님의 종과 같이 하라(벧 2:13-16).

미국의 전 검찰총장이었던 제프 세션즈(Jeff Sessions)는 바로 그 로마서 본문을 인용하면서 국경에 억류 중인 불법 이민자들과 난민들 중 그 부모와 자녀들을 분리 수용하는 정책을 옹호한 바가 있다.

> 미국 땅에 불법으로 들어오는 것은 엄연한 범죄입니다. 우리나라의 법을 위반한 사람들은 기소 처분을 받게 됩니다. 본인은 여러분에게 로마서 13장에서 사도 바울이 분명하고 현명하게 내린 지시를 인용하고자 합니다. 그는 정부의 법을 순종하라고 했는데, 그것은 하나님이 질서를 위한 목적으로 법이 세워지게 하셨기 때문입니다. 질서정연하게 적법한 과정들을 따르는 것은 그 자체로 좋은 것이며, 또한 그 과정들은 약자들과 법을 따르는 사람들을 보호하게 됩니다.[18]

그 밖에도 사람들은 위와 같은 성경 말씀을 노예 제도나, 미국의 독립전쟁, 혹은 독립전쟁에 항거했던 이들을 옹호하기 위한 쇠망치, 혹은 '증거' 본문으로 이용해 왔다. 그런 예들은 끝이 없기 때문에 새로운 현상이라고 할 것도 없다.

반대로 T. L. 카터(Carter)와 같은 저자는 고대의 여러 많은 텍스트로부터 상당한 근거를 대면서 주장하기를, 바울은 지금 아이러니라는 수사적

---

[18] Jeff Sessions, "Attorney General Sessions Addresses Recent Criticisms of ZeroTolerance by Church Leaders," United States Department of Justice, June 14, 2018, www.justice.gov/opa/speech/attorney-general-sessions-addresses-recent-criticisms-zero-tolerance-church-leaders.

반어법을 사용해서 말하고 있으며, 그런 수사는 2천 년 후에 이 편지를 읽는 우리보다는 그 당시 그 편지를 받은 사람들에게는 보다 더 분명했을 것이라고 한다.[19] 당신이 이메일이나 문자를 보낼 때 그것을 받는 사람과만 뜻이 통하는 부분이 있다는 것을 알고 있을 것이다. 나에게도 그런 경우들이 있다.

고대 문서들의 본문을 근거로 제시하지 않더라도, 권위를 존중하고 법을, 즉 그게 어떤 법이든 간에 그 법들을 준수한다는 문제는 위에서 예로 든 세션즈 검찰총장이나 노예 소유주들이 주장하고 있는 것보다 훨씬 더 복잡하다. 적어도 사도행전의 두 곳, 즉 사도행전 4장 18-19절과 사도행전 5장 27-29절에서 베드로는 권위를 가진 자들에 대항하여 말하기를 다스리는 권세들보다는 하나님께 더 복종하겠다고 하면서 계속 예수님에 대해 말씀 전하는 것을 포기하지 않았다.

그러나 이 성경 본문들을 이용해서 모든 형태의 불복종, 그것이 평화적 방식의 시민 불복종이든, 그 외의 방법이든, 불복종을 정당화하기 위한 철퇴로 사용하고자 하는 이들을 생각한다면, 우리는 지금 베드로가 자기에게 불리한 어떤 법이나 혹은 불의한 법을 반대하고 있는 것이 아니라, 그것이 하나님께로부터 받았던 지시와 정면으로 부딪치는 것이기 때문에 거부했다는 것을 상기해야겠다.

예수님은 그분을 따르던 사람들에게 가이사에게 세금을 바치라고 하셨다. 이것을 보면서 어떤 사람은 그렇게 낸 세금이 십자가 처형을 감독하던 로마 병정들의 급여를 지급하는 데 쓰이기도 했다고 주장할 수 있다. 그러나 예수님은 "가이사의 것은 가이사에게, 하나님의 것은 하나님께 바치라"고 하셨다.[20]

---

19 T. L. Carter, "The Irony of Romans 13," 2004, *Novum Testamentum* 46 (3): 209.

20 [마태복음 22:21]

예수님이 실제로 어기신 법이 있었다면, 그것은 안식일에 병을 고치지 말라고 금했던 자들이 말하는 율법이라든지, 제자들에게 안식일에 이삭을 따 먹으라고 허락하셨던 경우들 뿐이다. 이삭을 줍는 데 반대했던 바리새인들에게 주신 예수님의 말씀에서 우리는 이 딜레마를 푸는 열쇠를 발견하게 된다.

> 바리새인들이 예수께 말하되 보시오 저들이 어찌하여 안식일에 하지 못할 일을 하나이까 예수께서 이르시되 다윗이 자기 및 함께 한 자들이 먹을 것이 없어 시장할 때에 한 일을 읽지 못하였느냐 그가 아비아달 대제사장 때에 하나님의 전에 들어가서 제사장 외에는 먹어서는 안 되는 진설병을 먹고 함께한 자들에게도 주지 아니하였느냐 또 이르시되 안식일이 사람을 위해 있는 것이요 사람이 안식일을 위해 있는 것이 아니니 이러므로 인자는 안식일에도 주인이니라(막 2:24-28).

세 공관복음서 모두가 이 이야기를 기록하고 있다.
그만큼 중요하기 때문이 아니었을까?
자, 이제 미국 역사에 있었던 믿음과 정의의 영웅들 이야기를 살펴보자. 어떤 권위를 세우기 위한 목소리를 내려고 하는 것이 아니라, 그 이야기들에서 받을 수 있는 몇 가지 영감을 얻어서 우리도 더 깊은 수준에 이르려고 하는 것이다.

3. 해리엇 비처 스토우

해리엇 비처 스토우(Harriet Beecher Stowe)는 1811년에 태어났고, 젊은 미국 여성이었는데 여자이기 때문에 투표를 할 수 없고, 공직에 들어갈 수 없으며, 자신의 의사를 발언함으로써 변화를 이끌어 낼 수 있음에도 공공

집회에서 발언해서는 안 된다는 것을 깨달았다. 그녀는 글쓰기에 천부적 재능을 가지고 당시 미국이라는 나라에 어떤 일이 일어나고 있었는지를 꿰뚫어 보는 통찰을 보여 주었다.

스토우의 아버지는 목사였는데, 후에 신학교 교수가 되었다. 저녁 식사 시간에는 자녀들과 열띤 토론을 했다고 한다. 그는 자녀들이 자기를 둘러싼 세계를 변화시키는 사람들이 되기를 기대했다. 스토우의 남자 형제들은 목사가 되었고, 자매들 중 한 사람은 전국여성참정권협회(National Women's Suffrage Association)를 창설했고, 또 다른 자매는 여성 교육 사업의 개척자가 되었다. 스토우는 『톰 아저씨의 오두막』(Uncle Tom's Cabin)이라는 작품을 썼다.

그녀가 이 작품을 썼을 때 40세였는데, 처음에 시작은 노예제 폐지 노선을 표방하는 신문으로 가말리엘 베일리가 발행인으로 있었던 「내셔널이러」(The National Era)에 연재소설 형식으로 실었던 것이었는데, 나중에 소설이 완성되었을 때는 총 40장에 달했다. 이 책은 23개 언어로 번역되었고, 19세기에 나온 베스트셀러들 중 성경 다음으로 잘 팔렸던 책으로 백만 권 이상 팔려 나갔다.

『톰 아저씨의 오두막』으로 스토우의 가정은 남편이 받는 보잘 것 없는 목사의 급여로 부족할 수밖에 없던 가계 재정에 안정을 얻게 되었다. 그러나 그것보다 훨씬 더 중요하고 통렬한 결과는 결국 노예 제도를 종식시킬 전쟁을 촉발시켰다는 것이다.

해리엇은 1863년에 에이브러햄 링컨을 만났는데, 링컨이 그 자리에서 이렇게 말했다고 전해지고 있다.

> 그래, 이렇게 자그마하신 여성인 당신이 이렇게 위대한 전쟁을 일으킨 책을 쓰셨단 말입니까?[21]

---

21 "Harriet Beecher Stowe: Author of *Uncle Tom's Cabin*," *Christianity Today*, accessed Oc-

루터교회 목사이자, 신학교 교수인 낸시 퀘스터(Nancy Koester)가 『해리엇 비처 스토우: 신령한 인생』(Harriet Beecher Stowe: A Spiritual Life)이라는 전기를 썼는데, 이 책에서 그녀는 스토우가 많은 사람에게 문인으로 알려져 있었지만, "그녀에게 그런 문학 역량을 불어넣었던 것은 그녀가 가진 기독교 신앙이었다"고 했다. 또 "그녀의 신앙은 그녀의 남은 생애 동안 솟아나는 샘물이었다"고 말했다.

어떤 이들은 『톰 아저씨의 오두막』이 어떤 소설이라기보다는 설교에 가깝다고 하는데 퀘스터도 그에 동의한다.

> [그 책은] 사람들에게 노예 제도가 죄라는 것을 확신시켜 주고, 그들의 생각이 반노예제의 입장으로 바뀌게 할 뿐만 아니라, 그들로 하여금 노예제를 종식시키는 여정에 참여케 했다.[22]

4. 유관순

북미 사람들 중에 유관순에 대해 아는 사람은 거의 없을 것이고, 또 그것은 이해할 수 있는 일이다. 심지어 한국계 미국인들도 이 비폭력 자유투사에 대해서 많이 알지 못한다.

유관순은 1902년에 한국 천안에서 가까운 조그만 마을에 사는 기독교인 부모에게서 태어났다. 그리고 16세 때 1919년 3월 1일 독립 선언서를 낭독하기 위해 모였던 민족 대표 33인이 주도한 3.1 운동에 참여했다. 한

---

tober 11, 2019, www.christianitytoday.com/history/people/musiciansartistsandwriters/harriet-beecher-stowe.html.

22 "A Conversation with Nancy Koester on Harriet Beecher Stowe," video, Eerdword(blog), June 30, 2014, https://eerdword.com/2014/06/30/a-conversation-with-nancy-koester-on-harriet-beecher-stowe/.

국이 완전히 독립을 하게 된 것은 1945년이지만, 이 날짜와 이 사건은 종종 한국이 일본의 식민 통치에서 벗어나려는 독립 운동이 발생한 출발점으로 간주된다.

한국의 독립 운동을 한 사람에게 국한하는 것은 틀렸다고 하겠지만, 유관순이 차지하는 중요성을 축소하는 것 또한 실수라고 하겠다. 1919년 무렵에 한국에 있던 대부분의 정치 단체들은 일본 정부에 의해 완전히 해산되었다. 그런 만큼 이 거사가 당시 일본 정부와 한국민들에게는 훨씬 더 충격적인 일이 되었던 것이다.

이 운동은 주로 청년 학생들과 기독교인들이 주가 되어 시작되었고, 유관순은 "자유를 향한 전국민의 집단적 열망이 어떤 것인지를 보여 주고" 있었다.[23]

대부분의 한국인은 그녀를 한국 독립 운동의 주요 인물들 중 한 사람으로 알고 있지만, 많은 사람이 그녀가 가진 그리스도에 대한 믿음이 그녀의 삶과 행동으로 옮기는 실천, 리더십 등에 미친 의미심장한 역할은 간과하는 것 같다.

그녀는 기독교인이었던 부모님과 이 운동에 공감하고 있던 미국 선교사들에게서 깊은 영향을 받았다. 그녀와 그녀의 가족은 집에서 가까운 감리교회에서 예배를 드렸고, 거기서 그녀는 많은 성경 구절을 암송했다. 나중에 미국인 선교사들은 이화학당 보통과에 가도록 했고, 그 후에는 더 교육을 받을 수 있도록 이화학당 고등과에 진학하게 된다. 이 학교는 미국인 선교사들이 세운 여성들을 위한 학교이다.[24]

---

[23] Inyoung Kang, "Overlooked No More: Yu Gwan-sun, a Korean Independence Activist Who Defied Japanese Rule," *New York Times*, March 28, 2018, www.nytimes.com/2018/03/28/obituaries/overlooked-yu-gwan-sun.html.

[24] "Yu Gwan-sun," New World Encyclopedia, accessed October 11, 2019, www.newworldencyclopedia.org/entry/Yu_Gwansun.

3월 어느 날 학생 몇 명이 독립 선언을 하는 것으로 시작된 것이 수백 명으로 늘어나고, 시간이 지나면서 수천 명으로 불어났다. 몇 주 사이에 한국 전역에서 전 인구 2천만 명 중에 약 2백만 명이 1,542회의 독립 지지 행진에 참여하게 되었다.[25]

일본 정부는 이런 항의 시위들을 진압하려는 시도에 있어서 점점 잔인해졌고, 그 결과 비극적으로 많은 사람이 죽거나 투옥되었다. 사망자들 중에는 슬프게도 유관순의 부모님이 포함되어 있었다. 유관순도 투옥되어 고문을 당했다. 이후 그녀는 17세 나이인 1920년에 고문 후유증으로 숨지게 된다.

세계인들이 비폭력적 항거로 체제를 전복했다고 해서 마하트마 간디와 마틴 루터 킹 목사를 같은 반열에 올려놓고 있는 것이 틀리지 않지만, 유관순의 그런 행동은 실제로 그들보다 역사적으로 앞서는 것이었다. 유관순이 남긴 유산에는 수천 수만의 한국인들과 기독교인들을 움직이고 동원하는 구심점이 되었다는 것과 평화 시위와 비폭력 방법으로 정의와 나라의 독립을 위해 몸 바쳐 싸우는 헌신과 같은 것이 있었다고 하겠다.

5. 소저너 트루스

소저너 트루스(Sojourner Truth)는 1797년 뉴욕주 울스터 카운티의 노예 부모에게 이사벨라 봄프리(Isabella Baumfree)라는 이름의 아이로 태어났다. 아홉 살에서 열세 살이 될 때까지 세 번 팔렸고, 가까운 농장에 있는 어떤 노예와 사랑에 빠졌음에도 존 듀몬트(John Dumont)라는 주인이 강제로 자기 노예 중 하나와 결혼을 시켰다.

25　Kang, "Overlooked No More," www.nytimes.com/2018/03/28/obituaries/overlooked-yu-gwan-sun.html.

1826년 듀몬트가 7월 4일에 노예 신분에서 자유인으로 풀어 주겠다는 약속을 어기게 되자, 그녀는 자기의 젖먹이 딸을 데리고 그 집을 떠났다. 다른 아이들은 뒤에 남겨둔 채였다. 그 아이들은 여전히 듀몬트의 재산이었기 때문이다.

걸어 나선 길로 뉴욕주의 뉴 팔츠(New Paltz)에 도착해서 아이작과 마리아 밴 웨게넨(Isaac and Maria Van Wagenen) 부부 집에 들여지게 되었다. 듀몬트는 결국 그녀를 찾아냈지만, 밴 웨게넨 부부는 그녀를 노예로 산 뒤였고, 그들은 1년 뒤 뉴욕주의 반노예법이 노예들을 해방시킬 때까지 그녀를 지켜 주었다.

밴 웨게넨 집에 머무는 동안 이사벨라는 기독교인이 되었고, 결국 그녀는 뉴욕시로 옮겨 가서 두 전도자를 섬기게 되었다. 기독교인들과 함께 생활하면서 그녀는 담대해졌다. 결국, 그녀는 자기 이름을 소저너 트루스로 바꾸고 전도자의 삶을 살라는 부름을 따르게 되었다. 노예제에 항거하며 노예들과 여성들에 대한 억압에 항거하는 말씀을 전파하게 된다.

당시 프레데릭 더글라스(Frederick Douglass)를 포함해 어떤 노예제 폐지론자들은 흑인 남성들이 흑인 여성들보다 완전한 권리를 가질 수 있는 가치가 더 있다고 믿었다. 소저너 트루스는 반대 입장을 굽히지 않았고, 1851년 오하이오 여성주권대회에 나와 연단에 서서 널리 알려진 〈나도 여성이 아닙니까?〉(Ain't I a Woman?)라는 연제로 그녀의 가장 유명한 연설을 하게 된다. 그 연설의 가장 믿을 만한 녹취록 결론 부분은 다음과 같이 되어 있다.

> 나는 글을 읽을 줄 모르지만, 들을 수는 있습니다.
> 나는 성경 말씀을 들었는데,
> 거기서 하와가 남자를 범죄하게 했다고 배웠습니다.
> 여자가 세계를 뒤엎을 수 있었다고 하면,
> 그녀에게 그것을 다시 바로 세울 수 있는 기회도 줍시다.

어머니 마리아가 예수님에 대해 말하기를,

그분은 결코 여자를 내치지 않으셨다고 했는데, 그녀의 말은 옳습니다.

나사로가 죽었을 때, 마리아와 마르다 자매가 그분께

믿음과 사랑으로 찾아와서

그들의 오라버니를 살려 달라고 간청했습니다.

그때 예수님은 우셨습니다. 그리고 나사로가 살아났습니다.

또 예수님은 어떻게 이 세상에 오셨습니까?

그분을 창조하신 하나님과 그분을 낳아 준

여자를 통해서였습니다.

남자여, 당신의 역할은 무엇입니까?

지금 여자들이 나서고 있는 거 아닙니까. 하나님을 찬양합시다.

그리고 그 여자들과 함께 몇 명의 남자가 나서고 있습니다.

지금 남자는 궁지에 빠졌습니다. 애처로운 노예가 그를 엄습하고,

여자가 그 위에 등장하고 있으니,

그는 정말 매와 독수리 사이에 놓인 처지가 되었습니다.[26]

6. 에멧 틸

에멧 틸(Emmett Till)이 백인 여성인 캐롤린 브라이언트(Carolyn Bryant)에게 치근덕거렸다는 혐의를 받았던 것은 14살 때의 일로 시카고에서 미시시피에 사는 사촌들을 방문하고 있던 때였다.

---

[26] "Compare the Two Speeches," Sojourner Truth Project, accessed October 11, 2019, www.thesojournertruthproject.com/compare-the-speeches/. Note: Two versions of Truth's famous speech are widely circulated. This excerpt is from the version published by Marius Robinson in the Anti-Slavery Bugle less than a month after it was delivered on May 29, 1851.

브라이언트는 그녀의 남편이 운영하는 식료품 가게의 계산대에서 값을 계산해 주고 있었다. 4일 후 틸은 그 여성의 남편인 로이 브라이언트와 그의 친구인 J. W. 밀람(Milam)에게 납치를 당해 목화밭 가운데 있는 창고로 끌려가서 밖에서 일하던 흑인 소작인들이 들을 수 있을 정도로 잔인하게 구타를 당했다. 매질을 끝낸 후, 에멧은 머리에 총을 맞고, 버려진 공업용 선풍기 날개에 달린 철망으로 다시 두들겨 맞은 다음 강에 던져졌다.

에멧 틸은 아이에 불과했다. 이 아이가 졸지에 순교자가 된 것이다. 그의 어머니는 그의 이름과 그의 삶을 미국의 민권 운동을 위한 촉매로 만든 영웅이었다.

시체를 즉각 매장하기를 원했던 미시시피 관리들의 주장에 반대한 틸의 어머니 마미 틸-모블리(Mamie Till-Mobley)는 시신을 시카고로 이송해서 장례를 치를 것을 주장했다. 그리고, 또 그녀는 관을 열어서 자기 자식의 시신을 보여 주도록 하라고 요구했다. 시신은 매질을 당하고 부패되어 형체를 알아볼 수 없었다. 다만 에멧이라는 것을 알 수 있었던 것은 그가 시카고에서 미시시피로 갈 때 기차를 타기 전에 엄마가 그에게 준 반지에 새겨진 이름의 이니셜밖에 없었다.

자기 아들의 시신을 보고 나서, 그녀는 장례식을 진행할 때 관을 열어 놓고 할 것을 요구했다. 장례식 참석자 수를 추산한 보고가 서로 다르지만, 5만에서 10만 명의 사람들이 그 관 앞을 지나갔다고 한다. 8월의 날씨에 에어컨이 되지 않는 교회 밖에서 운집한 군중은 몇 시간을 기다렸다. 어떤 이들은 졸도하기까지 했다.

브라이언트와 밀람은 67분간 진행된 전원 백인으로 구성된 배심원단에 의해 무혐의 판결을 받고 풀려났다. 1955년 당시 미시시피주의 배심원들은 모두 백인이었고, 모두 남성만으로 구성되어 있었다. 배심원단에는 여성이나 흑인 남성은 참여가 허락되지 않고 있었다. 사건 당일 창고 밖에서 매질 소리를 들었던 한 소작인이 증언했지만, 별 소용이 없었다.

브라이언트와 밀람은 몇 해 후에 「룩」(*Look*)이라는 잡지가 실은 기사에서 사건의 전말에 대해 실토했고, 그 후 여러 해가 지난 다음 당사자인 캐롤린 브라이언트는 그날 가게에서 있었던 일에 대해 자기가 거짓말했다고 인정했다.

그러나 14세 소년에 불과했던 에멧 틸은 이제 죽었다.

에멧의 장례식이 끝나고 한 달이 지났을 때부터 마미 틸-모블리는 그녀의 아들 죽음에 대해 틈틈이 말하기 시작했다. 그녀는 굳은 헌신적 결심을 하고서 아들의 죽음이 헛되지 않도록 하기 위해 온 정열을 다 바쳤다. 그녀가 자주 쓰던 "헛되이 죽다"라는 표현은 게티스버그에서 행한 링컨의 연설에 나오는 말을 받아 쓴 것이었을 뿐만 아니라, 그것은 또한 성경 말씀이기도 했다.

그녀는 환상을 봤다고 하는데, 그것을 통해 사랑하는 아들의 삶과 죽음이 반드시 변화의 결과를 가져와야 한다는 확신을 갖게 되었다고 한다.

> 나는 보(에멧의 애칭)가 납치를 당해 그렇게 처참히 살해당하도록 하신 하나님께 화가 나서 큰 소리로 주장했습니다.
> "왜 이러셨습니까?"
> 그리고 나서 제 인생의 모든 경험 중에서 가장 이상한 일이 일어나기 시작했습니다. 그건 마치 어떤 사람이 방에 들어와서 함께 대화를 하는 그런 경험이었습니다.
> 제 앞에 임하신 분이 제게 이렇게 말씀하셨습니다.
> "마미, 에멧 루이스 틸이 폭력적 죽음을 당하게 된 것은 태초부터 정해진 일이었어요. 당신은 그리스도처럼 죄 없이 죽은 아이의 엄마가 된 것에 대해서 감사해야 해요. 보 틸은 결코 사람들의 뇌리에서 사라지지 않을 겁니다. 그런 만큼 이제 당신이 해야 할 일이 있어요. …"
> "뭘 해야 되죠?"
> 나는 물었습니다.

그 음성이 답변으로 들려왔어요.

"용기와 믿음을 가져요. 결국, 당신과 같은 흑인들이 겪어 온 고난을 갚아주는 대속(redemption)이 있게 될 것이고, 당신이 그런 목적을 위한 도구입니다. 그 이야기를 쉬지 말고 말할 수 있도록 일하세요. 그래서 그 일의 진실이 사람들의 양심을 일깨우게 되면 끝내 의가 승리할 수 있어요."

그 음성이 점점 사라지더니 그 임재하셨던 분이 방을 떠나셨습니다.[27]

에멧 틸이 죽은 날로부터 8년이 되는 날 마틴 루터 킹 주니어는 링컨기념관의 계단에 서서 연설했다. 그날에 이르기까지 로사 팍스는 버스에서 자기 자리를 내주기를 거절했다.

메드거 에버스(Medgar Evers)는 전국유색인지위향상협회(National Association for the Advancement of Colored People)를 위해 틸의 죽음을 조사하던 중에 살해를 당했다. 그린즈버로(Greensboro, 노스캐롤라이나주 북부 도시)에서 시민들의 농성이 시작되었고, 흑백 분리에 반대하는 시민들의 버스 승차 시위인 프리덤라이더즈(Freedom Riders)와 버밍햄 캠페인, 어린이 캠페인에 이어 폭동과 그 밖의 활동들이 이어졌다. 그들 모두는 에멧 틸에 대해 알고 있었다. 그의 어머니가 관을 열었고, 하나님의 음성을 들었기 때문이었다.

---

27 Christopher Metress, "Literary Representations of the Lynching of Emmett Till: An Annotated Bibliography," Emmett Till in *Literary Memory and Imagination*, ed. Harriet Pollack and Christopher Metress (Baton Rouge, LA: Louisiana StateUP, 2008), 223-50, cited in Harold K. Bush, "Continuing Bonds and EmmettTill's Mother," *Southern Quarterly* 50, no. 3 (Spring 2013): 9-27.

7. 용감하라, 기도 중에 분별하라는 부르심

내가 나눈 이야기들은 불완전하지만, 하나님, 곧 미가서 6장 8절에서 말씀하시는 그 동일하신 하나님의 부르심을 따랐던 사람들의 삶에 대한 이야기들이다. 그분은 예언자를 통해 겸손히 행하며, 자비를 구할 뿐만 아니라, 정의롭게 행하라고 지시하시는 하나님이시다.

정의롭게 행하는 것에는 우리가 권위를 존중하면서도 때를 분별하도록 기도해야 함을 의미하지만, 또한 이 세상의 방법들에 대해 반항해야 할 때가 언제인지도 분별하라는 뜻이 포함되어 있다. 결국, 성령께서 역사하신다. 우리가 말씀 안에 거하고, 성령의 인도하심에 민감하면, 하나님의 감동에 의해 우리가 삶의 새로운 길을 만들어 가게 하신다. 그것은 모든 이들을 위한 더 정의로운 길이다.

믿음의 영웅들, 역사의 초록을 썼던 신실한 신자들은 그냥 하릴없이 서성거리지만은 않았다. 하나님의 진리와 가치가 그들을 인도했다. 그들이 걸었던 길이 비록 힘들고, 그들에게 모든 것을 바치도록 했던 길이었을지라도, 하나님은 그들에게 더 좋은 길, 사람이 고안했던 거친 개척의 행로보다 훨씬 더 좋은 대로를 보여 주셨다.

❦ 적용 질문 ❦

1. 미국 혹은 당신이 사는 나라의 기독교인들에 대한 박해에 대해 당신은 어떻게 생각하는가?
2. 미가서 6장 8절을 읽어 보라.
   그 본문의 성경 말씀은 당신의 정치적 견해에 대해 무엇을 가르치고 있는가?

제7장

거짓말하거나 이용당하거나 조작당하지 말라

나는 전에 속아 본 적이 있다. 엉뚱한 길로 호도를 당해 보기도 했고, 남의 꾀에 넘어가 보기도 하고, 바보처럼 되기도 하고, 조작을 당해 보기도 했다. 솔직히 말하면, 내 스스로 호도되거나 조작되도록 허락해 줬던 것이다. 오늘날 우리 문화 속에서 살면서 우리는 훨씬 분별력을 가져야 하고, 지혜로워야 한다. 진리가 무엇인지 훨씬 더 불분명해지고 있기 때문이다.

정치 문제에 있어서 당신이 호도를 당했거나 속았던, 거짓말에 속고, 조작을 당했던, 그 처음 경험을 기억하는가?

내 경우는 그게 처음은 아니었지만, 지금 생각나는 것은 2012년 공화당 대통령 선거의 주자로 나왔던 미트 롬니(Mitt Romney) 상원의원이 앉아 있고, 그 앞에 밝은 빨간색 유니폼 자켓을 입은 이름을 알 수 없는 남자가 그의 구두를 닦고 있는 장면의 사진이다. 그 사진에 딸려 있는 짧은 설명은 이 사람은 이처럼 부와 특권을 누리고 있다는 거였다. 롬니가 얼마나 현실과 동떨어진 사람이냐는 그런 내용이었다.

나는 그 당시 그에 대해 많이 알고 있지 못했기 때문에, 그런 설명이 붙은 사진을 보면서 롬니는 좋은 사람이 아니다. 그는 현실과 정말 동떨어진 사람이다라는 생각이 확고해졌다. 나의 판단과 결론이 그렇게 내려졌던 것이다.

그리고 나서 두어 시간 후에 인터넷에 또 다른 사진이 올라왔다. 이번에는 위에 봤던 롬니의 사진과 나란히 놓인 버락 오바마 대통령의 사진이었다. 그는 그때 재선에 나섰는데, 이 사진에 오바마는 연방정부의 '어빌리티원 프로그램'(AbilityOne Program, 이 프로그램은 연방정부가 주도하여 맹인들이나 기타 중증 장애인들의 취업을 돕는 이니셔티브였음)[1]의 담당자인 로렌스 립스컴(Lawrence Lipscombe)과 서로 주먹을 맞대는 지지 퍼포먼스를 하고 있는 장면이었다.

그러나 사실을 알고 나니 어색해졌다. 롬니의 사진은 그 설명이 묘사하고 있는 그런 것이 아니었던 것이다. 사실 롬니가 찍힌 사진은 구두를 닦고 있던 게 아니고, 공항에 내려 타맥 포장 구역에서 다른 승객들과 마찬가지로 그의 구두가 보안 검색을 받는 장면이었다.[2] 그 밝은 빨간색 유니폼 자켓을 입고 있는 남성은 구두닦이가 아니라, TSA 안전요원이었다.

그 두 사진을 서로 나란히 놓은 의도는 분명했다. 롬니는 부유한 특권층이고, 오바마는 겸손하고 쉽게 다가갈 수 있는 사람이라는 것이었다. 결국, 롬니의 사진은 인터넷에서 들불처럼 퍼져나가기 시작했고, 사람들은 그로 인해 속았고, 호도되고, 남의 꾀에 넘어가 바보가 되어 버렸다.

왜 이런 일이 일어나는가?

그게 정치의 속성이기 때문이다. 정치는 험악해질 수 있고, 다 그런 것은 아니겠지만, 많은 사람이 정치에 있어서는 꿍꿍이속이 있기 때문이다. 그래서 우리가 조심하지 않으면, 우리는 쉽게 속거나 호도당하거나, 그들의 꾀에 넘어가 바보처럼 조작당할 수 있다. 그래서 우리는 뭣도 모르고 쉽게 허위 사실을 퍼뜨리고, 절반의 진실을 다른 사람들에게 유포할 수 있다. 잘 모르고 그럴 수도 있겠고, 그보다 훨씬 나쁘게는 알면서도 그럴 수 있다.

---

1   John Blake, "The Viral Presidency: Obama's Best Unscripted Moments," CNN, May 20, 2015, https://edition.cnn.com/2015/05/20/politics/viral-presidency-obama-unscripted-moments/index.html.

2   Frank James, "Photo of Romney's 'Shoe Shine' Actually Shows Security Check," NPR, January 12, 2012, www.npr.org/sections/itsallpolitics/2012/01/12/145126797/photo-of-romneys-shoe-shine-actually-shows-security-check.

그 구두 사건을 겪은 후 나는 조심하기로 맹세했고, 그 비슷한 실수를 다시는 하지 말아야겠다고 생각했다. 그 한 번의 실수로 족했다.

1. 격분과 판단

그것은 2019년 1월 전국 뉴스로, 그리고 사람들이 소셜 미디어를 통해서 수도 없이 반복적으로 봤던 이미지와 비디오였다. 내셔널몰에 모여든 많은 청소년으로 붐비는 혼잡한 장면이다. 그 몰에서 조금 떨어진 곳에서 마틴 루터 킹 목사가 50여 년 전에 그의 〈나에게는 꿈이 있습니다〉(I Have a Dream)라는 연설을 했다.

그 장면에는 코빙톤가톨릭고등학교 11학년 백인 학생 닉 샌드맨(Nick Sandmann)이 미소를 띠고 있다. 머리에는 빨간색으로 "미국을 다시 위대하게 하라"(MAGA)라는 구호가 새겨진 모자를 쓰고 있다. 바로 그 옆에는 내이썬 필립스(Nathan Phillips)라는 이름의 나이 든 미국 원주민 남자의 얼굴이 보인다.

필립스는 드럼을 치면서 노래를 부르고 있었다. 그를 완전히 둘러싼 사람들은 젊은 백인 남성들로 많은 수가 트럼프 캠페인에 나온 사람들이 쓰는 모자를 쓰고서 미소를 띠며, 고함을 지르고 웃음을 터뜨린다. 그들은 반낙태 운동 대회인 생명을 위한 행진에 참가했던 사람들이었고, 필립스는 원주민 행진을 하다가 대열에서 벗어나고 있던 것이었다. 필립스를 둘러싼 사람들은 압도적으로 많은 수의 백인들이었다. 그는 마치 젊은 남성들이 그를 둘러싸고 있어서 함정에 빠진 것처럼 보였다.

한 토막의 비디오와 몇 장의 사진, 그리고 필립스와 짧게 이어지는 인터뷰였는데, 주요 언론사와 소셜 미디어는 금새 부글부글 끓었다. 제목들은 이렇게 되어 있었다.

원주민 지도자를 놀린 워싱턴의 십대들[3]

워싱턴 시위대와 원주민 지도자를 놀린 MAGA 모자 쓴 학생들-비디오[4]

정의에 대해 깊이 고민하는 사람으로서 내가 본 것을 생각해 보면서 나는 즉각 MAGA 모자를 쓰고서 능글맞게 원주민 남자를 내려다 본 건 잘못이라고 결론을 내렸다. 분명히 이 애송이 아이와 그의 학교 친구들이 필립스를 괴롭히고 겁을 주려고 하는 것처럼 보였다. 나는 이 사립학교에 다니는 특권층의 백인 학생들이 나이 많은 원주민 신사에게 겁을 주고 놀리고 있었던 것으로 생각했다.

나는 그 내용을 트위터로 퍼 날렸다. 5만 명의 내 팔로워들에게 트윗하면서 그 밖의 수천 수만의 사람들과 함께 정의를 위해 의연히 일어섰던 것이다. 그다음에는 같은 내용을 페북에 공유해서 나를 따르는 약 4만의 팔로워들에게 알렸다. 나는 목소리를 높여서 엄연히 그릇된 행동에 대해 소리쳐 알렸다. 그리고 나니 기분도 좋았고, 그런 역겹고 차마 볼 수 없는 일에 대해 이슈를 삼았던 것이 옳았다고 느껴졌다.

그러나 나는 잘못 알고 있었다. 나는 그 이야기의 전모를 보지 못했다. 그 사건은 내가 처음에 생각했던 것처럼 그렇게 단순하거나 흑백으로 딱 나뉘는 그런 것이 아니었다. 대부분의 언론사가 그 사건을 제대로 취재하지도 않았기 때문에 나의 관점도 그들의 영향을 받아 채색되어 있었다. 심지어 샌드맨이 다니는 학교 당국도 그것을 제대로 파악하지 못하고 있었

---

[3] Kaya Taitano, "Teenagers Taunt Native American Elder in Washington," video, *New York Times*, October 12, 2019, www.nytimes.com/video/us/100000006316066/teenagers-maga-native-american-video.html.

[4] "Students in 'MAGA' Hats Taunt Indigenous Elder, Demonstrators in Washington:VIDEO," WLS-TV, January 21, 2019, https://abc7chicago.com/politics/boys-in-maga-hats-mock-indigenous-elder-in-dc-video/5097427/.

다. 학생들의 행동이 그릇된 것이었다고 그 사건이 보도되자마자 서둘러 입장을 발표했던 것이다.⁵

그러나 그 사건이 있고 나서 며칠이 지난 후에 알려진 바에 의하면 그 이야기는 훨씬 복잡했고, 미묘한 데가 있었다. 내가 알게 된 바에 의하면 샌드맨과 필립스가 서로 빤히 쳐다보기 전에 흑인히브리이스라엘인(Black Hebrew Israelites)이라는 단체의 소속 회원들이 그 학생들을 놓고 동성애 공포적이고 인종 차별적인 욕을 하면서 놀리고 있었다고 한다.

학생들이 같이 맞서서 욕을 한 것은 아니었고, 필립스도 그 소용돌이에 끼어들어 드럼을 치면서 노래를 함으로써 긴장된 분위기를 부드럽게 해야 되겠다고 느꼈다는 것이다. 그러니까 학생들이 그를 둘러싼 것이 아니고, 필립스가 학생들이 모인 곳으로 들어간 것이었다. 그래서 그 순간에 많은 비디오가 찍혔지만, 그 가톨릭학교 학생들 중 어느 누구도 나서서 "이 사람을 둘러싸라"⁶고 말했다는 증거는 전혀 없었다.

그럼 사람들을 격분케 했던 @2020fight라는 트위터 계정을 쓰는 사람이 올린 비디오는 어떻게 된 것일까?

그 비디오는 그 장면을 극히 일부분만 보여 주고 밑도 끝도 없이 배경을 삭제했기 때문에, "해당 계정이 게시한 오해의 가능성이 있는 정보로 트위터의 공적 대화를 조작하려는 고의성이 있다"는 이유로 후에 트위터가 그 계정의 접속을 일시 정지시켰다. 그 계정은 하루 평균 130여 회의 트윗을 날리는 캘리포니아의 어떤 교사가 운영하는 것으로 후에 삭제된 것 같다.⁷

---

5   Max Londberg, "'Blatant Racism': Kentucky High School Apologizes Following Backlash after Video Shows Students Surrounding Indigenous Marchers," *USA Today*, January 24, 2019, www.usatoday.com/story/news/nation/2019/01/19/kentucky-diocese-incident-indigenous-peoples-march-covington-catholic-high-school/2624503002/.

6   Ray Sanchez and Carma Hassan, "Report Finds No Evidence of 'Offensive orRacist Statements' by Kentucky Students," CNN, March 12, 2019, https://edition.cnn.com/2019/02/13/us/covington-catholic-high-school-report/index.html.

7   Tom McKay, "Congress Now Wants Twitter to Explain How the Covington TeensVideo

나는 불의한 것을 보면 소셜 미디어에 올려서 즉각 성토해 온 것에 대해서 다시 생각해 보았고, 나의 그런 행동을 재검토하면서 결국 후회하게 되었다. 간략히 말하면, 내가 실수했음을 깨달았다. 성급하게 소셜 미디어의 광란에 참여함으로써 내 계정을 팔로우하던 사람들을 호도했던 것이다. 나의 진실성을 밝히기 위해 나는 사과할 필요를 느꼈다.

아래는 내가 썼던 사과문의 한 부분이다.

> 저는 지난 주말 북미 사회활동가인 내이썬 필립스와 코빙톤가톨릭고등학교의 여러 학생이 나오는 비디오를 봤습니다. 지금쯤 여러분 중 많은 분이 아마 그 비디오를 봤거나 그 이야기를 들어 봤을 것입니다.
>
> 저는 그 짧은 비디오 클립을 세 번 봤는데, 볼 때마다 여러 가지 면에서 저를 매우 슬프게 했습니다. 저는 품위, 정의, 자비에 대해 관심을 갖는 사람으로서, 불의한 활동을 하는 사람들과 그런 일이 일어나는 공간, 장소 등을 돋보이게 하고 짧은 설명을 붙여서 이 짧은 비디오 클립을 페이스북과 트위터에 공유했습니다.
>
> 지금 그 장면이 담긴 훨씬 더 긴 비디오를 보고, 다른 사람들이 덧붙인 설명을 읽어 본 후 이제 제게 매우 분명해진 사실은 코빙톤 학생들이 완전히 결백한 것은 아니라 해도, 제가 처음 그랬을 것이라고 생각하고 판단했던 그 순간의 일을 그들이 주도하거나 부추긴 것은 아니었습니다.
>
> 또한, 제게 분명해진 사실은 내이썬 필립스가 이미 긴장이 팽팽해진 상황에 기름을 부으려고 한 것이 아니었다는 것입니다. 그가 그 공간에 들어갈 때, 그는 끓어오르는 긴장 상태를 분산시키려고 기도를 계속하고 있었다는 그의 말을 믿기 때문입니다. 저는 지금도 우리가 그에게서 배울 것이 많다는 것과 우리는 모든 원주민을 수용할 필요가 있다고 믿습니다.

Went Viral," Gizmodo, January 22, 2019, https://gizmodo.com/congress-now-wants-twitter-to-explain-how-that-covingto-1831971692.

저에게 분명한 것은 그날의 상황이 제가 생각했던 것, 그리고 그 내용을 다른 사람들에게 전달했던 것보다 훨씬 복잡하고 그날의 상황에만 특이하게 벌어졌던 일이었다는 것입니다.

이제 저는 그 상황에 대해 존중, 비웃음, 문화 유용(cultural appropriation, 文化流用: 주류 문화권에서 비주류 문화권의 문화나 정체성 요소를 그 문화적 맥락과 무관하게 자신들 마음대로 가져다 쓰는 행위-역자주) 등의 문제로 보면서 많은 생각을 해 보았습니다. 그러나 그런 것에 대해 말하려고 이 글을 쓴 것은 아닙니다. 이것은 사과문입니다. 저의 개인 사과문입니다.

제게 가장 명확한 사실은 제가 틀렸다는 것입니다. 저의 무책임, 즉 그 상황을 좀 더 충분히 이해하는 데 필요한 적절한 시간을 갖지 않고 그 비디오를 공유했던 것에 책임을 느낍니다. 때때로 저는 불의에 맞서기 위한 열정에 사로잡혀 이야기들을 충분히 들어 보고 이해하는 과정을 너무 앞당기려고 하는데, 그것은 위험할 뿐인 일로 어처구니 없게도 제가 종종 사람들에게 그렇게 하면 안 된다고 권고했던 일이기도 합니다. (저는 이러한 사실에 대해 제가 내는 책에 한 장을 할애해서 썼던 적도 있습니다.) 바로 그런 실수를 여기서 범했습니다.

제가 이 상황을 살펴보면서, 처음에는 저의 그런 실수를 "내가 바빴다", "성급했다", "서둘렀기 때문이었다"는 식으로 정당화하기 시작하는 것을 보면서 놀랐습니다. 그런 것이 원인이었다면 좀 더 정확히 말해서 저는 잠시 멈춰서 자제했어야 한다고 생각합니다.

그래서 저는 이 기회를 빌어 코빙톤가톨릭고등학교 학생들에게 공개적으로 사과하기를 원합니다. 저는 오늘 아침 이 학생들이 이 사과를 각 개인에게 전달된 것으로 받아들여 주기를 바라는 마음에서 편지 한 통을 보냈습니다. 그리고 저는 또한 소셜 미디어에서 저를 팔로우하는 분들에게 사과해야 하겠습니다. 제가 틀렸고, 제가 어리석었습니다. 그래서 제가 사과를 드리며, 여러분의 용서를 구합니다.

미친 듯 돌아가는 혼란스런 때이지만, 저는 우리가 문화에 참여하고, 악에 대항하며, 겸손하게 진리를 말하고, 하나님 나라를 추구하는 것, 그렇게 하는 과정이 비록 복잡할지라도, 그것이 중요하다는 것을 진심으로 믿습니다. 오늘날 인터넷이 돌아가는 것을 보면, 대부분의 사람은 바로 그다음 것으로 옮겨 가기 때문에, 이 뉴스를 이미 잊어버렸거나 제가 공유한 포스트를 묵살하거나 잊어버릴 거라 생각하지만, 우리가 지도자들이나 영향력을 미치는 사람들에게 책임을 지라고 촉구하는 만큼 우리가 비슷한 입장에 처했을 때, 우리 스스로도 기꺼이 책임을 지지 않으려고 하면 안 된다고 생각합니다.

적어도 제가 보기에 우리는 너무도 많은 경우 이건 이렇고, 저건 저렇다고 주장도 하고 선언도 하지만, 정작 사과를 해야 할 경우에는 거의 하지 않습니다.

사과의 말씀을 드립니다.

이 글을 읽어 주시고 생각해 주셔서 감사합니다.

우리가 우리의 목소리를 높일 필요가 있는가?

물론이다!

때때로 그것은 절대적으로 필요하다. 그러나 어떤 때는 꼭 필요하지는 않다. 어떤 때는 필요하지만, 사실을 확실히 확인하기 위해 정보가 더 필요하기 때문에 기다려야 한다.

우리가 사는 문화에서 우리가 느끼는 유혹은 모든 이벤트에 대해 일일이 빠지지 않고 토론을 벌이고, 우리의 입장을 제시해야 한다고 생각한다. 때로는 침묵 속에 지혜가 분명히 있다. 때로는 침착한 분별력을 위해 침묵이 필요하다. 그러므로 인터넷에서 다른 누군가가 이길 수 있도록 양보하는 것도 괜찮다.

목소리를 높이기 전에 가능한 한 우리 이야기의 전모를 알고 있는지, 아니면 어떤 한 부분만 알고 있는지, 아니면 그보다 더 안 좋은 경우로 터무니 없는 음모론에 빠진 것은 아닌지를 확인해야 한다. 어떤 포스트를 공유하기 전에 우리가 오보에 휩싸인 노리개가 되지 않도록 해야 한다.

내가 열 받았다고 하기 전에 정말 내용을 제대로 이해하고 있는지 확고히 하자. 오늘날 우리의 문화에서 우리는 가장 큰 소리를 내고, 분통을 터트리고, 또 가끔은 어떤 주제에 대해 가장 먼저 터트리거나, 최종적인 마무리를 내가 나서서 해야 한다고 하는 유혹을 물리쳐야 한다.

2. 공손함의 요청

우리는 인간이기 때문에 서로 의견이 일치하지 않는 것은 피할 수 없는 일이다. 정치적 이슈에서만 그런 것이 아니다. 사람들은 그냥 다른 사람들의 의견에 잘 동의하지 않는다. 나는 내 교회를 사랑하지만, 우리 교회 사람들이 모든 이슈에 다 동의하지는 않는다.

그러나 오늘 우리가 속한 문화의 양극화 상황에서 점점 더 늘고 있는 것은 어떤 논쟁에서 이기려는 욕심만 가지고 있는 것이 아니라, 자기와 다른 의견을 가진 상대를 창피하게 만들고, 짓눌러서 파괴하고자 하는 욕망이 있다는 것이다.

내가 공손함이 필요하다고 부르짖는 것은 사람들이 쓸데없이 서로 만나서 갖게 되는 교류 같은 것을 아예 하지 말자고 교류 자체를 거부하는 것이 아니다. 이 요청은 사람으로서 존중의 예절로 다른 사람들을 대하고, 심지어는 다른 사람들이 잘되기를 바라는 마음이 있을 정도가 되어야 하는 게 아니냐고 부르짖는 것이다. 사람들과 교류하되, 그 과정에서 이성을 잃지는 말자는 것이다.

공손과 친절이 평화와 정의를 대체하는 것은 아니다. 내가 부르짖는 공손함의 요청은 평화와 정의를 추구하려고 하면 또라이가 될 수밖에 없다는 그런 생각을 거절하는 것이다. 공손한 태도로 교류하면서도 정의를 추구할 수 있다. 우리는 두 가지를 동시에 추구할 수 있다.

1960년대에 일어난 민권 운동의 진보는 사람들이 그런 투쟁의 이면에서 이성과 평등의 가치를 동시에 추구하는 사람들의 열정에 의해 가능했던 것이기도 하다. 또한, 그것은 그런 투쟁의 방식, 곧 굳은 결심으로 반복하여 진행한 비폭력 활동들에 의해 가능했던 것이다. 비폭력 운동은 우리의 인간적 성향에는 반하는 것이기 때문에, 확신을 가지고 하나님이 기대하시는 행위들을 몸소 실현하는 것이어야 한다. 그것은 거의 초자연적인 것이며, 신적인 그런 성격의 것이다.

비폭력이란 악에 대해 악으로 갚지 않는다는 것을 의미한다. 그것은 또 다른 뺨도 돌라댄다는 것을 의미한다. 우리의 원수들을 사랑하는 것이다. 그것은 아주 많은 용기를 필요로 하는 것으로 아무도 우리와 그런 대화를 갖기를 기대치 않는 것을 말하는 것이고, 정의의 문제, 평등의 문제와 같은 것들에 대해 목소리를 높이는 것이다. 부서진 것들을 바르게 고쳐 잡는 것이다.

비폭력은 우리를 짓밟으라고 초청하는 것이 아니다. 오히려 그것을 위해서 우리는 하나님의 길이 우리의 길보다 더 능력이 있는 것임을 믿어야 가능하다. 그렇기 때문에 그것이 통한다. 적어도 장기적으로 볼 때 비폭력이 통한다. 그것은 우리를 향한 하나님의 계획이다. 하나님은 우리가 무기를 내려놓고, 대신 우리에게 주어진 과업을 또렷한 눈과 확신을 가지고 수행하려고 하는 것이다.

혼란과 기만은 악한 자, 곧 사탄의 도구이다. 우리는 제8계명인 우리의 이웃에 대해 거짓 증거하지 말라는 말씀에 인도를 받으며, 우리는 그리스도에 의한 빛과 진리가 되어 하나님을 사랑하고, 우리의 이웃을 사랑하라는 부름을 받았다.

  덧붙여 말하면, 우리가 잔악한 행위나 반쪽짜리 진리 같은 것에 관한 유혹은 그것을 듣는 사람들에게만 영향이 있는 것이 아니라, 그런 거짓을 발설한 사람이 우리일 경우에 우리에게도 영향이 미쳐진다. 우리가 알면서도 거짓말을 하거나 상대방을 공격하고, 또 그 밖의 어떤 죄를 지을 때, 우리는 다른 사람들과 우리 자신에게 해를 끼치는 것이다. 이것이 죄의 본성이다.

  더 심각한 것은 우리가 거짓말을 하고 기만하는 싸이클에 휘말리게 되면, 우리는 진리와 거짓을 분별하지 못하는 아주 어려운 때를 맞게 된다. 우리는 심지어 우리가 말하는 거짓말을 믿기까지 할 수 있다. 이것은 우리의 다른 사람들과의 관계에만 영향을 미치는 것이 아니라, 하나님과의 관계에도 분명히 영향을 미친다.

3. 이용당하고, 이용해 먹고

  코빙톤가톨릭고등학교 학생들과 원주민 남성의 이야기, 그리고 그 이야기가 어떻게 다양하게 해석되고, 또 잘못 해석되었는가 하는 것은 우리에게 역병처럼 만연되어 더 이상 문제를 삼지도 않는 현 상황을 잘 보여 주는 대표적 사례이다.

  우리가 사는 사회가 분쇄되어 편파적이 되어 버린 상황 속에서 모든 사람은 소셜 미디어라는 메가폰을 하나씩 들고 있는데, 우리는 때때로 그 메가폰을 이용해서 거짓말이나, 반쪽짜리 진리들을 내보낸다. 때로는 전혀 의도치 않게, 때로는 의도적으로 그렇게 한다. 때로는 우리가 게으르기 때문에 그런 일이 벌어지며, 때로는 우리가 말하고 행동하는 것이 보복성을 띠기도 한다. 다른 사람들이 우리가 하는 이야기들을 믿게 하려고 밀어붙인다.

어떤 이유에서건 간에 우리가 이런 일들을 하고, 또 그런 일들이 벌어지도록 허용하는 것은 문제다. 그리스도인으로서 우리는 이런 새로운 사회적 현상에 대해 문제를 삼아야 한다. 우리는 거짓 증거를 하지 말라는 계명을 들었지만, 너무나 자주 우리는 그 가치가 의심되는 정보를 공유하기도 하고, 또 믿어 주기도 한다.

우리 모두가 취할 수 있는 한 가지 조치는 그냥 이런 활동의 속도를 늦추는 것이다. 만일 당신의 엄지 손가락이 휴대폰을 끊임 없이 스크롤, 스크롤, 스크롤해서 상당한 근육질이 되었다면 (무슨 말을 하는지 잘 알 것이다), 속도를 늦추도록 하자. 우리는 아주 빨리 엄청난 양의 정보를 소비하게 되는데, 그 모든 것이 다 유익한 것은 아니다. 우리 생활의 상당 부분이 온라인에서 허비된다. 주당 24시간이 소비된다고 한다.[8]

우리가 매일 수천 가지 정보를 평가해야 하는 상황에서 우리는 어떻게 판단할 수 있겠는가?

MIT의 인지 과학자인 데이비드 랜드(David Rand)는 사람들은 그들이 정보를 접하는 시간 중에 최소한 20퍼센트의 시간 동안에는 가짜 뉴스를 믿는 경향이 있다는 사실을 발견했다.

> 그러나 우리가 즉각적 판단을 거부할 경우, 우리가 엉터리가 되기는 훨씬 어려울 것이다. "그냥 일단은 멈춰서 생각해 봐야 한다"며 랜드는 그가 이 주제에 대해 실행해 온 실험의 결과들을 놓고 말한다.
>
> "우리가 수집해 온 모든 데이터는 생각 없이 무작정 정보를 받아들이는 것이 정말 문제라고 말한다. 사람들은 편견이 너무 많아서 이성적 능력까지 동원해 가면서 자신들이 스스로 속고 말도 안되는 내용들을 믿는 게 문제가 아니라, 쉴 새 없이 정보들을 받아들이고 있는 것이 문제인 것이다. 그렇게

---

8 Katy Steinmetz, "How Your Brain Tricks You into Believing Fake News," *Time*, August 9, 2018, http://time.com/5362183/the-real-fake-news-crisis/.

하다 보니 그 정보는 계속 유통이 되는 것이다."[9]

우리는 트윗을 공유하고, 그 내용을 확인해 보기 위해 클릭도 하지 않은 채 링크만 재트윗한다. 신뢰도를 결정하는 데는 검색 엔진에 올라온 랭킹에 의존한다. 그리고 아주 흔한 일로 우리는 우리가 믿고 싶은 것에 신뢰의 점수를 준다.

우리는 케이블 뉴스 미디어나 소셜 미디어를 믿게 되는데, 그런 뉴스들을 믿고 공유하는 이유는 그 뉴스가 우리의 견해를 확인시켜 주는 것이거나 우리를 기분 좋게 하는 것이기 때문이다. 이런 염려스런 사실에 포함되는 것은 정말로 가짜 뉴스인데도 믿는다든지, 그보다 더 흔하게는 극단적으로 편파적이고 불공정한 내용인데도 믿는 것이다. 우리에게 기분 좋은 것이기 때문에 혹은 내가 속한 파에 유리하기 때문에 뭔가를 한다는 것은 이기적인 것이다.

미디어의 파워가 이제는 각 개인의 손에 확고히 놓이게 되었기 때문에, 이제는 우리 각자에게 엄청난 책임이 있다. 이런 상황의 유익이 무엇인지도 잘 안다. 보통 사람들이 소셜 미디어를 사용하여 중동의 억압 정권들에 대항하여 일어날 수 있는 파워도 있다. 소셜 미디어의 파워는 사상들에 불을 지펴 주고, 어떤 운동들이 일어날 수 있도록 하는 것인 만큼 놀라운 것이다.

오해하지 말아야 하는 것은 이것이 위력 있는 권력의 이동인 만큼 거기에는 책임도 뒤따른다는 것이다. 휴대폰으로 무장한 우리 각 사람은 1인 저널리스트가 되었다. 그러나 좋은 저널리스트들은 공정하고 완전한 기사들을 전한다. 그러나 어떤 저널리스트가 자기 일을 제대로 하지 않고 틀리게 할 경우, 품격 있는 뉴스 디렉터라면 그 기자에게 책임을 물어야 할 것이다.

---

9   Steinmetz, "How Your Brain," http://time.com/5362183/the-real-fake-news-crisis/.

소셜 미디어의 경우 각 사람이 자기 자신의 뉴스 디렉터가 되는 셈인데, 문제는 정식 훈련을 받은 적이 없다는 것이다. 우리는 각자 자신이 생각하는 나름 중요한 어젠다가 있고, 금붕어 수준의 주의력에, 우리의 휴대폰 카메라라는 항상 우리 자신의 얼굴을 향해 있는 것 같다.

그런 만큼 제기되는 이슈들이나 투표해야 할 후보들에 대해 서로 뜻이 일치하는 게 어려운 것은 그리 놀랄 만한 일이 아니다.

4. 당파의 제국

그것은 1995년에 맷 드러지(Matt Drudge) 자신이 여러 다른 소식통을 통해 수집한 이야기들을 모아서 가십 소식지를 이메일로 전해 주면서 시작되었을 것이다. 1997년 경에는 드러지가 연간 구독료 10달러로 발송해 주는 이메일 뉴스를 보완하기 위해 세운 웹사이트를 시작하게 된다.

25년이 넘는 기간 동안 여타의 우익 온라인 미디어들이 나오면서 드러지의 아성과 그 존재에 대해 도전할 거라고 예측은 되었지만, 아직까지는 그렇게까지 되지는 않고 있다.[10] 2012년 드러지는 매월 10억 뷰를 기록했다고 발표하여 「뉴욕타임스」에 상당히 근접하게 되었다.

같은 해 비지니스인사이더(Business Insider)의 평가에 의하면 드러지 리포트가 1천 페이지에 1.50달러밖에 수익 창출을 못 한다고 하더라도 연간 수입이 1천 5백에서 2천만 달러에 달할 것으로 추산했다. 언론사들의 경우로 볼 때, 그게 대단치 않은 것처럼 보일 수 있을지 모르지만, 드러지 리포트는 운영비가 안 드는 것으로 유명하기 때문에, 수입의 대부분이 맷 드

---

10   Ed Pilkington, "How the Drudge Report Ushered in the Age of Trump," *Guardian*, January 24, 2018, www.theguardian.com/us-news/2018/jan/24/how-the-drudge-report-ushered-in-the-age-of-trump.

러지의 주머니로 바로 들어간다고 볼 수 있다.¹¹

2016년 7월에 이르러 드러지 리포트는 14억 7천만 페이지 뷰를 기록하여 시밀러웹(SimilarWeb)이 뽑은 미국 언론사 톱랭킹에서 2위에 진입하게 된다. 그 순위면 MSN 바로 다음이고, (ESPN과 ABCNews를 가지고 있는) 디즈니미디아네트웍스, 야후, 구글, 타임 워너, 폭스엔터테인먼트그룹스 같은 뉴스 싸이트들을 앞지른 것이었다.¹²

어쩌면 그것은 로저 에일리즈(Roger Ailes)에서 시작되었을지도 모른다.

1996년 로저 에일리즈가 Fox News를 시작했을 때, 아무도 그가 CNN과 대결해서 이길 것이라고 생각하지 못했다. 에일리즈는 생각이 달랐다. "내가 이 회사를 세운 것은 수십억 달러를 벌어들이기 위한 것이었습니다"라고 에일리즈는 「뉴욕타임스」와의 인터뷰에서 말했다. "그게 첫 날부터 가지고 있었던 목표였습니다. 제 마음에서 말이죠."¹³

15년이 되는 2010년에 Fox News는 CNN, MSNBC나 3대 저녁 뉴스캐스트를 합친 것보다 더 많은 7억 달러의 수익을 냈다.¹⁴

혹 그것은 어쩌면 루퍼트 머독(Rupert Murdoch)에게서 시작되었을지 모르겠다. 루퍼트 머독의 역할을 이해하지 못한다면, 미국의 미디어와 편파적 웹사이트들, 케이블 방송 네트워크, 보도 기관 행세를 하는 소셜 미디어 등

---

11 Henry Blodget, "It's Time People Realized That the Drudge Report Is a Major Media Property Worth Hundreds of Millions of Dollars," Business Insider, October 10, 2012, www.businessinsider.com/drudge-report-is-worth-2012-10.

12 Hadas Gold, "More Than Two Decades Old, the Drudge Report Hits a NewTraffic High," Politico, August 5, 2016, www.politico.com/blogs/on-media/2016/08/more-than-two-decades-old-the-drudge-report-hits-a-new-traffic-high-227008.

13 David Carr and Tim Arango, "A Fox Chief at the Pinnacle of Media and Politics,"*New York Times*, January 9, 2010, www.nytimes.com/2010/01/10/business/media/10ailes.html?pagewanted=1&hp.

14 Henry Blodget, "Fox News Makes More Money Than CNN, MSNBC, andNBC-ABC-and-CBS News Combined," Business Insider, January 10, 2010,www.businessinsider.com/henry-blodget-fox-newss-700-million-man-2010-1.

에 일고 있는 격정적 소용돌이를 이해할 수 없다.

2019년 4월 「뉴욕타임스」는 6개월 동안 서명 기자인 조너던 말러(Jonathan Mahler)와 짐 류턴버그(Jim Rutenberg)가 이끄는 팀이 6개월간 3개 대륙을 오가며 150회가 넘는 인터뷰를 진행하여 작성한 엄청난 탐사물을 실은 바 있다. 아마 그때까지 쓰인 어떤 문장도 머독의 영향을 더 잘 요약한 것은 없었을 것이다.

> 머독 제국이 이런 우파적 인기몰이 파도를 일으킨 것은 아니었다. 그러나 어떤 단일 미디어 회사보다도 머독 그룹은 그것을 가능케 했고, 촉진시켰으며, 거기에서 오는 이득을 챙겼다. 영어권 전체에 두루 퍼져 있는 이 그룹 계열사들의 뉴스 아웃렛을 통해 주변으로 밀려나 있던 정치 선동가들, 주류 국수주의자들을 끌어올리는 데 기여했고, 진리라는 것 자체를 정치화하는 데 기여했다. 결과는 대단한 것이었다. 이 그룹의 사명이 전 세계의 민주주의를 와해시키려는 것은 아니었을지라도 그것이 이 회사가 남긴 결과적 유물이 되었다.[15]

머독과 에일리즈가 포퓰리즘 정치 쪽으로 기울었다고 해도 그들이 처음부터 트럼프를 좋아한 것은 아니었다는 것을 이해하는 것이 중요하다. 머독은 트럼프를 이미 여러 해 동안 알고 있었다. 그들은 일종의 친구였다. 그러나 트럼프를 대통령 후보로 세운다는 아이디어가 제시되었을 때, 머독은 시큰둥했다고 한다.

그러나 결국 그들이 트럼프의 지지율을 무시할 수는 없었다. Fox News의 황금 시간대 뉴스 전달 순서가 비교적 짧은 시간 만에 바뀌었다. 뉴스

---

15 Jonathan Mahler and Jim Rutenberg, "How Rupert Murdoch's Empire of Influence Remade the World," *New York Times*, April 3, 2019, www.nytimes.com/interactive/2019/04/03/magazine/rupert-murdoch-fox-news-trump.html?smid=tw-nytimes&smtyp=cur.

평론으로 나온 호스트들이 지지율을 끌어올려 주는 역할을 하기도 했다.

숀 해너티(Sean Hannity)는 트럼프 유세에 합류하여 미주리주의 케이프 지로도에서 벌인 트럼프 유세에 나섰고 유세 무대에 올라 다른 미디어를 향해 "가짜 뉴스"라고 했다. 어떤 다른 방송국 출신의 뉴스 앵커가 그런 식의 언행을 했다면, 그 자리에서 파면당할 수 있는 행태였다. 그러나 해너티가 추켜 세우는 스타는 승승장구했다.

Fox News는 2017년 말에서 2018년 초 TV 호스트인 터커 칼슨(Tucker Carlson)이 일으킨 연속적 논란에도 불구하고 그의 편에 서 주었다. 칼슨이 이민자들 때문에 이 나라가 "더 가난해지고, 더 더러워졌으며, 더 분열되었다"는[16] 코멘트가 있은 다음 그 쇼의 광고주 20개 이상의 브랜드가 광고를 뺐어도 수입에 손실이 나지 않았다는 이유였다. 해당 광고주들은 다른 프로그램으로 이동되었던 것이다.

이 뉴스 회사가 칼슨을 편들고 있던 것은 〈칼슨 쇼〉가 2019년 1분기에 13,000만 달러의 수익을 냈다는 점을 감안하면 놀라운 일이 아니다. 그 기록은 방송 쇼 프로그램 중 두 번째로 많은 액수였고, 해당사 수입 전액의 14퍼센트를 차지한 것이었다.[17]

Fox가 '트럼프 시대'의 유행처럼 돼버린 TV 진행자의 돌출 발언에서 득을 본 유일한 방송사는 아니다. 2016년 CNN의 낮 방송 시청률이 50퍼센트 이상 증가했고, 황금 시간대 시청률은 70퍼센트 이상 증가했다. 이 방송사는 거의 10억 달러를 벌어들였는데, 이는 CNN 역사상 최고의 수익

---

16 Tim Marcin, "Fox News Host Tucker Carlson Reiterates Claim Immigrants MakeAmerica Poorer and Dirtier' Even as Advertisers Flee," Newsweek, December 18,2018, www.newsweek.com/fox-news-tucker-carlson-reiterates-immigrants-poorer-dirtier-advertisers-flee-1263785.

17 Chris Ariens, "Here's How Much Ad Revenue the Cable Networks Bring In fromTheir Biggest Advertisers," TV Newser, April 4, 2018, www.adweek.com/tvnewser/heres-how-much-ad-revenue-the-cable-networks-bring-in-from-their-biggest-advertisers/361164/.

을 올린 해였다. 그런 결과는 또 다른 미디어 천재인 제프 저커(Jeff Zucker) 때문이었다. CNN이 NBC에서 디 어프렌티스(The Apprentice)를 제작했던 저커가 오기 전에는 고전하고 있었는데, 그가 합류하면서 트럼프 후보에게 다시 초점을 맞췄던 것이다.[18]

터프츠대학교(Tufts University)의 제프리 베리(Jeffrey Berry) 교수는 이런 현상을 가리켜 "미디어의 무기화"라고 했다. 보수 쪽에 이런 경향이 더 밀집되어 있으나, 보수 진보 양쪽에 다 있는 경향으로 이런 흐름에 이끌리는 사람들을 가리켜 그는 혈기 왕성한 "고옥탄가 유권자들"(high-octane voters) 이라고 부른다. 이 사람들은 정치에 깊은 관심을 보이는 부류들로 기초 선거에 쏠림 현상을 불러오는 유권자들이라고 했다.[19]

노리개가 되거나 조작을 당하지 않도록 하자. 광란에 휘말려 들지 않도록 하자. 정보가 어떻게 배치되어 무기가 될 수 있는지에 유의하고, 우리들이 보는 뉴스가 흘러나오는 방송사들이 누구인가를 보고 재평가해야 한다. 어떤 한 방송사나 온라인 뉴스 채널만 택해서 정보를 받지 말아야 한다. 시청자들은 두려움과 갈등이 원인이 되어 몰려들게 되며 그들의 광고 수입만 늘려 준다는 것을 깨달아야 한다.

---

18 Jonathan Mahler, "CNN Had a Problem. Donald Trump Solved It," *New York Times*, April 4, 2017, www.nytimes.com/2017/04/04/magazine/cnn-had-a-problem-donald-trump-solved-it.html.

19 Jessie Newman, "Q&A: Professor Jeffrey Berry Talks about Partisan Politics andGovernment Shutdowns," *Tufts Daily*, February 5, 2018, https://tuftsdaily.com/features/2018/02/05/q-professor-jeffery-berry-talks-partisan-politics-government-shutdowns/.

5. 누구, 객관적인 사람 없나?

불행하게도 오늘날 기자들이 크게 존경을 못 받고 있다. 몬태나 출신 의원인 그렉 쟌포르테(Greg Gianforte)가 그의 건강보험에 대한 입장에 대해 집요하게 묻는 기자를 내동댕이 친 사건을 기억할 것이다.[20] 몇 주 후 쟌포르테는 재선되었는데, 이때 트럼프는 기자를 내동댕이칠 수 있는 사람은 "나 같은 사람"이라고 추켜세웠다.[21]

비슷한 시기에 트럼프는 자말 카쇼기(Jamal Khashoggi)라는 언론인을 살해한 것과 관련해 사우디아라비아에 대한 제재를 거부하여 동료 공화당 인사들로부터 반발을 샀다.[22]

트럼프 유세에서는 군중들이 여러 번 언론인들을 공개적으로 야유했고, 트럼프도 기자들을 공개적으로 비판했다. 한 유세 현장에서 그는 블라디미르 푸틴 러시아 대통령이 저널리스트들을 살해한 혐의가 있다며 그를 꾸짖은 적이 있다.

---

20 Alicia Acuna, "Greg Gianforte: Fox News Team Witnesses GOP HouseCandidate 'Body Slam' Reporter," Fox News, May 25, 2017, www.foxnews.com/politics/greg-gianforte-fox-news-team-witnesses-gop-house-candidate-body-slam-reporter.

21 Dan Mangan, "GOP Rep. Greg Gianforte Wins Re-election in Montana: NBCNews," CNBC, November 7, 2018, www.cnbc.com/2018/11/07/gop-rep-greg-gianforte-wins-re-election-in-montana-nbc-news.html.

22 "Statement from President Donald J. Trump on Standing with Saudi Arabia,"White House, November 20, 2018, www.whitehouse.gov/briefings-statements/statement-president-donald-j-trump-standing-saudi-arabia/; and NicoleGaouette and Kaitlan Collins, "Trump Signals US Won't Punish Saudi CrownPrince over Khashoggi Killing," CNN, December 10, 2018, www.cnn.com/2018/11/20/politics/trump-saudi-arabia/index.html.

나는 그들을 죽이지는 않아요. 나는 그들을 싫어합니다. 그들 중에 어떤 사람들은 거짓말을 하죠. 역겨운 사람들입니다.[23]

어떤 이들은 이런 비판을 읽으면서 필자인 나를 보고 너무 심한 거 아닌가라고 생각할지도 모르겠다. 나의 의도는 언론을 둘러싼 긴장의 수준이 선례가 없을 정도라는 것을 말하려고 하는 것이다.

트럼프 대통령이 "가짜 뉴스"라는 말을 만들어 낸 것은 아니지만, 그 말을 유행시킨 것은 사실이다.[24]

가짜 뉴스란 무엇인가?

그것은 부정확하거나 편파적인 보도로부터 시작해서 우리 편에 맞지 않는 뉴스를 무시할 때 쓰는 말이 돼 버렸다.

언론 종사자들이 이야기를 틀리게 쓰는 경우들이 분명히 있기 때문에, 가짜 뉴스라는 비판을 받게 되는 것은 마땅할 것이다.

에미상을 다섯 번이나 수상한 경력이 있고 CNN, CBS, PBS 그리고 이제는 우파 성향의 싱클레어방송(Sinclair Broadcasting) 등의 뉴스 채널에서 일해 온 저널리스트 셔릴 앳키슨(Sharyl Attkisson)은 트럼프가 재임 기간 중 총 93회의 착오가 있는 내용들을 내보낸 것으로 기록되고 있다.

그가 작성한 그런 이야기들에는 트럼프가 오벌 오피스(백악관 대통령 집무실)에서 마틴 루터 킹의 흉상을 (사실 아직 그 자리에 있는데도) 치웠다는 「타임」(Time) 기고 기사를 비롯하여 트럼프가 임명한 CIA 수장이 비밀 교도소를 관리하면서 거기서 물고문을 당하는 수감자의 고통에 대해 희롱

---

[23] "Trump on Reporters: 'I Hate Some of These People, but I'd Never Kill Them,'" MSNBC, December 22, 2015, www.msnbc.com/msnbc/watch/trump-on-reporters-lying-disgusting-people-589776963857.

[24] Claire Fallon, "Where Does the Term 'Fake News' Come From? The 1890s, Apparently," Huffpost, March 24, 2017, www.huffpost.com/entry/where-does-the-term-fake-news-come-from_n_58d53c89e4b03692bea518ad.

했다는 이야기(두 가지 주장 모두 사실이 아니다)를 게재한 프로퍼블리카(ProPublica) 기사에 이르기까지 광범위하다.[25]

트럼프 대통령은 거짓말하는 사람으로 알려져 있다. 「워싱턴포스트」(*Washington Post*)의 설명에 의하면, 그는 대통령으로 취임한 후로 9천 번 이상 공적으로 허위 주장, 혹은 오해를 불러일으킬 수 있는 주장을 해 왔다. 현재까지 하루 평균 거의 22차례의 거짓말을 해 온 셈이다.[26] 그러나 그의 그런 행위 때문에 미디어가 진실을 찾고, 정확한 보도를 할 필요가 줄어들어서는 안 된다.

사람들이 뉴스라고 주장하는 것을 보면, "객관적" "의견"이라는 말들과 함께 무슨 대단한 권위가 있는 내용인 것처럼 제시된다. 사실 그것은 그것을 말하는 사람이 두 낱말에 대해 거의 뜻을 모르고 쓰고 있다는 것을 보여 주는 전형적 사례다. 신문들은 심지어 오피니언 페이지에 기고자들의 의견을 공유하는 것 자체에 대해 비판을 받기도 한다. 그렇게 심하게 비판하는 이들도 때로는 실제 뉴스는 완전히 배제하고 논평으로만 진행하는 온라인 '뉴스' 채널들을 본다.

저널리즘에 있어서의 객관성이라는 것은 대개 미국에서 만들어진 개념이다. 이런 개념이 나온 것은 1920년대에 순수한 목적이라기보다는 상업적 목적을 위해서였다. 이 개념이 창업자가 표현의 자유에 헌신했던 데서 유래했다고 생각하는 사람들은 「연방주의자 논집」(*Federalist Papers*)과 같은 논문집이든지 벤저민 프랭클린의 펜실베니아 가제트(Pennsylvania Gazette)나 「펜실베니아 클로니클」(*Pennsylvania Chronicle*) 같은 신문들을 한번 볼 필요

---

[25] Sharyl Attkisson, "93 Media Mistakes in the Trump Era: The Definitive List," SharylAttkisson.com, October 5, 2019, https://sharylattkisson.com/2019/01/50-media-mistakes-in-the-trump-era-the-definitive-list/.

[26] Glenn Kessler, Salvador Rizzo, and Meg Kelly, "President Trump Has Made 9,014 False or Misleading Claims over 773 Days," *Washington Post*, June 16, 2019, www.washingtonpost.com/politics/2019/03/04/president-trump-has-made-false-or-misleading-claims-over-days/?utm_term=.081c7acc90a0.

가 있다. 거기서 반영국적 정서가 가득한 것을 보게 될 것이다. 이처럼 미국에서 처음 발행되던 신문들은 강한 의견들을 피력하는 것들이었다.

19세기를 통틀어 신문들은 그 당시의 화제가 된 일들에 대해 해당 신문들이 가지고 있는 견해들을 제시했다. 그러나 20세기 초에 신문들이 종간, 합병되었는데 그 와중에 살아남은 신문들은 급작스럽게 발행인란을 통해 보다 광범위하고, 다양한 독자층에게 호소해야 했다. 그 전에 배포되던 지역의 소규모 독자층에게 나름 호소력이 있었을 노골적인 당파적 성향이 새로이 확대된 독자층에게 파고들지는 못했다. 이렇게 해서 객관성이라는 것이 나오게 되었던 것이다.

그 결과에 대해 이따금씩 언론인들을 속기사로 전락시켰다는 비판이 주어졌다.

> 그들은 다만 힘 있는 사람들이 말하고 행동하는 것에 대해 어떤 맥락적 설명이나 분석 없이 보도했다. 1953년 저명한 라디오 해설가인 엘머 데이비스(Elmer Davis)가 지적했던 것처럼, 그런 식의 객관성이라면 그것은 가장 뻔뻔한 얼굴을 한 협잡꾼이 객관성을 어거지로 대중에게 부과한 것이라 하겠다.[27]

1960년대부터 시작되어 점점 더 많은 언론사가 그들이 보도하는 내용에 "단순한 사실들"만 싣지 않고 분석과 해석을 포함하게 된다. 그렇지 못하면 그 소식통은 가장 크고, 빠르고, 매력적인 포장을 하고, 심지어는 가장 감정적으로 자극적인 대중 매체일지라도 그냥 있는 말을 그대로 옮겨주는, 그렇고 그런 이야깃거리에 불과한 것이 된다.

---

[27] Matthew Pressman, "Journalistic Objectivity Evolved the Way It Did for a Reason," *Time*, November 5, 2018, http://time.com/5443351/journalism-objectivity-history/.

언론인들은 전문적 보도가 되려면 그것은 또한 전문적 해석과 맥락 제시가 요구된다는 것을 알게 되었다. "시장이 오늘 이렇게 말했지만, 지난주에 그는 다른 내용을 말했다." 차이를 지적하는 것이 객관성에 포함되는 것은 아니지만, 지금 어떤 일이 일어나는지를 이해하는 데는 반드시 필요한 맥락이 되는 것이다.

신문에 나오는 자유주의 편견(liberal bias)이라는 것이 등장한 것은 1969년부터인 것으로 기록되고 있다. 당시 부통령이었던 스피로 애그뉴(Spiro Agnew)가 했던 두 편의 연설에 나오는 말이었다. 그는 후에 파직을 당했고, 이어 탈세라는 중대 범죄 혐의로 유죄 판결을 받았다. 애그뉴는 닉슨 행정부의 워터게이트를 보도한 「워싱턴포스트」와 기타 주요 언론사들과 싸울 때, 언론 때리기의 선봉에 있었다.

머독의 Fox News를 어떤 사람들은 자유주의 성향의 '주류 언론'에 무게중심을 잡아 주는 역할을 하는 것으로 보았다. 그러나 Fox가 특히 도널드 트럼프와 같은 보수주의 목소리들에 맞춰지는 것을 보면서, 많은 사람이 이 매체가 내세우는 "공정과 균형"이라는 슬로건의 의미가 손상된 것으로 보게 되며, 해당사는 2017년 그 슬로건을 내리고 "최고의 시청율", "가장 신뢰받는 언론"이라는 표어로 대체한다.

사실 Fox는 Fox 시청자들에게는 가장 신뢰받는 뉴스 소식통이다. 그러나 2018년 7월 브랜드키즈(Brand Keys)의 연구 조사 제공반(Research Intelligencer)의 분석에 의하면, 미국 언론 기관이 아닌 BBC가 뉴스 소식통들 가운데 90퍼센트라는 최고의 신뢰도를 얻었고, 그 뒤를 이어 Fox News가 87퍼센트, PBS가 86퍼센트의 신뢰도를 얻고 있는 것으로 파악되었다.[28]

---

[28] Mike Murphy, "The Most Trusted TV News Brand in the U.S. Isn't Even American," MarketWatch, July 31, 2018, www.marketwatch.com/story/the-most-trusted-tv-news-brand-in-the-us-isnt-even-american-2018-07-31.

그런 조사 방법의 문제는 종종 그 측정치가 신뢰할 고유의 가치가 있느냐(trustworthy)가 아니라, 소비자에게 신뢰받고 있느냐(trusted)를 묻는 방식에 있다.

만일 박식하고 정교한 것을 좋아하는 청취자들이 Fox가 아니라, BBC의 영국식 액센트를 좋아하고 PBS의 절충주의적 다큐물들을 선호할 수 있다면, 그리고 Fox를 좋아하는 미국의 중도 보수 시청자들은 BBC나 PBS가 아니라 Fox를 신뢰한다면, 뜻 있는 뉴스 소비자는 어떻게 해야 할까?

위에 언급한 두 그룹의 시청자들이 모두 신뢰할 가치가 있는 소식통을 신뢰할 수 있어야 하지 않을까?

2018년 포인터(Poynter)연구소가 실시한 "미디어 신뢰도 조사"에 의하면 정치 성향 스펙트럼의 전반을 통틀어 미국인 중 76퍼센트가 그들이 사는 지역의 TV 뉴스를 신뢰하며, 73퍼센트는 지역 신문을 신뢰하는 것으로 나타났다. 그러나 전국 네트워크를 가진 뉴스와 전국지에 대해서는 각각 55퍼센트와 59퍼센트의 사람들만이 신뢰했고, 온라인 뉴스 채널에 대해서는 47퍼센트만이 신뢰한다고 했다.[29]

이런 결과가 나온 한 가지 이유는 뉴스에 참여하는 사람들이 증가 추세에 있기 때문일 수 있다. 에델만(Edelman)연구소의 연례 여론 조사인 "신뢰도 바로메타"에 의하면 "2019년에만 뉴스 참여도가 22포인트로 급상승했다. 40퍼센트의 사람들은 매주 한 차례 이상 뉴스를 볼 뿐만 아니라, 그때마다 뉴스를 확대 재생산하고 있다. 그러나 73퍼센트의 사람들은 가짜 뉴스가 무기화되는 것을 염려하고 있는 상황이어서 사람들이 사실 확인 과정에서 정체 현상을 경험하고 있다"는[30] 것이다.

29　Indira A. R. Lakshmanan, "Finally Some Good News: Trust in News Is Up, Especially for Local Media," Poynter, August 22, 2018, www.poynter.org/ethics-trust/2018/finally-some-good-news-trust-in-news-is-up-especially-for-local-media/.

30　"2019 Edelman Trust Barometer," Edelman, January 20, 2019, www.edelman.com/trust-barometer.

그렇다면 뱀처럼 슬기롭고 비둘기처럼 순결하고자 하는 기독교인들은 누구를 신뢰할 수 있고, 어떤 게 가짜 뉴스이고, 거짓 정보인지, 그리고 어떤 것은 전혀 뉴스라고 할 수도 없는지를 알 수 있겠는가?

미국언론연구소(American Press Institute)는 뉴스 소비자들이 누구를 신뢰할 수 있는지 알 수 있도록 도와주는 여섯 가지 질문, 그리고 이어서 후속 질문들이 어떤 것들인지를 아래와 같이 풀어 밝혀 주었다.[31]

① 콘텐츠의 유형

이것은 뉴스 스토리인가, 아니면 오피니언 꼭지인가?
이것은 광고인가, 아니면 어떤 회사가 만들어 내놓은 뉴스 기사에 포함된 광고인가?
이것은 다른 사람이 쓴 콘텐츠에 대한 반응인가?
이 보도기관은 어디서 자금을 받고 있는가?
이것이 비영리 혹은 옹호 단체라면, 그들은 어디에서 돈을 받고 있는가?

그런 문제들이 분명하게 밝혀질 수 없다면, 그것은 문제다.
그 콘텐츠는 명백히 나타나는 정치적 성향을 가지고 있는가?
대개 이런 질문에 답하기 위해 당신은 뉴스 하나 정도만 들어 봐서는 안 된다. 이어지는 다른 뉴스 스토리들이 동일한 성향을 보이고 있다면, 그것은 믿을 만한 소식통이 아니다.

---

31 Tom Rosenstiel, "Six Questions That Will Tell You What Media to Trust," American Press Institute, October 22, 2013, www.americanpressinstitute.org/publications/six-critical-questions-can-use-evaluate-media-content/.

② **출처**: 인용된 출처의 정체성과 믿어야 할 이유

누구의 말을 인용한 것인가?
그는 경찰 간부인가?
정치인인가?
어느 당인가?
만약 내용이 연구 조사라면 그것을 만든 기관은 어디인가?
그리고 그런 조사를 하게 된 배경은 무엇인가?
누가 그 연구의 비용을 지불했는가?
그 소식통의 권위를 입증하는 자격들은 어떤 것인가?
소식의 원천 자료를 제공한 이 사람은 그 사건의 발생 시간과 장소에 얼마나 가까이 있었는가?

③ **증거**: 소식 전달자가 제시하는 증거의 정체와 취재 방법에 관하여

그 증거물은 문서인가?
보고서인가?
권위 있는 취재원들은 그 증거물이 내리는 결론들에 대해 동의하는가?
권위 있는 취재원들의 수는 얼마나 되는가?
수천, 아니면 대여섯 정도에 불과한가?
보강 증거물이 있는가?

이런 질문들을 생각해 보면, 기자가 정보를 확립하는 데 요구되는 후속 질문들을 제시한 후 그 정보원들이 내놓은 주장들을 확보하는 것도 포함한다.

④ **해석**: 주된 요지의 증거에 의한 입증 여부

어떤 결론들이 도출되고 있는가?
그 결론들은 인용된 내용으로부터 논리적으로 이끌어 내진 것인가?
증거물을 보면 주장하는 결론을 모두 다 지지하는 것이 아닌데, 제한된 증거에서 너무 많은 결론이 내려진 것은 아닌가?
반대편의 입장에서도 할 말을 충분히 하고 있는가?
그 뉴스의 소식통이 정보를 내놓을 때, 새로운 내용이 추가되고 있는가?

⑤ **완전성**: 누락 여부

질문들 중에 명백히 답변이 나오지 않은 것들이 있는가?
그 정보를 가지고 무엇을 할 수 있겠는가?
당신은 전하는 소식의 요지를 더 잘 이해하고, 또 그 정보에 대해 할 수 있는 일이 무엇이 있을지를 이해하고 있는가?

⑥ **지식**: 알아야 할 소식을 매일 접하는지 여부

다음은 당신이 현명한 뉴스 소비자인가에 대해 스스로 물어볼 필요가 있는 질문들이다.

내가 좀 더 잘 알고 싶은 것들에 대해 사람들이 무어라고 말하고 있는지를 듣고 있는가?
소식을 접하기 위해 나는 어디서 무엇을 보는가?
나는 상황들을 다른 사람에게 설명할 수 있는가?

웹사이트나 신문 1면에 올라온 톱 뉴스들을 보라.

그 뉴스들 중에 얼마나 잘 알고 있는가?

또 그 내용들을 얼마나 잘 이해하고 있는가?

건강한 사회는 다양한 관점을 가진 여러 지도자가 필요하다. 미국의 경우 우리는 좀 더 건강한 민주당, 공화당이 필요하다. 우리에게는 또 제3의 정당들도 있어야 한다. 우리에게는 좀 더 건강한 뉴스 보도 기관들이 필요하다. 그런 만큼 우리는 뉴스를 무작정 소비만 하는 것이 아니라, 뉴스를 위해 투자도 해야 한다. 우리는 좋은 지방 언론, 전국 언론, 그리고 세계적인 언론들을 지원해 줄 필요가 있다.

나는 뉴스 제공자들이 완전히 무결점으로 편향성이 없을 수는 없다고 생각한다. 그러나 나는 좀 덜 편향되어 있는 뉴스 제공자들을 찾고자 하며, 의도적으로 서로 다른 뉴스원들이 제공하는 소식들을 읽으려고 한다. 미국 뉴스만이 아니라, 세계 뉴스도 읽으려고 한다.

우리는 편파적인 게 뻔한 뉴스원, 심지어는 악플을 양산하는 출처들로부터도 소위 그들이 말하는 "뉴스"를 공유할 수 있을지도 모른다. 왜냐하면, 그 뉴스 미디어를 누가 운영하는지를 알기 위해 추가로 2분 정도를 더 쓰지는 않기 때문이다.

스위스의 신학자 칼 바르트는 히틀러 치하의 독일인 제3제국이 부상하는 기간을 살면서 나치가 "독일기독교회"를 창설하려는 시도들에 대해 대항했다.[32] 바르트는 자유로운 언론, 즉 공정과 명백성을 가지고 보도하는 언론의 중요성을 알고 있었으며, 더욱이 세계가 제대로 방향을 잡아 가도록 하기 위해서는 우리가 진리에 뿌리를 내리고 있어야 한다는 것을 알고 있었다.

1963년 바르트를 취재한 타임지를 인용해 본다.

32　"Karl Barth," *Christianity Today*, accessed October 12, 2019, www.christianitytoday.com/history/people/theologians/karl-barth.html.

[바르트는 말하기를] 신문들이 너무나 중요하기 때문에 "저는 항상 병자, 가난한 자, 언론인, 국가와 교회의 권위 자리에 있는 이들 순서로 기도합니다. 언론인들은 대중의 여론을 형성합니다. 그들은 엄청나게 중요한 위치에 있어요. 그렇지만 신학자는 결코 자기를 둘러싸고 있는 세계, 곧 그게 동양이든 서양이든 그 세계에 의해 좌우되어서는 안 됩니다. 그는 동서 세계의 사람들에게 충돌 없이 살 수 있다는 것을 보여 주는 것을 자신의 소명으로 삼아야 합니다. 하나님의 평화가 선포되는 곳마다 그 땅에도 평화가 임한다는 암시가 있는 것이죠. 우리가 크리스마스 메시지를 잊어버렸나 싶습니다."[33]

만일 우리가 객관적이고자 한다면, 우리는 항상 이 세계에 접근하여 바라볼 때 두 눈을 다 뜨고 보아야 한다.

6. 당신이 문지기이다

우리 가운데는 다른 이들에게 도전하고 반대하려는 문화적 만트라('만트라'의 원뜻은 힌두교나 불교에서 명상 중 집중력을 높이기 위해 반복하는 주문이나 말인데, '문화적 만트라'[cultural mantra]는 핵심 가치나 신념을 응축하여 표현한 '캐치프레이즈'나 '슬로건', '좌우명' 등의 뜻으로 쓰인다 -역자주)가 점증하고 있다. 나의 경우는 불의에 대항해서 일어나야 한다는 어떤 기대 같은 것이 있다. 우리는 그것이 뭐가 되었든지 간에 그런 일을 하는 사람들에 대해 반대한다.

---

[33] "About CBS," Center for Barth Studies at Princeton Theological Seminary, accessed October 12, 2019, http://barth.ptsem.edu/about-cbs/faq.

내 말을 오해하지 말기 바란다. 그런 것이 때로는 절대적으로 칭찬받을 만한 일이다. 그러나 우리는 내면을 살펴볼 필요도 있다. 우리는 책임을 질 줄도 알아야 한다.

내가 관찰한 바에 의하면, 많은 사람이 더 이상 자기가 속한 종족의 일원들에 대해서는 도전하지 않는다. 나는 이것을 정치에서 보고 있다.

의심이 갈 만한 사상들이 일어날 때, 극단의 성향을 가진 사람들은 그런 것을 무척 좋아하고, 좀 더 중도적인 사람들까지도 그런 안들이 의회에서 통과되거나 더 큰 선을 위해 적합한 것이 아님에도 그런 입장들을 받아들이고 싶어 한다. 그렇게 하다 보면 그런 사상이 내가 고수하는 내 길이 되기도 하고, 다들 따라가는 대세가 된다. "당신, 나와 동의하지 않으면, 당신은 악한 거야"라는 심리가 있다는 것을 기억할 필요가 있다.

우리는 먼저 우리가 정치적으로 어떤 성향을 갖고 있는가를 고려해 보고, 또 우리가 속한 종족들에 대해 질문해 봐야 한다. 그러나 이것 또한 개인적일 수밖에 없다. 우리가 믿고 있는 바가 과연 무엇인가에 대해 기꺼이 조목조목 따져 보려고 해야 한다. 우리는 독립적 사고를 할 수 있어야 하며, 진리를 추구해야 한다. 우리가 믿는 바가 무엇이며, 다른 사람들에게 공유하고 있는 것들이 무엇인지를 살펴봐야 한다.

이런 비판적 사고가 없으면, 우리는 우리가 보지 못하는 사각지대가 무엇인지 알지 못하게 되고, 우리가 만들어 낸 거짓말을 포함하여 거짓말들을 믿기 시작한다. 우리는 세상을 깨끗한 눈으로 보지 못한다. 우리는 우리의 이웃들을 소외시키게 된다. 우리는 실제로 다른 사람들의 이야기를 듣고 사실들을 깨우쳐 갈 수 있는 기회들을 놓치게 된다.

어떻게 돌아가는지를 알려고 하는 것은 우리의 책임이다. 그러나 뉴스와 미디어의 중요성을 인정한다면, 우리는 전적으로 온라인에만 의지하고, 항상 논쟁에 휘말리는 식으로 살아서는 안 된다.

우리는 삶의 현장에서 일어나는 실제 관계들에서 너무도 많은 것을 배울 수 있기 때문에, 우리는 의도적으로라도 우리 이웃들을 알려고 노력해야 하되, 특히 우리와 겉모습이 다른 이웃들, 우리와 생각이 다르고, 우리와 다르게 투표하는 이웃들의 이야기를 들을 필요가 있다. 실제 삶에서 사람들과 연결되는 것은 진정한 삶의 변화를 경험할 수 있는 기회를 갖는 것이다.

세상이 어떻게 돌아가는지 잘 아는 시민들은 거의 이용당하거나, 조작당하게 되지 않는다. 이것은 가짜 뉴스가 아니다. 평범하게 제시하는 좋은 충고일 뿐이다.

❦ 적용 질문 ❦

1. 당신은 지금까지 '가짜 뉴스'를 받아들였다가 나중에 진실이 무엇인지를 알게 된 적이 있는가?
   그때 당신은 어떤 느낌이었나?
2. 당신이 '가짜 뉴스'를 다른 사람들에게 전달해 줬다가 결국 거짓말을 유포하는 데 일조했다는 것을 뒤늦게 깨달은 적이 있었는가?
   거짓 보도에 의해 조작당하는 것을 피하기 위해 당신이 할 수 있는 일은 무엇이라고 생각하는가?
3. 당신이 앞으로 조작당하거나 이용당하는 것을 피하기 위해 취해야 할 가장 좋은 방법은 어떤 것들이 있겠는가?

제8장

기도하고, 투표하고, 목소리를 높여라

우리는 기독교인으로서 기도는 좋은 것이라는 데 다 동의할 것이다. 그것은 그냥 좋은 것이 아니라, 하나님이 주신 것이다. 그것은 하나님이 우리에게 선물로 주신 것으로서 우리의 요청과 탄원과 감사와 간구할 것들을 가지고 하나님께 나아가는 것일 뿐만 아니라, 우리가 하나님과 연결되어 있다는 것을 상기하는 것이다.

우리는 하나님이 필요하다. 우리에게 하나님이 필요하다는 것을 상기하는 것은 그 자체로 기도의 응답이다. 기도는 하나님을 조종하는 어떤 방법이 아니다. 디모데전서 2장 1-2절은 기도에 대한 몇 가지 명백한 지시 사항을 제공한다.

> 그러므로 나는 무엇보다도 먼저 모든 사람을 위해서 하나님께 간구와 기도와 중보 기도와 감사 기도를 드리라고 그대에게 권합니다. 왕들과 높은 지위에 있는 모든 사람을 위해서도 기도하십시오. 그것은 우리가 경건하고 품위 있게, 조용하고 평화로운 생활을 하기 위함입니다(딤전 2:1-2, 새번역).

이것은 확신에 찬 말씀들이다. 바울이 디모데에게 이 지시 사항들을 쓰고 있을 때, 그는 당시 정치적 상황들을 훤히 알고 있었기 때문이다. 당시는 기독교인들이 오해들을 견디고 박해도 받는 상황이었기 때문에, 많은 도전의 시간이었다. 그런데 그런 상황에서 받은 지시는 기도하라는 것이었다. 심지어 권위의 자리에 있는 자들을 위해 기도하라는 것이었다.

나의 친구 제임스(그의 실명이 아니다)는 나에게 조용히 여기서 바울이 디모데에게 주는 기도에 대한 지시에 대해 많은 것을 가르쳐 주었다. 제임스와 나는 많은 면에서 다르다. 그는 좀 나이가 들었고, 백인이며, 가톨릭 신자로 미국에서 나의 반대쪽에 살고 있고, 난 싫지만 뉴잉글랜드 패트리엇츠를 응원한다.

우리가 처음 만난 것은 서로 아는 친구를 통해서였다. 여러 해를 사귀면서 우정이 점점 자라 가는 것을 즐기고 있다. 우리는 서로 예수님에 대한 믿음을 공유하고 있지만, 그렇다고 해서 정치를 포함해 많은 것에 있어서 우리가 항상 동일한 견해를 갖고 있지는 않다는 것을 깨닫고 있다.

그러나 우리가 우정 관계를 형성해 왔기 때문에, 우리는 서로를 신뢰하면서 우리가 믿고 있는 것들에 대해 왜 그것을 믿는지와 같은 힘든 질문들도 서로에게 던질 수 있게 되었다.

제임스는 "왕들과 높은 지위에 있는 모든 사람을 위해" 기도하겠다는 헌신을 했다. 그는 처음에 1977년 대통령이 된 지미 카터 대통령을 위해 기도하는 것으로 시작했다. 그가 기도를 시작했던 것은 특히 "민주당 사람"이 대통령이 되어 마음이 심란해졌기 때문이었다. 그 이후로 제임스는 매일 대통령과 그가 사는 지역의 시장을 위해 기도하겠다는 헌신을 하게 되었다. 하루도 빠지지 않고 매일.

그는 카터, 로널드 레이건, 조지 부시 시니어, 빌 클린턴, 조지 부시 주니어, 버락 오바마, 그리고 도널드 트럼프 등을 위해 했던 기도의 구체적인 제목들을 기억할 수 있다. 그는 하루도 거르지 않고 기도했다.

내가 왜 매일 매일 대통령과 시장을 위해 기도하느냐고 물었더니 그는 다음과 같이 확신 있는 대답을 주었다.

> 내가 그들을 위해 기도하는 이유는 예수님이 나의 주님이시고, 하나님의 말씀이 내 발의 등불이기 때문입니다. 성경에 쓰인 말씀이 내가 좋아하는 내

용은 아니지만, 그 말씀을 마음에 받아들입니다. 그리고 나는 권세의 자리에 있는 이들에게 지혜와 온전함, 보호와 인도를 허락하시도록 기도합니다. 그런데 여러 해 동안 그렇게 하면서 나는 이렇게 훈련된 모습으로 기도하는 것이 그 사람들만을 위해서 필요한 것이 아니라, 나를 위해서도 필요하다는 것을 알게 되었습니다.

그들을 위해 매일 빠지지 않고 기도하다 보니, 그들이 나에게 평범한 사람으로 보이게 되었고 … 그러니까 나도 더 사람같이 되더군요. 내가 좋아하지 않거나 동의가 되지 않던 지도자들에 대해 가지게 되었던 강퍅함, 분노, 냉소 이런 것들이 좀 더 부드러워지게 되는 데 도움이 되었습니다.

그들도 나와 똑같은 사람이다. 하나님의 형상으로 창조된 사람들이다. 그들에게도 두려움, 불안정, 소망 이런 게 있다는 생각이 들었습니다. 그들에게도 예수님이 필요하고, 더 중요한 사실로서 예수님이 그들을 사랑하신다는 생각이 들었습니다. 그리고 궁극적으로는 지도자들을 위해 기도하게 되니까 내가 믿어야 하는 것이 인간의 권위에 있지 않다는 깨달음이 온 겁니다. 그러니까 내가 기도하는 대상은 그들이 아니라, 예수님인 거지요.

나는 제임스와 나눴던 그 대화를 결코 잊지 않을 것이다. 그 이후로 나도 현직 대통령과 내가 사는 도시의 시장을 위해 기도하는 것을 실천하게 되었다. 물론, 가끔씩 매일 하는 그 기도를 빼먹을 때가 있지만, 내가 실제로 내가 사는 시의 시장님과 미국의 현직 대통령님과 함께 기도하게 되는 특별한 기회들이 있게 되리라고는 거의 생각지 못했다.

1. 대통령과의 기도

몇 년 전 나는 오바마 대통령이 시애틀을 방문했을 때, 그를 만난 적이 있다. 내 마음속에서 나는 내가 마음에 가진 확신들을 나눌 기회를 가짐으로써 오바마 대통령에게 극적 영향을 미치고, 그래서 그의 지도력과 대통령직 수행의 방향, 그리고 이 나라의 장래가 바뀔 수 있도록 하겠다는 꿈을 꿔 오고 있었다.

크게 잘하시던지, 아니면 그만 두든지 하시라고!

불행히도 그런 내용을 나눌 수 있는 오랜 시간 대화할 기회는 오지 않았다. 그와 같은 기회가 왔었다면, 나는 정치, 정의, 요람에서 무덤까지 세워져야 할 인간의 존엄, 가족, 결혼 등에 대해 이야기를 나누고, 우리 아이들의 사진들을 번갈아 가면서 함께 보고, 또 일대일 농구 시합도 하자고 제안하고 싶었다.

그러나 그 만남은 작은 그룹의 사람들과 몇 분 동안만 이뤄졌다. 그날의 작은 회합에서 참석자들이 소개가 되었는데, 그들은 다들 '중요한' 직책들을 가진 사람들이었다. 나는 그냥 "유진 조"라는 이름만으로 소개가 되었다.

많은 사람이 "이 사람은 누구냐, 어떻게 여기에 왔나" 하고 물었을 것이 분명하다. 사실 오바마 대통령도 "유진씨 안녕하세요"라고 말하면서 뜨악한 표정을 지었다. 그래서 내가 다시 나를 소개하면서 나는 시애틀에서 사역하는 목사이고, '하루 임금 나누기'(ODW)라는 단체를 통해 인도주의 사업에도 관여하고 있다고 설명했다.

우리는 잠깐 몇 가지 이야기를 주고받았는데, 특별히 기억나는 한 가지가 있다. 우리가 나눴던 대화 중에 이 부분을 결코 잊지 못할 것이다. 몇 가지 정책에 있어서 내가 그와 동의하지 않는 것들이 있을지라도 말이다.

나는 오바마 대통령에게 내가 종종 그러나 규칙적으로 그를 위해 기도한다는 이야기를 하자, 그는 이렇게 말했다.

"감사합니다. 유진 목사님. 정말로 감사드립니다.

기도하실 때 저와 아이들을 위해서도 기도해 주시겠습니까?

그들의 안전을 위해 기도해 주세요."

그의 태도가 순간 바뀌는 것을 보았다. 어쩌면 내가 그의 비언어적 여러 제스처를 너무 세세하게 보려고 했는지 모르지만, 나는 목사이고, 그것도 21년 동안 목회를 해 온 사람으로서 '목회적 감각' 같은 것이 있기 때문에, 기도에 대해 그가 감사한 것, 자기 가족을 위해 기도해 달라고 요청한 것은 정말 마음에 와닿는 반응이었다.

지금까지도 그때 짧게 나눈 대화 중에 느꼈던 그의 직책이 주는 부담과 무게, 그리고 대통령이라는 '소명'에 대한 느낌을 생생하게 기억하고 있다. 많은 면에서 우리는 최고 통수권자를 포함하여 지도자의 자리에 들어선 모든 이의 용기를 칭찬해야 한다. 우리가 그들을 비판하고, 그들이 내리는 결정을 놓고 왈가왈부할 수 있겠지만, 우리는 그들 스스로 취약해지기 쉬운 자리에 들어선 그들의 용기에 대해서는 칭찬도 해 주어야 한다.

다른 사람들을 위해 기도하는 것은 인색한 마음에 가장 좋은 해독제가 된다. 당신이 어떤 정치적 편향이 있고, 어떤 정당의 당원이고, 어떤 애증 관계를 가지고 있는가 하는 것은 문제가 되지 않는다.

우리는 자주 디모데전서 2장 1-4절을 인용하면서 우리 위에 세워진 지도자들을 위해 기도하라는 권면을 받는다. 그러나 기도해야 할 대상이 내가 동의하지 않는 사람일 경우에 우리는 그런 권면의 지시에 대해 망설이거나 소홀히 대한다. 슬프게도 어떤 사람들은 시편 109편 8절의 말씀을 인용하려 들지도 모른다.

> 그의 연수를 짧게 하시며 그의 직분을 타인이 빼앗게 하시며 (시 109:8).

이것은 오바마 대통령에 대한 보수 기독교 행사에서 조지아주의 공화당 상원의원 데이비드 퍼듀(David Perdue)가 언급했던 부적절한 격려였다.[1] 상상대로 장내에는 푸하하 하는 박장대소가 터져 나왔다. 그 구절은 문자적으로 "그의 날수가 짧게 하여 … 죽게 하시며"라는 뜻이기 때문이다.

그리고 또한 와일리 드레이크 목사(Pastor Wiley Drake)가 했던 것과 같은 말도 안 되고, 위험한 이야기들도 있다. 그는 공개적으로 오바마 대통령이 죽게 해 달라고 기도했다.[2]

대통령과 내가 악수를 하고 잠깐 그와 같은 대화를 나누는 동안 나는 그가 누가 뭐래도 "이 세계에서 가장 큰 권력을 가진 사람"임에도 불구하고, 그 밑바닥에는 그냥 의심과 두려움을 지닌, 바로 나와 다름 없는, 또 하나의 깨어지고 타락한 인간이 있다는 생각이 들었다. 우리는 모두 하나님의 은혜가 절실히 필요하다. 우리는 모두 기도를 통해서 오는 위로와 힘이 필요하다.

우리의 짧은 대화에 대한 기억은 내가 2011년 워싱턴 DC에서 열렸던 전국조찬기도회에 참석했을 때, 오바마 대통령으로부터 직접 들었던 말을 생각나게 한다.

> 우리 모두 마찬가지이겠습니다마는 저의 신앙 여정에도 이런저런 굴곡들이 있었습니다. 항상 직선으로 가는 것은 아니었습니다. 저는 부모로서 누리는 기쁜 일들과 미셸이 저에 대해 기꺼이 인내해 주려는 마음에 대해 하나님께 감사합니다. 실패와 실망할 일들을 당한 후에 저는 하나님이 저를 위해 무슨 계획을 가지고 계신가 묻곤 하는데, 그때마다 깨닫게 하신 것은 하나님이 우리에 대해 가지고 계신 계획은 가까운 것들밖에 보지 못하는 우리의

---

[1] David A. Graham, "David Perdue's Prayer for President Obama," *Atlantic*, June10, 2016, https://www.theatlantic.com/politics/archive/2016/06/david-perdue-obama/486587/.

[2] "Will the Southern Baptists Honor Election of Obama?," NPR, June 19, 2009, www.npr.org/templates/story/story.php?storyId=105652770.

욕심들을 만족시키지는 않는다는 것입니다.

그리고 제가 말씀드리고 싶은 것은 지난 2년 동안의 시간이 저의 신앙을 더 깊게 만들어 주었다는 것입니다. 대통령직이라는 것은 사람으로 하여금 기도할 필요를 깨닫게 하는 흥미로운 면이 있습니다. 여러분 중 많은 분이 아시는 대로 에이브 링컨은 이렇게 말했습니다.

"저는 많은 경우 제가 가서 숨을 수 있는 곳이 없다는 압도적인 확신 때문에 무릎을 꿇고 기도할 수밖에 없었습니다."

이런 경험 때문에, 그리고 제임스의 지혜와 모범을 따라서 나는 이 나라의 대통령을 위해 정기적으로 기도하겠다는 헌신을 했다.

대통령이 누구냐에 상관 없이!

내가 그의 정책에 동의하든, 동의하지 않든, 좋든 싫든, 공화당이든 민주당이든, 보수든 진보든 간에 ….

그래서 나는 트럼프 대통령을 위해 매일 기도했다. 정직하게 말하면, 그 일은 때로 도전이 되었는데, 그래도 나는 그를 존중하기로 마음을 먹었다. 그와 그의 가족이 신체적으로 안전하도록 기도한다. 그에게 지혜를 주시도록, 그리고 그가 회개하도록 기도한다. 모든 지도자에게 두 가지가 다 필요하기 때문이다.

나는 그가 특히 우리나라와 전 세계에 있는 취약 계층의 사람들에 대해 보다 더 깊은 동정심을 갖게 해 달라고 기도한다. 나는 그의 복지, 그의 결혼생활 그리고 그의 가족을 위해 기도한다. 나는 그에게 힘과 확신과 용기를 주시도록 기도한다. 나는 무엇보다도 그가 깊고도, 심오하게 예수님을 알게 되어, 그 자신과 사회, 그리고 인생에 대한 그의 생각이 바뀌게 해 달라고 기도한다. 나는 그가 그의 삶 속에서 그리고 그의 지도력을 통해 하나님께 영광을 돌리는데 헌신하게 해 달라고 기도한다.

기도가 왜 중요한가?

기도할 때 우리는 우리 삶에 하나님이 절실히 필요하다는 것을 상기하게 된다. 또한, 우리가 서로에게 연결되어 있다는 것을 깨닫게 된다. 간단히 말해서, 기도는 다른 사람들을 비인간화하고 비난하는 경향을 근본적으로 해소시켜 주는 해독제이다.

2. 정치인들이 함께 기도하면

우리 정치에 존재하는 지속적 긴장에도 불구하고, 이 나라 국회의 양당 지도자들이 동의하여 한 주에 한 번 갖는 기도회에 기대를 건다. 기도회는 수요일 아침마다 모인다. 회기 중 매주 두 번 간단히 모이는 조찬기도회에는 다양한 정치 스펙트럼을 반영하는 모든 상원, 하원의 지도자들이 모인다. 하나는 하원 기도회이고, 다른 하나는 상원 기도회이다. 이 기도회에 초청을 받아서 가는 것은 아니다. 이 기도회가 성공적인 것은 비공식, 사적 모임이기 때문이다.

상원의 경우 대개 4분의 1이 조찬기도회에 참석한다. 이 모임은 반드시 정치를 말하는 자리가 아니다. 잘 모이는 신자들의 소모임들과 마찬가지로, 삶의 이야기를 나누고, 성경 말씀을 놓고 묵상하는 것이 그 중심이기 때문에, 신뢰를 쌓고 영적 심도가 있다. 상원의원들과 기도회 담당 목사들만 참석하고, 채플린 목사님이 찬양을 인도한다.

일반적으로 공화당 의원들이 민주당보다 숫적으로 더 많이 참석하는데, 신실하게 참석하는 민주당 상원의원 중 한 사람은 델라웨어 출신의 크리스 쿤스(Chris Coons)다. 전 상원의원인 조 바이든(Joe Biden)처럼, 그는 델라웨어에서 의사당까지 기차로 매일 아침 출근하는데, 수요일 아침에는 각별히 일찍 나온다. 기차에서 내려 조찬 모임에 걸어오는 동안 그 기도회의 전반부를 놓칠 수도 있지만, 그래도 짧은 몇 분간 기도회에 참석하면 머리가 상쾌해진단다.

> "여기에 오는 사람들은 서로들 잘 몰라요. 아무도 이 지역에 사는 것도 아니고, 이 기도회에 소속된 것도 아닙니다."
>
> 이렇게 말하는 쿤스는 장로교인으로 예일대 신학부의 윤리학 석사 학위를 가지고 있다. 그는 때때로 일요일이면 델라웨어의 여러 교회를 방문해서 초청 설교자로 설교한다. 그는 이렇게 말한다.
>
> "조찬기도회가 이곳을 사람이 사는 곳으로 만들어 줍니다."[3]

조찬기도회에는 다양한 종교를 대표하는 강사들이 오기도 한다. 다양한 정치, 종교적 배경을 대표하기 위함이다. 쿤스 의원은 이 조찬기도회를 통해 입장이 서로 다른 사람들이 실제로 상대방의 말을 들어 보면서 국회 내에 분열된 상황을 조정하게 되는 영향을 미친다고 한다.

모인 사람들이 그들 나름의 고충들을 나눈다. 각자의 신앙 여정과 의심, 경축할 일과 애도의 순간들을 공유한다. 말씀을 공부하고 기도하면서 세워진 우정은 인간 관계 수립을 도와주고, 양당 체제의 입법 기관이 이 나라의 선을 위해 생산적이게 만들어 준다. 1년에 한 번은 모든 조찬기도회가 연합하여 전국조찬기도회로 모인다.

쿤스가 말했듯이, "아침에 누군가와 손을 맞잡고 기도하게 되면, 그렇게 같이 기도한 사람이 오후의 회기 중에 당신에게 주먹질을 하기는 어렵다."[4]

그렇다. 또라이가 되지 말라. 펀치를 날리지 말라. 서로를 위해 기도하라.

---

[3] Francine Kiefer, "Prayer and Politics in Congress," Christian Science Monitor, September 17, 2016, www.csmonitor.com/USA/Politics/2016/0917/Prayer-and-politics-in-Congress.

[4] Kiefer, "Prayer and Politics," www.csmonitor.com/USA/Politics/2016/0917/Prayer-and-politics-in-Congress.

3. 투표함으로 가는 긴 여정

"투표했습니다."

이 간단한 메시지의 스티커를 차에 수도 없이 붙여 봤을 것이다. 나는 이 스티커들을 좋아한다. 이 스티커들은 민주주의 절차에 참여하라는 많은 격려가 있는 나라에서 볼 수 있는 명예로운 배지이다. 당신이 공화당이든, 민주당이든, 인디펜던트든, 녹색당이든, 중도 노선의 보라색당(Purple Party)이든, 우리는 시간을 내어 투표하는 사람들을 존경하는 것 같다.

투표에 대해 나는 감사하는 마음과 책임감 두 가지를 다 느낀다. 어쩌면 내가 이민 1세대 미국인이기 때문에, 감정이 고조되는지도 모르겠다. 나는 우리의 가치에 맞는 사람들과 정책들을 사려 깊게 살피고, 지지할 의무가 있다고 믿는다.

나는 우리 부모님이 미국으로 이민을 올 수 있는 기회가 주어졌을 때, 그분들이 얼마나 열심히 일을 하셨는지를 잘 알고 있다.

우리 부모님은 샌프란시스코의 납로인(Nob-Loin) 지역에 있는 로열 파인 마케트라는 작은 식료품점에서 일을 했다. 나중에는 돈을 모아 가게를 샀다. 아침 7시부터 밤 11시까지 어머니인 성화 씨는 피곤한 줄 모르고 일을 했다. 아버지 탁은 통신회사에서 하루 종일 일을 하신 후 퇴근을 하면, 어머니 가게에 가서 같이 일했다. 그분들이 쉴 수 있는 유일한 날인 일요일에 우리는 교회에 갔다.

우리 형제들도 같이 일했다.

그때 우리는 얼마나 일을 많이 했던지!

학교가 끝나자마자 곧장 가게로 가서 가게 문을 닫을 때까지 일했다. 그때 생활을 돌아보면서 이야기를 할 때면, 우리 아이들은 아주 재밌어 한다. 아이들에게도 우리는 집에서 같이 할 허드렛일을 하도록 하는데, 내가 어릴 때 나는 허드렛일이 아니라 실제 일을 했다.

6살 때 거의 영어도 모를 때였는데, 나는 가게 근처의 이웃집들에 식료품을 배달했다. 계산대 옆에서 물건을 봉지에 담는 일, 가게를 청소하는 일도 했다. 우리 생활은 로열파인마켓을 중심으로 돌아갔다. 우리가 살던 아파트에 불이 난 다음 우리는 심지어 그 식료품 가게 위에서 살았다. 낡은 매트리스 위에서 교대로 잤다.

　우리 부모님은 힘에 부치도록 일했지만, 미국 사람이 된 그들에게 온 기회가 어떤 것인지를 알았던 것이다. 그들은 자신의 목숨을 담보로 해서 끊임없이 일했다. 나와 동생들을 위해, 그리고 우리의 장래를 위해 일했다.

　미국이라는 나라가 완전한 나라는 결코 아니지만, 많은 사람에게 미국은 약속의 나라, 기회의 나라이다. 또 이 나라에서 그들은 자유로이 예배를 드릴 수 있다. 나는 많은 것이 주어진 사람들에게 많은 것이 요구된다고 믿는다. 특히, 시민적 참여라는 면에서 이것은 중요한 사실이다.

　그러나 우리가 사려 깊고, 또 기도를 할지라도, 또는 가장 좋은 의도를 가지고 참여를 하려고 하고, 투표함에 가서 조심스럽게 지도자들을 뽑는다고 해도, 투표라는 것이 일찍이 동등한 기회로 주권을 행사할 수 있는 것이 되지는 못했다.

4. 누구를 뽑는다는 투표권

　잠깐 인종이나 성별의 이유로 당신이 투표소에서 퇴짜를 맞았다고 상상해 보라. 이것은 태고적 이야기가 아니다. 우리가 때때로 하게 되는 미국 역사에 있었던 아픈 이야기 중 하나다.

　미합중국은 1776년에 세워졌다. 거의 250년 전의 일인데, 아프리카계 미국인들의 투표권은 수정헌법 제15조가 통과된 150년 전에야 비로소 가능케 되었다. 그 사건에 대한 진술도 조정이 필요하다. 그때는 아프리카계 미국인 남자들이 투표권을 얻었다. 모든 인종의 여성들이 투표권을 얻기까지 그들은 또 몇십 년을 더 기다려야 했고, 법안이 통과되었다고 하더라도 실제로 투표하게 되었던 것은 전혀 아니었다.

유권자들을 기다리고 있었던 냉엄한 현실은 여러 가지 형태의 차별 행위들 때문에 많은 아프리카계 미국인이 투표장에 들어가지 못했다. 그런 방해 요인들 중에는 인두세, 읽기-쓰기 시험, 합헌 여부에 대한 논의, 그리고 선거일과 투표 시간을 정하는 것과 관련한 노골적인 기만 행위 등이 있었다. 이런 인종 차별적 방해 활동은 남부에서 가장 흔하게 벌어졌었다.

그러다가 1950년대와 1960년대에 일어난 영감 넘치고, 치열한 민권 운동의 결과로 1965년에 투표권법이 정해졌고, 그로 인해 위에 언급했던 투표에 대한 장애 요인들이 제거되기에 이르렀다.

아프리카계 미국인들이 투표할 수 있게 됨으로써 나타난 결과는 즉각적이었다.

> 1965년에 투표권법안이 통과될 때, 미 하원의원들 중에 아프리카계 미국인들은 6명이었고, 상원에는 흑인이 전무했다. 1971년에 이르러 흑인으로 하원의원이 된 사람이 13명, 상원의원은 1명이 되었다.[5]

미국 여성들의 경우를 보면, 그들은 겨우 백 년 전부터 비로소 투표권을 행사할 수 있었다. 인권의 평등이 오랫동안 지체돼 온 것은 노력이 부족해서 그랬던 것이 아니다. 여성 참정권 쟁취 투쟁은 여성들이 주도했었고, 그들은 적대 세력들을 견뎠고, 심지어는 그들의 오랜 투쟁 가운데 심지어 구타를 당하는 수모도 있었다. 백악관 밖에서 "대통령님, 여성들이 자유를 얼마나 더 기다려야합니까"라는 팻말을 들기도 했다.

---

5 "Voting Rights Act of 1965," *History*, June 6, 2019, www.history.com/topics/black-history/voting-rights-act.

결국, 끈덕지고 침착한 캐리 채프먼 캣(Carrie Chapman Catt)과 같은 여성들이 우드로 윌슨 대통령을 설득하여 그의 생각을 바꾸게 되었다. 1920년 그는 수정헌법 제19조의 입법 결정을 승인하여 서명하게 된다.[6] 그러나 실제에 있어서 이 제19조 수정헌법은 백인 여성들이 투표할 수 있도록 하는 정도였다.

예컨대, 미국 원주민들은 캘빈 쿨리지(Calvin Coolidge) 대통령이 스나이더법(Snyder Act)으로 알려져 있는 인디안 시민권법에 서명하게 된 1924년까지 시민으로서 완전한 권리를 갖지 못했다.

많은 주에서 미국 원주민들이 투표하는 것을 원치 않았기 때문에, 그들은 "주마다 별도로 투표권을 얻었어야 했고, 1962년 유타주가 원주민들에게 투표권을 완전히 보장해 준 마지막 주가 되었다."[7] 그러니까 요약하자면, 미국의 원주민 여성들이 미국 전역에서 투표를 할 수 있게 된 것은 1962년부터였다.

새로운 시대가 되어 이제는 누구나 투표를 할 수 있다.

문제가 다 해결된 것 아닌가?

나도 분명히 그게 사실이기를 바란다. 이날이 되도록 투표권에 있어서 우리 모두가 제 몫을 제대로 얻고 있지는 못하다. 소수 민족들, 특히 아프리카계 미국인들은 투표하러 가기까지 큰 부담을 느낀다.

소수자 공동체에서는 투표 행위 자체가 계속 도전이 되고 있다. 아프리카계 미국인들은 지금까지 백인 지역의 사람들에 비해 투표를 위해 대기하는 시간이 훨씬 더 많이 걸린다. 투표소에서 일하는 직원들이 적기 때문이다. 어떤 투표자들은 4시간 이상을 기다리기도 한다.

---

6 "19th Amendment," *History*, September 9, 2019, www.history.com/topics/womens-history/19th-amendment-1.

7 Becky Little, "Native Americans Weren't Guaranteed the Right to Vote in EveryState until 1962," *History*, August 20, 2019, www.history.com/news/native-american-voting-rights-citizenship

퓨채리터블리서치(Pew Charitable Research)에서 내놓은 보고서에 의하면 2016년 선거에서 아프리카계 미국인들은 평균 16분을 기다렸고, 라티노들은 13분, 백인들은 10분을 기다렸다. 대기 시간이 전반적으로 개선되고 있지만, 인종들 사이의 차이가 여전히 좁혀지지 않고 있다.[8]

나는 워싱턴주에서 모든 투표를 우편 투표로 완전히 전환한 것을 참 좋아한다. 그 결과 투표 참여율이 꽤 개선되었다.[9] 우편 투표이기 때문에 나는 나의 정장인 BTS 케이팝 수퍼팬 파자마를 입은 채로도 투표할 수 있다.

우리에게 선거에서 평등한 권리를 보호하기 위한 수정헌법과 해당 법들이 있기는 하지만, 그런 규정들 이면에 있는 정신이 어떤 것인지 거듭거듭 테스트를 하고, 또 해 봐야 한다.

플로리다 같은 곳에서는 수천 수백의 아프리카계 미국인들이 투표권을 상실하기도 했다. 범죄자라는 이유 때문에 그들은 투표권을 평생 박탈당했다. 2016년의 경우 그 결과 플로리다 거주자들 열 명 중 한 명이 영향을 받았고, 플로리다의 아프리카계 미국인은 다섯 명 중 한 명이 영향을 받았다.[10]

투표권 박탈에 대한 법은 인종 차별적 기원이 있다. 남북전쟁이 끝날 무렵에 생겨난 것으로 당시 백인 정치인들이 범죄자들을 평생 다시는 투표하지 못하도록 금하는 법을 제정했던 것이고, 전쟁 후에 제정된 법들을 이용해서 흑인 유권자들에게 범죄 기록들을 떠안게 해 그들을 선거인명부에

---

[8] Matt Vasilogambros, "Voting Lines Are Shorter—but Mostly for Whites," Pew, February 15, 2018, www.pewtrusts.org/en/research-and-analysis/blogs/stateline/2018/02/15/voting-lines-are-shorter-but-mostly-for-whites.

[9] "Voting by Mail and Absentee Voting," MIT Election Data plus Science Lab, accessed October 13, 2019, https://electionlab.mit.edu/research/voting-mail-and-absentee-voting.

[10] K. K. Rebecca Lai and Jasmine C. Lee, "Why 10 Percent of Florida Adults Can't Vote: How Felony Convictions Affect Access to the Ballot," New York Times, October 6, 2016, www.nytimes.com/interactive/2016/10/06/us/unequal-effect-of-laws-that-block-felons-from-voting.html.

서 삭제해 버렸다.

그 법의 근원을 살펴보면, 너무 노골적으로 인종 차별적이어서 어떤 주의 지도자는 나중에 자랑하듯 말하기를, 남북전쟁 후에 개정된 헌법을 통해 플로리다주를 흑인들이 차지하지 못하게 만들었다며 흑인들에 대한 묘사에 인종 차별적 비방을 하고 있다.[11]

그러나 이제 플로리다 주민의 65퍼센트가 그 법을 뒤집는 투표를 해서 복역을 마친 140만 명 중 살인 혹은 중징계 대상인 성범죄자들 외에는 다시 투표할 기회를 열어 주게 되었다. 이런 사실에 격려를 받고 있으며, 지금 묘사한 상황이 이 책을 쓰고 있는 지금 약화되고 있지 않다고 해서 놀라지도 않는다.

우리는 왜 공정한 선거에 관심을 기울이고 있으며, 범죄자들을 섬기려고 하는가?

그 이유는 옥중에 있는 사람들도 하나님의 형상으로 창조되었다고 믿기 때문이다. 비록 그들이 유죄 판결을 받았다고 해도, 그들은 여전히 하나님의 형상으로 지음을 받은 사람들이다.

불의는 좌파나 우파의 이슈가 아니다. 그것은 옳고 그름에 대한 문제이다. 정치에는 정의와 불의가 동시에 개입된다. 우리가 통과시키는 법률은 사람들에게 영향을 미친다. 나는 목사이며 신자로서 투표와 관련하여 우리나라에서 일어나고 있는 일들을 보면서 마음이 불안해진다. 현실적으로 이 나라가 시작된 이후 투표와 관련해서 발생했던 일들을 보라.

내가 볼 때, 이 모든 것은 내 신앙의 몇 가지 핵심 요소로 귀결된다. 정직과 이웃 사랑이라는 두 가지 주요 가치가 떠오른다. 내 이웃들의 투표권이 박탈되는 것은 그 두 가지 모두를 말살하는 것이라고 말해도 과언이 아

---

11 Tim Elfrink, "The Long, Racist History of Florida's Now-Repealed Ban on Felons-Voting," *Washington Post*, accessed June 16, 2019, www.washingtonpost.com/nation/2018/11/07/long-racist-history-floridas-now-repealed-ban-felons-voting/?utm_term=.651b5262399d.

니다. 그것이 의도적 박탈이라면, 그것은 옳은 일이 아니다. 그것이 만약 의도한 것이 아니고, 부주의해서 발생한 권리 박탈이라고 해도, 그것은 여전히 잘못된 일이다.

투표를 한다는 것은 우리의 법체계 안에서 목소리를 낸다는 것이며, 그 목소리는 의사의 반영을 뜻하는 것이고, 우리가 바라는 미래를 선택하는 목소리인 것이다. 나의 가족과 나는 우리가 이 나라에서 누리고 있는 여러 다양한 기회에 감사한다. 그리고 그 동일한 기회들, 특히 투표할 수 있는 권리를 포함한 기회들이 언젠가 모든 사람에게 동등하게 보장될 수 있기를 기도한다.

5. 옹호 : 모든 사람을 위한 요청

정치 활동 과정에서 확신하는 바들을 삶으로 표현하는 것에 대해 생각해 볼 때, 투표는 분명히 해야 한다. 정치적 옹호(변호)는 실행이 더 어려운 일인 것 같다. 우리가 가장 먼저 생각해 보는 일은 아닐 것이다. 우리가 정치인들과 개인적으로 가까운 관계에 있지 않고, 어떤 특정의 정치 사안에 대해 개인적 연관이 없다 할지라도 우리는 정치인들에게 독설을 퍼붓고 압박을 가하며, 어느 한편을 향해 투표를 하게 된다. 이렇게 돌아가는 것이 폴리티컬 머신(political machine)인 것이다.

내가 정치적 옹호 활동에 참여하기 전까지 나는 그런 일은 전문가들만 할 수 있는 일이라고 생각했다. 그러나 여러 해 동안 여남은 정치 지도자들과 만나는 기회들을 가지면서 나는 그들에게서 동일한 반응의 메시지를 듣고, 또 들어 왔다. 우리 일반인들의 목소리가 중요하다는 이야기였다.

간추려 말하면, 옹호 활동은 중요하다. 내가 모든 문제를 다루는 전문가는 아니지만, 나는 더욱 많은 정보를 입수하고, 중요한 대의명분과 이슈들,

그리고 취약한 사람들을 위해 나서서 더 좋은 옹호 활동을 할 수 있도록 스스로를 교육시키려고 노력한다.

옹호자는 다른 이의 명분을 위해 호소하는 사람이다. 그 역할은 우리를 대신하여 중보하시는 성령님을 상기시킨다. 성령님은 우리의 옹호자로서 우리에게 능력을 주시고, 우리를 인도한다. 어떤 의미에서 보면, 옹호자는 우리가 선출한 지도자들이 훨씬 더 명확하게 이 세상을 볼 수 있도록 도와준다는 면에서 인도자이기도 하다.

옹호 활동을 통해 사람들에게 영향을 미치는 법률과 제도들을 바꿀 수 있다. 우리가 우리의 옹호 활동을 통해 만인을 위한 정의를 추구하는 것은 우리의 이웃을 사랑하는 것의 한 부분이 될 수 있다.

그러나 나의 경험으로 볼 때, 교회나 기독교인들은 옹호 활동을 위해 목소리를 거의 내지 않는다. 우리는 동정심, 은혜, 친절, 그리고 관대함과 같은 아름답고 중요한 덕목들에 대해 듣기도 하고 가르치기도 한다. 그러나 나는 개인적으로 옹호 활동이 중요하다고 배운 기억이 전혀 없다. 심지어는 초보 신앙인으로서 옹호 활동이라는 것이 도대체 무엇인지 배운 기억이 전혀 없다.

그러나 성경 전반을 훑어 보면, 옹호하라, 정의를 추구하라는 요청의 말씀을 볼 수 있다.

> 너는 말 못하는 자와
> 모든 고독한 자의 송사를 위해 입을 열지니라
> 너는 입을 열어 공의로 재판하여
> 곤고한 자와 궁핍한 자를 신원할지니라(잠 31:8-9).

> 선행을 배우며 정의를 구하며
> 학대 받는 자를 도와주며
> 고아를 위해 신원하며

과부를 위해 변호하라 하셨느니라(사 1:17).

임금이 대답하여 이르시되 내가 진실로 너희에게 이르노니 너희가 여기 내 형제 중에 지극히 작은 자 하나에게 한 것이 곧 내게 한 것이니라(마 25:40).

원캠페인(One campaign), 월드릴리프(World Relief), '세계를 위한 빵'(Bread for the World), 월드비전(World Vision)과 같은 단체를 통한 이 세계의 가난한 자들을 위해 목소리를 높이는 것이 나의 옹호 활동에서 자주 반복되는 주제가 되어 왔다. 오늘날 이 세계에서 볼 수 있는 빈부 격차 문제는 충격적이다. 오늘 살아 있는 열 사람 중 한 사람 이상이 깨끗한 물을 마실 수 없다.

예를 들어, 물이 없어서 여인들과 여자 아이들이 매일 18리터의 물통을 짊어지고 먼지와 뙤약볕이 기다리는 6킬로미터의 길을 걸어간다. 이 허리가 휘는 소모적인 일에 여인들과 여자아이들이 쓰는 시간을 다 합하면 매일 2억 시간이 든다.[12] 그렇다고 해서 깨끗한 물을 길어오는 것도 아니다. 더러운 물을 마시기 때문에 병이 난다. 특히, 어린아이들을 병들게 한다. 이런 상황은 학교 출석율이라든지, 영유아의 다섯 살 이전 사망 비율 등 그들의 삶의 모든 면에 영향을 미친다.

매일 5세 미만 어린이 1천여 명 가까이가 오염된 물과 허술한 위생 시설, 적절치 않은 위생 상태 등으로 인해 발생하는 설사병으로 죽는다. 어린이가 5세 이전에 사망할 위험은 유럽보다 아프리카에서 8배 가량 더 높다.[13]

---

12 "Global Water Crisis: Facts, Faqs, and How to Help," World Vision, accessedOctober 13, 2019, www.worldvision.org/clean-water-news-stories/global-water-crisis-facts.

13 "Under-Five Mortality," World Health Organization, accessed October 13, 2019, www.who.int/gho/child_health/mortality/mortality_under_five_text/en/.

그러나 옹호 활동과 뭔가 개선하고자 하는 정치적 의도에 따라 그런 추세가 바뀌고 있다. UN의 통계에 의하면, 1990년 이후 26억 명이 안전하고, 깨끗한 물을 마실 수 있게 되었다.[14] 2008년 이래로 미국 정부는 그런 형편에 있던 사람들 가운데 3천 7백만 이상의 사람들이 청정수를 마실 수 있도록 도와주었다.[15]

나는 이 일을 위해 공적 옹호 활동을 진행하면서 미 의회의 지도자들과 대화했다. 월드비전과 함께 나는 세계식수법(Water for the World Act) 발의를 위해 워싱턴 DC에서 발언했다. 이 법안은 식수, 위생, 위생 시설을 위한 미국의 기금들이 미국의 정치적 이해 관계가 있는 나라들보다는 그런 혜택이 가장 필요한 나라들에게 갈 수 있도록 보장하려는 것이었다.

월드비전 옹호국은 나에게 해당 문제들에 대한 사실적 정보들과 인적 커넥션들을 제공해 줌으로써 일이 성공적으로 진행될 수 있도록 해 주었다.

식수 문제 외에도 정치적 의지로 바꿀 수 있는 가장 극적인 예들 가운데 하나는 HIV와 에이즈 보균자들의 생명을 구하고, 그들의 삶의 질을 개선하도록 그 당시 대통령이었던 조지 W. 부시가 시작한 PEPFAR(President's Emergency Plan for AIDS Relief)라는 HIV/에이즈 퇴치를 위한 선도적 조치이다. PEPFAR의 활동으로 인해 지금 아프리카에서는 1천 7백만의 남성, 여성, 어린이들이 생명을 구할 수 있는 HIV치료를 받고 있으며, 2백만 이상의 아이들이 HIV양성 반응을 보인 산모들에게 HIV 없이 태어났다.[16]

14　Chris Huber, "Water Facts: Good News and a Global Challenge," World Vision, April 21, 2017, www.worldvision.org/clean-water-news-stories/water-facts-good-news-global-challenge.

15　"Water and Sanitation," USAID, May 7, 2019, www.usaid.gov/what-we-do/water-and-sanitation.

16　Deborah L. Birx, "The United States President's Emergency Plan for AIDSRelief," US Department of State, accessed October 13, 2019, www.pepfar.gov/press/releases/282136.htm.

이 프로그램이 실시된 이후 첫 3년 사이를 살펴본 스탠퍼드대 연구 조사에 의하면 PEPFAR가 1백만 명 이상의 생명을 구한 것으로 밝혀졌다.[17]
1백만 명 이상의 생명!

옹호 활동은 당신의 이웃을 사랑하는 것이며, 우리가 그리스도의 제자로 살아가는 삶에 반드시 포함되어야 하는 부분이다. 우리는 정치 시스템, 학교, 교회 생활 속에서 다른 사람들을 위해 우리 목소리를 높이라는 부르심을 받고 있다. 우리에게 말할 수 있는 음성이 있는 한 우리는 그 소질을 사용해야 된다는 기대가 있다.

우리는 이 세상에 있는 가난한 사람들, 주변으로 밀려난 주변인들, 과부, 태아들과 같이 자기 목소리를 낼 수 없는 사람들을 위해 하나님의 사랑과 관심을 나타낼 필요가 있다. 우리는 이 과정에 참여할 필요가 있다. 하나님께 드리는 나의 기도는 하나님을 기쁘시게 하는 일을 나도 기뻐하고, 하나님의 마음을 아프게 하는 일들에 대해 나도 아파할 수 있게 해 달라고 하는 것이다.

최근 들어서 옹호 사역이 기독교 공동체들 안에서도 더 많은 관심을 끌고 있는 가운데 그에 대한 저항과 거부도 늘고 있다. 어떤 이들은 우리가 그리스도인으로서 평화 문제에 관심을 가져야 한다고 주장한다. 분명히 거기에도 진실은 있다. 기독교인으로서 그 누가 평화를 싫어하는가. 기독교인으로서 우리는 평화에 대해 깊이 고민해야 한다.

그런데 너무나 자주 그런 평화의 필요에 대해 우리가 내놓는 답변은 "그건 죄의 문제야", 그런 만큼 우리는 마음이 변화되어야 된다는 것이다. 그렇다. 나도 동의한다. 그건 정말 죄의 문제이다. 정말로 그렇다. 예수님이 우리의 위대한 화해자이시므로 우리는 "예수님이 구원하신다"라는 기쁜 소식을 전해야 한다.

---

[17] John Seven, "What Was George W. Bush's Greatest Achievement?," *History*, May 23, 2018, www.history.com/news/what-was-a-george-w-bushs-greatest-achievement.

그러나 우리가 죄의 문제를 개인적 문제로만 축소하게 되면, 죄가 공동체의 문제가 되어 시스템과 제도, 그리고 문화에 영향을 미칠 때 일어나는 문제들의 현실을 간과하게 된다. 이것을 좀 더 간단하게 표현한다면, 죄인들이 죄악된 시스템들 만들어 낸다. 우리가 온전한 복음과 하나님 나라에 대해 관심을 기울인다면, 두 가지 이슈에 개입하는 것이 반드시 필요하다.

달리 말하면, 평화를 이루는 것과 평화를 지키는 것 사이에는 차이가 있다. 평화를 이루는 것을 사실 우리가 나서서 평화를 지키는 일이라고 정의한다면, 그것은 교묘하면서도 위험한 발상이 될 수 있다. 즉, "평화, 평화, 평화를 지키자. 가만히 있는 배를 건들지 말자. 지금 이대로가 좋다"라는 식의 사고처럼 말이다.

그렇기 때문에 우리의 제자도에 있어서 진실 밝히기와 옹호 활동은 너무나 중요하며, 정치 현장에서 우리의 공공 증언 활동의 필수적 부분이 되어야 한다.

6. 우리가 던지는 수천의 표

우리가 그리스도를 믿는 믿음의 사람들이며, 우리 마음에 하나님 나라를 염두에 둔 사람들이라면, 우리는 우리의 확신이 이끄는 대로 생각해야 한다. 한 가지 이슈에 빠지기보다는 여러 많은 이슈를 아는 가운데 성경의 토대에 근거한 확신들을 놓고 기도하고, 태에서부터 무덤까지 우리 삶의 전 영역을 포괄하는 삶의 윤리 이슈들을 놓고 기도하면서 투표에 임해야 한다.

우리는 분명히 기독교인들을 지지하고, 그들에게 표를 주는 것에 대해 마음을 열어야 한다. 그런 투표 행위는 중요하다. 그러나 그렇게 하는 것만이 가장 중요한 것은 아니다. 기독교인들도 말이나 행동에 있어서 어떤 때는 미친 행동들을 하는 타락한 인간들임을 기억하자.

과거에는 기독교인으로서 노예들을 소유했던 주인들이 있었다. 히틀러를 지지했던 것이 기독교인들이었다. 젊었을 때 나는 기독교인들에게 투표하는 것이 정말 중요하다고 느꼈었고, 이날까지 나는 기독교인들을 위해 투표하는 것에 대해 짜릿한 느낌을 갖는다. 그러나 그것만이 내가 표를 던지는 유일한 기준은 아니다.

우리는 누구에게 표를 던지고 있는가?
어떤 대의를 위해 투표하는가?
우리는 거대 정부는 선하지 않으므로 정부의 규모를 축소하는 것이라면 무조건 그쪽에 표를 던지는가?
또는 정부의 크기를 늘리는 것이 모든 문제의 해결책이라고 생각하기 때문에 그 쪽으로 표를 던지는가?

사고를 너무 단순화하지 말자. 하나님은 우리가 복합적 사고를 할 수 있도록 지으셨고, 우리가 판단력을 발휘할 수 있도록 창조하셨다. 하나님은 또한 우리의 가치관과 생활 태도가 어떠해야 함을 알려 주는 생각의 지도를 주셨기 때문에, 그것에 의해 우리의 투표 방식도 영향을 받아야 한다. 리사 셰론 하퍼(Lisa Sharon Harper)가 그런 가치를 어떻게 표현하는가를 보면 거기에 지혜가 있음을 알 수 있다.

첫째, 우리가 메시아를 선출하는 것은 아니라는 것을 알 필요가 있다. 우리는 결코 완벽한 대통령 후보를 갖게 되지는 않을 것이다. 또 우리는 완벽한 정책 기조를 가진 사람을 뽑으려는 것도 아니다.

둘째, 우리는 예수님이라면 어떻게 투표하셨을까, 예수님은 누구에게 표를 던지셨을까와 같은 질문을 해 봐야 한다. 나의 기준은 마태복음 25장에 요약되어 있다. 예수님은 그 본문에서 분명히 밝히신다. 그것들이 예수님이 관심을 가지고 계신 정책들이다.

예수님은 우리가 굶주리는 자를 먹이고, 목마른 자에게 물을 주고, 집 없는 자에게 거처를 제공하는 것이 부차적 이슈들이 아니라는 것을 분명히 알게 하고자 하신다. 그런 이슈들이 우리 신앙, 심지어 우리 구원에 중심적 이슈들이다. 예수님은 "내가 가장 작은 이 사람들 중 하나다"라고 말씀하신다.[18]

선거가 끝나면, 항상 승자와 패자가 있겠지만, 우리가 선거라는 게임을 어떻게 하는가 하는 것이 중요하다. 우리의 성품이 중요하고, 우리의 인격적 온전성이 중요하다. 우리의 증거가 중요하고, 성령의 열매를 나타내는 것이 중요하다. 오직 선거의 결과만이 중요한 것은 아니다.

"어찌 되었든 간에"라는 식의 생각을 좋다고 하면서 동의할 수는 없다. 그와 같은 사고는 비슷한 부류의 모든 다른 사람과 함께 우리를 하수처리장으로 쓸려가게 할 것이다. 누군가가 우리에게 "그건 정치일 뿐"이라고 말할 때, 우리는 당혹감을 표시해야 한다. 우리가 번연히 알면서도 거짓된 내용들을 온라인상에 올리고 있다면, 우리는 회개해야 한다. 기독교인으로서 우리는 회개하고, 또 투표를 다른 방식으로 할 필요가 있다.

우리 문화에서 우리는 종종 이기는 것에 대해 말한다. 이 경우 우리는 그리스도의 길이 무엇이었는지를 기억할 필요가 있다. 그리스도께서 결국 승리하지 않으셨던가. 그렇다.

그러나 그분이 이 세상이 말하는 정치적 의미에서 승리하셨는가?

아니다. 그는 두 죄수 사이에서 처형을 당했다. 나는 그런 식의 삶에 대해 점수를 매긴다면, 처형당한 것에 대해서는 손실란에 커다랗게 엑스 표를 칠 것이다.

---

[18] "The Very Good Gospel by Lisa Sharon Harper," Red Letter Christians, June 23, 2016, www.redletterchristians.org/books/the-very-good-gospel-by-lisa-sharon-harper/.

예수님은 이 세상의 기준으로 보면 승리자가 아니셨다. 당신은 그분이 패배자셨다고 강력히 주장할 수도 있을 것이다. 그분도 한때는 많은 사람이 따랐지만, 그 후에 사람들은 그분을 떠나기 시작했고, 계속 떠나고, 떠나고, 떠나갔다. 그분의 제자들까지도 그분을 버렸다. 그분과 가장 가까웠던 최측근들 중 하나도 그분을 배신했다.

그분은 부자가 아니셨다. 사실 그분은 나사렛 출신으로 집 한 칸 없었다. 그분께는 힘센 정치 집단이 올려 주는 추천사 한 줄 없었다. 종교 지도자들은 예수님이 그들의 정치 기구에 가담하기를 원했지만, 그분은 거절하셨다. 사람들은 그분이 귀신 들렸다고도 했다. 그러나 그분은 자기 자신의 고유한 정체성을 끝까지 고수하셨다. 승자들 치고 그 누가 자신이 곧 죽을 운명인 것을 아는 상황에서 수하들의 발을 씻기겠는가.

예수님은 게임을 하고 계셨던 게 아니다. 그분은 조작이 능해야 하는 게임 같은 것은 거부하셨다. 우리도 그분과 같이 그러해야 한다. 이 세상에서 그분이 겪은 손실은 인류를 위해 가장 위대한 승리가 되었다. 우리도 그분을 따르라는 부름을 받고 있다. 그런 삶은 세상적 기준으로 보면 말이 되지 않는 방식의 삶에 참여하라는 것이다.

투표권에 대해, 그리고 선거일의 중요성과 같은 이슈들에 대해 많은 이야기를 했다. 그러나 만일 우리가 고작 매 2년, 혹은 4년에 한 번 하는 투표에 참여하는 것으로 우리가 시민으로서 할 일을 다 했다고 생각한다면, 우리도 문제다. 그렇다. 나가서 투표를 해야 한다.

그러나 투표만 하지 말라. 당신이 가진 신앙을 삶 속에서 실천하라. 당신의 이웃들을 섬기라. 가장 뒤처지고, 가장 작은 이들을 위해 변호하고, 그들을 옹호하라. 복음을 나누라. 공동의 선을 위해 일하라. 정의를 추구하라. 당신이 사는 도시의 평화를 추구하라.

때때로 우리는 이 세상을 변화시켜야 한다는 생각에 강박적으로 집착한다. 그런 생각은 지나치게 압도적일 수 있다. 그러나 이 세상을 변화시킨다는 것이 반드시 바다를 몇 번씩 건너가야 하는 것을 뜻하는 것은 아니다. 세상을 변화시키는 일은 우리 가족들, 우리 이웃들로부터 시작한다. 테레사 수녀가 말했던 것처럼 말이다.

> 숫자에 대해 고민하지 말라. 한 번에 한 사람을 도와주라. 항상 당신에게 가장 가까운 사람들로부터 시작하라.[19]

우리가 확신하는 바를 매일 우리 주변에서 만나는 바로 그 사람들과의 관계 속에서 실천하자. 우리가 취하는 모든 행동은 뭔가에 대한 투표이다. 작은 한 번 한 번의 투표인 것이다. 또 그보다 더 큰 투표가 있을 수도 있고, 또 실제로 선거 때 하는 투표 행위도 있다. 사랑의 투표, 정의의 투표 등등. 제자도는 매일 이뤄져야 하는 것이지, 일요일에만 하는 것이 아니다. 우리는 패배했을 때 고통의 깊이를 아는 만큼 우리가 이겼다고 생각하는 그 순간에 조심해야 한다.

당신이 보면 알겠지만, 당신은 나를 다음 선거일에 투표소에서 만날 수 있을 것이다. 적어도 나는 파자마 바람으로 우편 투표라도 할 수 있을 것이다.

정확한 정보를 입수하라.

기도에 전념하라.

순전한 마음을 가져라.

당신의 신념을 따라 투표하라.

이것이 바로 내가 다음에 독자들과 나누고자 하는 생각이다.

자신의 신념을 삶 속에서 실천하는 사람들!

---

19 "Mother Teresa," Goodreads, accessed October 13, 2019, www.goodreads.com/quotes/112196-never-worry-about-numbers-help-one-person-at-a-time.

7. 용감한 사람

투표는 매우 중요하다. 그러나 중요한 일들에 대해 우리 목소리를 낼 수 있는 그 외의 여러 다양한 방법이 있다. 그것은 다만 소셜 미디어에 글을 올리는 것만이 아니다. 우리 삶에서 모범을 보임으로써 정치적 과정에 참여하는 방법도 있다.

우리들 중 많은 사람은 이 나라에서 이뤄지는 정치적 대화와 독백들의 특징이 되어 버린 증오에 대해 우려하고 있다. 종종 그런 독백들은 이익을 창출해 내고 있는 앤 쿨터(Anne Coulter)와 같은 미디어계의 인사들로부터 나온다.

2012년 쿨터는, 특히 오바마 대통령과 같은 자기 정적들을 표적 삼아, 그들이 낡아 빠졌다면서 실제로 정신적 장애를 가진 사람들을 포함한 많은 사람에게 모욕적인 상스러운 욕설들을 퍼부었다.[20]

프랭크 스티븐스(Frank Stephens)는 그가 할 수 있는 최대한 정중한 방법으로도 그것에 대해 참을 수가 없었다. 그는 전에도 〈열대의 뇌성〉(*Tropic Thunder*)이라는 코미디에서 튀어나오는 상처를 주는 욕설들에 대해 발언할 수 있는 기회와 글을 통해 대놓고 문제 제기를 했던 바 있다.[21] 그는 자기처럼 다운증후군이나 지적 장애를 가진 이들을 대변하여 일어났던 것이다. 그가 특별 올림픽 웹사이트에 공개 편지를 올린 후 그 내용은 빠르게 전파되어 갔다.

---

[20] Emanuella Grinberg, "Ann Coulter's Backward Use of the R-word," CNN, October 25, 2012, https://edition.cnn.com/2012/10/23/living/ann-coulter-obama-tweet/index.html.

[21] John Franklin Stephens, "Using the [R-Word] to Describe Me Hurts," *Denver Post*, September 22, 2016, www.denverpost.com/2008/08/31/using-the-word-retard-to-describe-me-hurts/.

이봐요, 쿨터 씨!

당신은 멍청이도 아니고 천박하지도 않으시죠.

그런데 왜 계속해서 저능아(R-word)와 같은 욕설을 쓰시나요? …

나는 다운증후군을 가진 30세 남성으로 지적 장애를 가진 사람은 멍청하고 천박하다라는 대중의 인식 때문에 힘들어해 왔습니다. 나는 멍청하지도, 천박하지도 않아요. 다만 나는 정보를 처리하는 속도가 당신과 같은 사람들에 비해 좀 더 느립니다. 사실 어젯밤 당신이 사용한 욕설에 대해 어떻게 반응할까를 궁리하느라 하루 종일이 걸렸지요.[22]

쿨터는 결코 사과하지 않았지만, 반면 스티븐스는 많은 친구와 팬을 얻었다.

5년 후 그의 친구 수는 더 늘어났다. 배우인 애쉬톤 쿳처(Ashton Kutcher)가 미 하원의 노동, 건강, 휴먼 서비스 및 교육 분과의 세출 소위(Appropriations Subcommittee)에서 했던 스티븐스의 증언을 페이스북에 공유하면서다. 해당 포스트는 50만회 이상 공유되었다.

낙태 반대 운동을 하는 사람들이 그 기회를 타서 그 증언이 낙태 반대 증언이라고 가세했지만, 그 증언은 사실 다운증후군을 가진 사람들의 삶의 질을 개선하기 위한 연구 기금 조성에 대한 것이었다.

스티븐스의 열정과 따뜻한 태도 가운데는 여전히 인간 생명의 가치가 분명히 보이고 있다. 신문의 머리 기사를 장식하고, 사람들의 마음을 사로잡았던 단순한 한 줄의 가감 없는 문장은 이것이었다.

---

22 John Franklin Stephens, "Open Letter to Ann Coulter," Special Olympics, October 23, 2012, https://specialolympicsblog.wordpress.com/2012/10/23/an-open-letter-to-ann-coulter/. See also "Frank Stephens Takes on Ann Coulter over Derogatory Term," video, Special Olympics, accessed October 13, 2019, www.specialolympics.org/stories/news/frank-stephens-takes-on-ann-coulter-over-derogatory-language.

나는 다운증후군을 가진 사람이지만, 나의 삶은 가치가 있습니다.

스티븐스의 이야기는 계속 이어진다.

내가 그 점을 강조할 필요를 느끼는 이유는 무엇일까요?
전 세계적으로 이런 의식이 널리 퍼져 있기 때문에 다운증후군에 관한 연구를 계속할 필요는 없을 겁니다.
왜냐구요?
모태의 태아가 다운증후군을 가진 경우 태어나기 전에 검사를 통해 확인되면, 그냥 임신중절을 할 수 있을테니까요. 아이슬란드, 덴마크, 한국 등 여러 나라의 정부 관리는 정부가 나서서 임신중절을 유도하게 되면 "2030년이면 다운증후군이 사라진다"고 합니다.
제가 이 자리에 앉아서 이런 이야기를 하는 건 쉬운 일이 아닙니다. 솔직히 말해 봅시다. 그런 특별한 '최종 해결안'을 밀어붙이고 있는 사람들이 하려는 말은 저와 같은 사람은 존재하지 말았어야 한다는 것이라는 점을 충분히 이해합니다. 그들은 우리 같은 사람들은 존재할 만한 가치가 매우 희박하다고 말하고 있는 것입니다.
그런 견해는 다운증후군을 가진 사람에 대한 구 시대적 사고에 의한 편견에 깊이 편향되어 있습니다. 진지하게 말씀드리면, 저는 훌륭한 삶을 살고 있습니다. 저는 주요 대학교 여러 곳에 나가서 강의하는 초청 강사입니다. 저는 베스트셀러에 기고했고, 수상작 영화에서 특별 역할을 맡기도 했고, 에미상을 받은 바 있는 TV 쇼에 초청을 받아 출연하기도 했습니다.
미국을 위대하게 하기 위한 포용의 가치에 대해 수천의 젊은이에게 나아가 연설을 하기도 했습니다. 저는 백악관에도 두 번이나 갔다 왔습니다. 두 번 다 백악관 담을 타고 넘어간 것이 아닙니다.[23]

---

23 Frank Stephens, testimony before the Subcommittee on Labor, Health and Human

스티븐스는 태아에게 다운증후군이 있는 것으로 진찰 결과가 나오면 임신중절을 하는 것이 얼마나 일반화되었는지에 대해 언급한 적이 있다. 미국의 경우 다운증후군을 가진 태아의 67-85퍼센트가 인공 유산이 된다.[24] 그 비율은 영국 같은 나라들의 경우 해당 임신 사례의 90퍼센트가 중절이 되는 만큼 더 높다. 아이슬란드와 같이 작은 나라에서는 임신 중 다운증후군이 발견되면 100퍼센트 유산된다.[25]

아이슬란드에서 대부분의 어린이들이 태어나는 랜스피탈리(Landspitali) 대학병원의 담당자인 헬가 솔 올랖스도티르(Helga Sol Olafsdottir)는 다운증후군이 발견되어 유산을 할 것이냐 말것이냐에 대한 결정의 문제를 안고 있는 임신부들에게 상담을 한다.

그녀는 임신부들에게 그것은 임신부 본인들의 삶의 문제라는 것을 기억할 필요가 있다고 말한다. 따라서 그들의 삶이 장차 어떻게 될 것인가에 대해 그들 스스로 선택할 수 있는 권한이 있다고 말한다. 그녀는 어떤 사람들이 낙태를 살인이라고 하는 것을 무시한다.

> 우리는 그것을 바라볼 때, 우리가 종결 지은 어떤 사안이라고 생각합니다. … 우리는 혹시 생명이 될 수도 있을지 모르는 것에 대해 종지부를 찍는 겁니다. 삶을 엄청나게 복잡하게 할 수 있는 것이죠. 그 아이에게나 그 가족

Services, and Education, US House of Representatives, October 25,2017, https://docs.house.gov/meetings/ap/ap07/20171025/106526/hhrg-115-ap07-wstate-stephensf-20171025.pdf.

[24] Jaime L. Natoli, "Prenatal Diagnosis of Down Syndrome: A Systematic Reviewof Termination Rates (1995–2011)," Obstetrics and Gynaecology, March 14,2012, https://obgyn.onlinelibrary.wiley.com/doi/full/10.1002/pd.2910.

[25] Julian Quinones and Arijeta Lajka, "'What Kind of Society Do You Want to LiveIn?' Inside the Country Where Down Syndrome Is Disappearing," CBSN On Assignment, August 14, 2017, www.cbsnews.com/news/down-syndrome-iceland/.

에게 고통스런 일이 일어나지 않게 한 것입니다.[26]

그런 이야기를 듣고 나서 스티븐스가 의회 앞에서 말하는 내용을 들어보면 뭔가 서로 맞지 않는 삐걱거림이 들린다.

스티븐스는 그게 의회 위원회 앞이든, 텔리비전 인터뷰든, 어김없이 정중하고 쾌활한 어조로 말한다. 그는 사람들의 관심을 모으며, 자신감을 가지고 말한다. 그는 사람들에게 사과를 받자고 말하는 것이 아니라고 말한다. 그가 원하는 것은 사람들의 마음이 바뀌는 것이다. 그가 쿨터에게 쓴 편지의 서명은 이렇게 되어 있다.

당신이 아직 만나지 못한 친구로부터.

8. 프레드 로저스

프레드 로저스(Fred Rogers)의 할아버지는 항상 그에게 말하기를 나만의 고유함을 유지함으로써 자기가 특별한 사람임을 느낄 수 있었다고 했다. 이런 온건한 지혜의 말씀이 로저스의 일생 내내 그의 좌우명이 되었고, 그런 지혜의 이야기들을 수백만의 어린이들과 나누었다.

불안정한 정서와 비만의 체구, 그리고 부끄럼을 많이 타는 젊은이였던 로저스는 그가 다니던 고등학교의 한 풋볼 선수와 친해지게 된다. 이 선수가 부상을 당해 병원에 입원했을 때, 로저스는 그를 대신해서 강의 노트를 건네주는 역할과 숙제 등을 알려 주었다. 이렇게 해서 이 둘은 친구가 되었고, 이 풋볼 선수가 다시 로저스와 함께 그의 친구로 학교로 돌아왔을

---

[26] Quinones and Lajka, "What Kind of Society," www.cbsnews.com/news/down-syndrome-iceland/.

때, 주위 학생들은 그의 새로운 면을 보게 되는 것 같았다.[27]

그는 학교 활동에 활동적으로 참가했다. 학교 신문을 편집하기도 하고, 고학년이 되었을 때 회장을 맡기도 했다. 친절함에서 태동된 자신감은 그가 그의 생애 내내 반복적으로 사람들에게 이야기하는 메시지가 되었다.

펜실베이니아 라트로비(Latrobe)에 있는 매우 신앙적인 가정에서 자란 로저스는 신학교에 들어가서 목사가 될 계획을 가지고 있었지만, 그는 먼저 대학을 마치고 가기를 원했다. 다트머스에서 1년을 공부한 후, 그는 음악을 공부하기 위해 롤린스로 옮겼다. 어릴 때부터 피아노를 좋아해서 피아노 연주를 계속 해 왔었기 때문이다.

이렇게 해서 학부를 졸업했고, 이제 신학교 입학을 불과 몇 주 남겨 놓고 있을 때 그는 생전 처음으로 텔레비전 쇼를 보고 있었다. 그는 이 새로운 미디어가 가진 잠재력에 사로잡히면서도 동시에 그것이 얼마나 열악한 방식으로 활용되고 있는가를 알고 경악하게 된다.

로저스는 신학교에 들어가는 것보다 텔레비전 쪽으로 가기로 결정했고, 뉴욕에 있는 NBC에 입사했다. 거기서 그는 몇 편의 쇼를 제작하는 무대감독이 된다. 그가 얼마 되지 않아 NBC가 교육 프로그램에 관심이 없다는 결론에 다다르자, 펜실베이니아에 있는 미국 최초의 지역사회 텔레비전 방송국인 WQED로 옮겼다.

몇 년이 지나는 동안 로저스와 이 방송국의 총무였던 조지 캐리(Josie Carey)는 〈어린이 코너〉(*The Children's Corner*)라는 프로그램을 제작하게 된다. 이 쇼는 30달러의 예산으로 한 지역 TV 방송국에서 방영되었고, 후에 미스터로저스(Misterrogers)라는 이름으로 NBC의 토요일 아침 프로그램과 같이 다른 큰 방송 시장으로 팔려 나가게 되었다.

---

[27] "Mr. Fred Rogers Biography: Welcome to His Neighborhood," Biographics, April10, 2018, https://biographics.org/mr-fred-rogers-biography-welcome-to-his-neighborhood/.

로저스는 인형극(Puppet Show) 진행자에 오르간 연주와 작가 일을 맡아 했다. 캐나다에서 매일 방영되는 쇼 프로그램을 진행할 기회가 있어서 그는 토론토에서 1년을 가 있게 되었지만, 결국 어린 자녀들을 키우는 가장으로 친지들이 사는 가까운 곳인 피츠버그로 이사하게 된다. 거기서 그는 교역학 석사 과정을 마치고 장로교 목사로 안수를 받았다.

그가 진행하는 〈미스터 로저스의 이웃〉(Mister Rogers' Neighborhood)은 1966년 10월 WQED 방송에서 첫 방송을 내보냈고, 1969년에는 이 프로그램을 PBS가 방영하게 되었다. 같은 해 로저스는 워싱턴으로 가서 미 상원의 커뮤니케이션 소위원회에서 증언하게 된다. 원고 없이 7분 남짓한 시간에 말했던 그의 코멘트는 그 특유의 느릿하면서도 잔잔한 톤으로 전달되었는데, 그의 말에 확신을 가진 상원의원들은 PBS를 위한 지원금으로 2천만 달러를 책정하게 된다.

> 우리는 어린이들 마음속에 있는 드라마 같은 것을 다룹니다. 우리는 굳이 누군가의 머리를 짜내서 스크린에 올린 드라마를 제작하지 않습니다.

그는 또한 텔리비전에 나오는 총기 폭력에 대해 가진 그의 우려에 대해서 말했다. 1969년의 일이다.[28] 그는 PBS가 어린이들에게 마음을 붙여 볼 수 있는 뭔가 다른 종류의 드라마를 제공해 주어 그들이 그 스토리들, 특히 〈미스터 로저스의 이웃〉 속에서 자기 가족과 이웃들의 삶에 대해 배울 수 있었다고 설명했다.

> 이것은 매일 어린이 한 명 한 명에게 배려를 표현하는 것이고요. 프로그램을 마칠 때는 이렇게 말하며 마칩니다.

---

28 Fred Rogers, "Mr. Fred Rogers, Senate Statement on PBS Funding," accessed June 16, 2019, https://americanrhetoric.com/speeches/fredrogerssenatetestimonypbs.htm.

"오늘 여러분이 그냥 자기 본래 모습이 되니까 이 하루가 특별한 날이 되었네요. 온 세상에서 나와 똑같은 사람은 하나도 없어요. 저는 여러분이 좋아요. 있는 모습 그대로요."

사실 로저스는 이혼, 죽음, 전쟁 등과 같이 어려운 주제들이라도 피하는 법이 없었다. 민권 운동으로 인종 간 갈등이 극에 달했을 때, 그는 쇼에 나오는 아프리카계 미국인 흑인 경찰관 클리먼스를 초대해 어린이 수영장 가에 같이 앉는다. 두 사람은 뜨거운 여름 날 물에 발을 담그고 있었다. 물에서 나올 때, 로저스가 클리먼스의 발을 수건으로 말려 준다.

이 '발 씻겨 주기' 장면이 방영될 때는 마침 미국인들이 수영하는 흑인들이 있는 수영장 물에 표백제를 들이부어 공포에 떨게 했던 소식을 들었을 때였다.

2002년 7월 9일 조지 W. 부시 대통령은 로저스에게 그가 어린이 교육에 바친 기여와 국가에 대한 봉사를 인정하여 대통령 표창으로 자유 메달을 수여했다. 2003년 2월 27일 그가 위암으로 사망할 때까지 로저스는 40개의 명예 학위를 받았고, 네 번의 에미상과 피바디상을 한 번 받았다. 그는 1999년에 텔레비전 명예의 전당에 이름을 올렸다.[29]

로저스가 남긴 유산은 어린이들이 내적으로 성장하도록 돕기, 어린이들이 관계를 통해 배울 수 있도록 돕기, 테크놀로지의 의미를 살리기 등으로 그가 생애 동안 추구했던 세 가지 중심 테마를 영구히 기리기 위해 세워진 프레드로저스센터(Fred Rogers Center)가 계속 이어 가고 있다.[30]

그는 어린이들을 그들의 있는 모습 그대로 좋아했다.

---

29 Kerri Lawrence, "Celebrating Mr. Rogers at the National Archives," National Archives, March 20, 2019, www.archives.gov/news/articles/celebrating-mr-rogers-at-the-national-archives.

30 Fred Rogers Center, accessed June 16, 2019, https://fredrogerscenter.org.

9. 북한을 위한 새벽 기도회

20대 초 신학교에 다닐 때, 나는 잠시 여름 방학을 이용하여 처음에는 목회 실습을 받을 의도로 한국에 갔다. 그렇게 간 것이 거의 2년을 머무르게 되었고, 그것도 영향력이 큰 대형 교회에서 전임 사역의 경험을 하게 되는 쪽으로 발전했다. 하용조 목사님이 이끄는 온누리교회라는 곳이었다. 지금 돌아보면, 이 교회에서 지냈던 시간은 나의 인생과 지도력을 가장 의미 깊게 형성해 주었던 것으로 기억된다.

하 목사님과 처음 만났을 때 나눴던 대화에서 그는 이렇게 말했다.

"유진 목사, 모든 목회자와 일부 교우들이 나오는 매일 새벽 5시 기도회에 참여하기를 강력히 추천해요."

"잠깐만요,

뭐라고요?

몇 시라고요?

오전인가요?

오후인가요?"

하 목사님은 내가 농담조로 말하는 줄로 생각하면서 웃었다. 그러고 나서 그는 "그럼 내일 아침에 봅시다" 하면서 이야기를 마쳤.

다음날 아침 나는 새벽 4시 30분에 몸을 깨워야 했다. 아, 새벽에 억지로 깨어나는 건 정말 힘든 일이었다. 좀비가 흐느적이듯이 나는 이를 닦고, 대충 세수를 하는 둥 마는 둥 하고서 그때 가지고 간 단벌 양복을 차려 입었다. 교회에 간신히 도착한 시간은 새벽 4시 59분이었다. 나는 성전으로 서둘러 들어가면서 "아니, 도대체 어떤 사람들이 여길 오는 거야"라며 궁금해했다.

그다음 순간에 벌어진 광경을 나는 결코 잊지 못할 것이다. 내가 성전으로 걸어 들어갈 때, 피아니스트는 〈내 맘의 주여 소망 되소서〉를 연주하고 있었고, 거의 천여 명 가량의 사람들이 일어나서 계속 그 외 몇 곡의 찬송가와 예배 찬양을 부르고 있었다.

이어서 성경 봉독이 이어지고 짧은 설교가 선포되었다. 그러고 나서는 기도를 인도하는 안내의 말씀이 전해졌다. 기도 제목들은 참석한 사람들 자신의 삶이나 가족들, 처한 환경과 같은 것들이 아니었다. 물론, 그런 제목들도 기도할 수 있었지만, 가난한 사람들, 굶주린 사람들, 억압당하는 사람들, 꼴찌로 길을 잃고 방황하는 가장 작은 자들을 위해 기도하자는 권면의 말씀을 듣고는 감동을 받았다.

더욱이 나라를 위한 기도, 정부 지도자들을 위한 기도, 특히 남한과 북한 사이에 지속되는 갈등에 대해 간절히 기도하자는 요청도 있었다. 또한, 상상할 수 없는 일들, 곧 분단된 두 나라를 위해서만 기도하는 것이 아니라, 양측 간의 평화, 일치, 통일을 위해, 수천 수만의 이산 가족들을 위해 기도했다. 남북을 위한 기도를 하는 동안 눈물을 흘리며 통곡하는 소리를 들을 수 있었다.

북한을 위한 기도는 내가 매일 새벽마다 들을 수 있는 기도로 나도 함께 그 기도에 참여했다. 단 하루도 빠지지 않고 기도했다. 솔직히 어떤 날은 이렇게 기도하는 게 소용이 있을까라는 의문도 들었다. 남한과 북한 간의 갈등은 점점 더 악화만 되어 가는 것 같았기 때문이다. 엄밀히 말하면, 남북 간의 전쟁은 결코 끝난 적이 없었.

1953년 7월 27일에 한국의 정전협정이 조인되어 약 2백 5십만의 생명을 앗아간 끔찍하고도 잔인한 싸움이 중단되기는 했지만, 지금까지 평화조약은 맺어지지 않았다. 그 이후로도 수없이 많은 분쟁이 발발했고 긴장을 돋우는 위협들이 있어 왔다.

평화라는 것은 상상할 수 없는 것처럼 보인다.

남북 간의 일치는 이뤄질 수 없는 것처럼 보인다.

통일은 불가능해 보인다.

이런 상황이다 보니 한국 사람들(한국에 있는 사람들이든 세계에 흩어진 동포들이든 간에)은 예외 없이 2018년에 도널드 트럼프와 김정은이 가진 정상 회담과 이어서 2018년 4월 27일에 김정은과 남한의 문재인 대통령 사이에 조인된 판문점 선언을 보면서 깜짝 놀랐다.

한국계 미국인이기 때문에 나를 만나는 많은 사람이 나는 어떻게 생각하느냐는 질문을 해 왔다. 평화 조약까지 맺어져 한국전쟁에 대한 공식적 종언을 고해야 하겠지만, 그동안 불가능해 보였던 일이 이제는 가능한 것처럼 보인다.

분명컨대, 위에 언급한 지도자들의 주도권과 지도력 덕분임을 인정하는 것이 중요하겠지만, 나는 항상 평화와 일치, 통일을 위해 기도했던 그 수천 수백의 한국 기독교인들의 모습이 머릿속에 계속 어른거린다. 그들의 기도가 헛되지 않았다고 생각한다. 마찬가지로 우리의 기도는 헛되지 않다.

현재 우리가 경험하는 문화적 분위기로 보면 가장 큰 소리를 내고 가장 별나게 상대방을 몰아세울 때 사람들은 그 목소리를 듣는 것 같다. 이런 추세는 갈수록 늘어만 가고 있다. 이런 경향에 대해 우리는 저항해야 한다. 그리고 우리 자신뿐만 아니라 서로서로에게 친절과 공손함과 온유함이 여전히 중요하다는 것을 상기시켜야 한다.

사실 그런 덕목들이 항상 중요했다. 겸손과 평범함, 혹은 온유함과 연약함을 혼동하지 말도록 하자. 우리가 사람들 앞에 드러나고, 또 다른 사람들에게 영향력을 미치기 위해 반드시 '예수를 위한 또라이'가 될 필요는 없다. 우리가 누구인가를 기억하자, 그리고 더 중요한 사실로서 우리가 누구를 섬기고 있는가에 대해 생각하도록 하자.

우리가 기도하면서 투표도 하고, 우리의 목소리를 높이기도 하고, 거리에 나가 가두 행진을 하면서 어렵고 복잡한 사안들이지만 창조적 방법으로 변화를 가져오는 길을 추구할 수 있기를 바란다.

❦ 적용 질문 ❦

1. 디모데전서 2장 1-2절을 읽어 보라.

   권세의 자리에 있는 자들을 위해 매일 기도하고 있다면, 그 결과로 그런 기도 생활이 당신의 정치적 견해에는 어떤 영향을 미치고 있는가?

2. 만약 당신이 아직까지 권세의 자리에 있는 자들을 위해 매일 기도하는 사람이 아니라면, 그런 기도의 습관을 어떻게 매일 당신의 삶에 포함시킬 수 있겠는가?

3. 기독교인들로서 우리는 공통적으로 출생 이전의 태아들의 권리에 대해 마땅히 옹호하는 마음이 있다.

   그 밖의 어떤 사람들에 대해 옹호하려는 마음이 있는가?

   또 그 이유는 무엇인가?

제9장

하나님과 사람들을 사랑하라

낙태 반대 시위를 하는 사람들의 전형적인 모습은 중년의 나이에 태아의 사진이 담긴 포스터를 들고 다니면서 외친다. 종종 사진의 태아 모습은 몸이 잘려 있거나 그보다 더 참혹한 모습이다. 그들이 외치는 소리는 정말 우렁차다. 그 사람들의 모습을 희화화한 것이 아니다. 정말 그런 모습이다. 그들은 고함을 친다. 그들이 비록 가장 선한 의도를 가지고 시위를 하지만, 내 생각으로는 그런 사진들을 보이면서 시위하는 시위대가 생명 존중의 대의를 증진시키기보다는 해치는 경우가 더 많다.

그러나 그런 모든 낙태 반대 시위자들이 천박하거나 잔인하고, 노골적일 것이라고 간주하는 것은 실수다.

내가 그것을 어떻게 알까?

사실 수년 동안 나는 그들을 만나 봤고, 심지어는 병원 밖에서 벌이는 그들의 시위에 참여도 해 보고, 기도회에 참석도 하고, 행진의 대열에 같이 끼어서 함께하기도 해 봤기 때문이다.

그때 만났던 사람 중에 하나가 엘레노아 맥컬렌(Eleanor McCullen)이다. 그녀는 스스로를 임신중절 합법화 반대운동가라고 했다. 그녀는 마주치는 남녀에게 다가가 따뜻한 미소를 띠며 이렇게 말을 건넨다.

"안녕하세요. 제가 도와드릴 일이 있을까요?"[1]

---

1 "Eleanor McCullen," Alliance Defending Freedom, accessed June 16, 2019, www.adflegal.org/detailspages/client-stories-details/eleanor-mccullen.

나는 그녀가 띤 미소와 부드러움은 느껴지는 그대로 진정성이 있는 미소와 부드러움이라고 단언할 수 있다. 처음 서두에서부터 그녀가 예수님을 사랑하고 사람들을 사랑한다는 것을 분명히 알 수 있다.

낙태 시술을 받으러 가는 여성들은 많은 경우 수치심에 압도되어 있기 때문에, 친구처럼 다정하고 자기를 존중하는 톤의 음성이 들려올 때 심리적 방어기제가 풀어지면서 그 사람에게 눈길을 주게 된다.

엘레노아는 여느 할머니처럼 보인다. 사실 그녀는 할머니이기도 하다. 이제 70대인데도 통통하고 홍조마저 띠고 있다.

그녀는 여성들에게 보스톤의 자기 집에 와서 초콜릿칩 쿠키를 함께 먹자고 초대한다. 아니면 멀지 않은 곳에 있는 임신지원센터에 차로 데려다 준다든지 아기가 태어나면 사람들을 초대해 갖는 축하 파티(baby shower)를 해 주겠다고 하고, 그 일을 나서서 주선한다.

아기가 태어난 후에는 몇 달, 몇 년 동안이라도 엘레노아는 엄마가 된 사람들에게 의료 혜택을 주선하고, 직장을 알아봐 주고, 안전하게 살 수 있는 곳들을 찾아봐 주기도 한다. 그녀는 냉장고들을 고쳐야 되면 그 비용도 대고, 전기세도 내주고, 스파게티 파티를 열어 주거나, 어린이들을 위한 크리스마스 파티들도 열어 준다.

엘레노아가 여성들에게 "내가 도와주겠습니다"라고 했을 때, 그건 빈말로 그러는 것이 아니었다. 엘레노아의 냉장고에는 자기 친척이 아닌 아이들의 사진들로 뒤덮여 있다. 그 아이들도 전에는 자궁에 있던 태아들이었다. 그 태아들이 그 엄마들, 혹은 그 아이들의 아버지나 조부모의 손에 이끌려 보스톤에 있는 어떤 낙태 시술 병원으로 향하려던 그런 아이들이었다. 그 산모들에게 그녀가 얼마나 진심으로 관심을 가지고 있는지를 보여 주었기 때문에 줄잡아 200여 명 아기의 생명이 부지될 수 있었다고 한다.

출산은 선택이라는 입장에 있는 사람들은 종종 생명 존중 운동을 하는 사람들은 그저 아이를 낙태시키지 않고 출산하는 데만 관심이 있다고 하면서, 만일 그들이 정말로 생명 존중의 입장이라면 그들은 여성들을 도와서 그들이 아이를 키우는 데 필요한 그 밖의 일들, 곧 직장이며, 의료보험, 거처뿐만 아니라 정서적, 재정적 지원을 할 수 있도록 활동을 넓혀야 할 것이라고 말한다.

그런 지적은 정당한 비판일 터인데, 엘레노아는 사실 그런 일들을 하고 있다. 그리고 미디어에서나 생명 존중 운동을 깎아내리는 사람들이 인정하는 것보다 엘레노아와 같은 사람들은 사실 훨씬 더 많다.

매사추세츠주가 엘레노아와 같은 사람들이 참여하는 생명 존중 시위대가 낙태 시술 병원 입구로부터 떨어져 있어야 하는 간격을 35피트로 새롭게 지정하려는 법을 통과시키려고 했을 때, 그녀는 그런 법이 통과되면 병원으로 들어가려는 사람들에게 따뜻한 미소로 부드럽게 다가가 이야기할 수 있기가 어려워질 것이라는 점을 직감했다. 그녀는 그 정도보다는 좀 더 다가갈 수 있는 권리에 대해 법정 소송을 내서 대법원까지 가서 승소한다.[2]

엘레노아는 운동가가 되려고 계획을 한 적이 없었다. 그러나 이제 벌써 몇 년째 매주 화요일, 수요일 아침마다 나와서 기도하며, 만나는 사람들에게 대화를 시도하며 상담을 진행하고 있다.

일생을 가톨릭 신자로 살아온 엘레노아는 이런 대의를 위한 그녀의 열정이 성령께서 개입하시고, 신부님과의 대화를 하면서 갖게 된 것이라고 한다. 그녀의 동료들은 그녀를 일컬어 데레사 수녀라고 부른다. 그녀의 남편인 조는 그녀를 성인(聖人)이라고 불렀다. 그도 그녀를 따라서 이 일에 관여하고 있다. 아빠들이 써야 하는 직장 이력서를 함께 쓰는 일이며, 아이들을 위한 유모차, 기저귀, 아기 옷 같은 것들을 사는 일을 돕는다. 그가

---

2 "A Unanimous Supreme Court: Abortion Rights Lose a Buffer," *New York Times* June 26, 2014, www.nytimes.com/2014/06/27/opinion/a-unanimous-supreme-court-abortion-rights-lose-a-buffer.html.

그녀와 함께 낙태 시술 병원에 가지는 않지만, 그녀가 산모와 아빠들, 그리고 통계치로 둔갑하는 대신 아기로 태어난 아이들을 지원하는 일에 힘을 보태고 있다.

임신한 여성이 낙태 시술을 하러 걸어 들어갈 때 느끼는 것보다 훨씬 더 한 정치적 압박이 느껴지는 순간을 마주하게 되는 것은 힘든 일이다. 그래도 엘레노아는 그런 순간을 통해 수백 명의 친구들을 만들 수가 있었다. 물론, 그 밖에 많은 사람이 그녀를 무시하기도 했다.

여성들은 엘레노아가 그들을 사랑한다는 것을 안다. 그녀는 예수님이 그녀를 사랑하셨던 것처럼 그들을 사랑하고 있기 때문이다. 그러다 보니 낙태를 하려다가 그녀가 친절하게 "안녕하세요"라며 다가와 자기의 생각과 삶을 변화시키고 자기 아이의 생명을 구해 준 엘레노아의 이름을 따라 태어난 아기의 이름을 지어 준 경우가 두엇이나 된다.

우리들도 모두 엘레노아 안에서 역사하신 성령께서 우리 안에서도 역사하시기를 기도한다. 우리가 정치에 대해 갖는 열정과 확신이 결코 하나님과 이웃, 특히 우리와 정치적 견해가 같지 않는 이웃들에 대한 사랑을 대체하지 않기를 바란다.

1. 가족의 발견

아마 당신이 의원은 아니겠지만 (미국인들 중 535명만이 의원이니까) 당신은 당신이 가진 확신대로 삶을 살기를 원한다. 꺼릴 필요가 없다. 당신에게는 많은 기회가 있다. 다만 당신의 마음에 울림이 있는 확신을 따라 행하면 된다. 시애틀의 은퇴한 부부인 더그와 리지 맥그레이션(Doug/Lisee Mc-Glashan)에게는 가나에서 온 두 청년 콰쿠와 아라팟(Kwaku/Arafat)이 그들 삶에 있어 눈에 띄게 나타나고 있는 확신의 대상이다. 이 젊은이들은 더그와 리지를 선생님이라고 하지 않고 엄마, 아빠로 부르기로 했단다.

더그는 다른 사람들을 섬길 방법을 찾고 있던 중에 기독교 인도주의 기구인 월드릴리프의 문화 동반자 프로그램에 등록했다. 월드릴리프 사역의 일부는 미국에 집중되고 있는데, 위기 상황 속에서 자국을 떠나온 난민들이 미국에 재정착하는 과정을 돕는 일이다. 콰쿠와 아라팟은 서로 다른 이유들이 있었지만 생명의 위협이 느껴져서 본국을 떠나 정치적 피난을 오게 되었다.

난민들에 대한 철저한 배경 조사를 마친 후 미국 정부는 월드릴리프와 같은 기구들을 통해 그들을 지역사회에 배치하고, 많은 경우 그들에게 기본적인 생활 기술들을 가르친다. 바로 이때 문화 동반자의 역할이 필요하다. 새로 도착한 사람들에게 삶의 생명선을 던져 주는 것이다. 어떤 난민들의 경우에는 전등 스위치를 켜고 끄는 것까지도 새로운 경험이 될 수 있다.

더그와 리지는 콰쿠와 아라팟에게 생존을 위한 기본 기술들을 가르치는 것보다 훨씬 더 많은 것을 제공해 주고 있다. 더그가 아라팟을 만났을 때, 그는 바로 형식적 수준의 관계를 넘어서서 아라팟이 차를 사려는 계획이 있었기 때문에 차를 사는 것과 관련된 많은 질문에 답하기 시작했다.

그다음 그들은 공부하는 것에 대해 이야기했다. 그다음은 미식 축구였고 … 그다음은 함께 만나 살 사람은 어떤 사람이어야 하는가 하는 주제들에 대해서도 나누었다. 아라팟은 한 사람의 문화 동반자를 만난 것이 아니라, 아버지 같은 사람을 만나게 된 것이었다.

월드릴리프 시애틀 지부의 리즈 해들리(Liz Hadley)의 이야기를 들어 봤다.

> 아라팟은 더그의 아내인 리지도 알게 되었고, 자연스럽게 그녀를 "엄마"라고 불렀습니다. 이 가족과 만나서 피자를 먹으면서 그들의 이야기를 들었는데, 아라팟이 저에게 설명해 주기를 그는 어렸을 때 부모를 다 잃었다고 해

요. 그는 조용한 아이로 자랐는데, 더그와 리지가 그를 환영하고 사랑해 주며 그를 얼마나 많이 도와주었는지 이제 그가 그들을 얼마나 존경하는지 모르다며 축배를 드는 사람의 기분으로 설명해 주었어요.

더그와 리지를 향해서 아라팟은 "아빠 사랑합니다. 엄마 사랑해요"라고 말했습니다. 그 순간 내가 손에 받아 든 피자가 눈물 범벅이 될까봐 마음을 추스러야 했습니다.

맥그레이션의 집에 들어가면 있는 부엌 카운터에 그들 가족의 모습을 볼 수 있는 성스런 제단 같은 것이 있습니다. 거기에 이제 장성한 그들의 딸의 사진이 있고, 그 옆에 그들의 금쪽같이 특별한 두 아들을 담은 사진이 놓여 있어요. 그 옆에는 "엄마 사랑해요"라고 쓰인 작은 풍선이 매달려 있고요. 리지가 제게 설명해 주기를 이 선물은 두 아들이 사 준 거라고 했어요.

지난번 어머니 날에는 아라팟이 꽃과 커다란 곰 인형 하고 이 풍선을 들고 왔답니다. 그 풍선은 이제 친 자녀들에게 사다 주었던 기념품들과 그들이 수년 동안 살펴오던 애완용품들 속에 자리를 잡고 있습니다. 맥그레이션 부부에게 가족 개념은 이제 훨씬 더 크게 확대되고 열려 있는 것이 분명합니다.[3]

얼마 지난 후 아라팟은 맥그레이션 부부를 콰쿠에게 소개했고, 그 외에 그가 어울리는 친구들 그룹에서 더 많은 친구를 데려다 소개해 주었다. 그들은 모두 시애틀에 정착하게 된 난민들이었다.

맥그레이션 부부는 이 젊은이들이 미국으로 오기 위해 온갖 곳을 다 전전했다는 사실을 알고 놀라게 되었다. 그들은 체류자들을 구금하는 수용소에 억류되기도 하고, 기나긴 버스 승차, 선의를 제공하는 낯선 사람들에게 몸 붙여 지내기도 하다가 어떤 때는 봉변을 당하기도 했다. 더그와 리

---

3   Liz Hadley, "A Growing Family," World Relief Seattle, accessed October 13, 2019. https://worldreliefseattle.org/blog/growing-family?fbclid=IwAR0eA9VZLnfVtTSOVMqdDlz-BvvvyoekEpOBov4xMovEflTkdJuvZdtikSPw.

지는 그들이 이 젊은 친구들을 초대해 저녁을 먹는 자리에 둘러앉았을 때 그런 이야기들을 듣게 되었다. 안전한 곳을 찾고 있던 젊은이들이 이제 가족을 만나게 된 것이다.

2. 가장 힘 있는 설교

2017년에 나는 난민 관련 옹호 활동을 위해 레바논에 간 적이 있다. 거기에 있는 동안 나는 월드비전의 현지 지도자들이 제공하는 숙소에 머물렀다. 우리는 '하루 임금 나누기'(ODW) 운동이 그 기금으로 돕고 있던 몇 곳을 방문했다. 그중에는 난민 수용소들이 있었는데, 그곳은 어딘지 알 수 없는 곳에 덩그러니 자리 잡고 있는 대형 난민 수용소들과 도시의 어떤 곳들, 그리고 몇몇 교회였다.

나는 현지 레바논 교회의 목사와 가졌던 만남을 결코 잊지 못할 것이다. 안전상의 이유로 이 목사님이나 그 교회의 이름과 그 장소가 어딘지 등을 알리지 말라는 부탁을 받았다. 그래서 나는 이분을 마히르 목사님이라고 부르겠다.

마히르 목사는 레바논과 시리아의 국경 가까이에 있는 교회를 인도하고 있었다. 전쟁과 군사적 갈등 때문에 2011년 이후 시리아는 엄청나게 쏟아지는 난민 문제가 생겼다. 인근 국가들로 흩어진 시리아 출신의 난민으로 등록된 수만 해도 5백 30만에 이를 정도로 비참한 상황이었고, 시리아 국내에만 해도 삶의 터전을 잃은 사람들이 6백 20만이었다.[4]

---

4 Humanitarian Needs Overview 2019, accessed October 13, 2019, https://hno-syria.org/#key-figures.

유엔난민고등판무관실(UNHCR)의 추산에 의하면 레바논의 경우만 해도 시리아 난민으로 등록된 수가 약 1백만에 달했다.[5] 현지 실무를 맡고 있는 비정부기구(NGO) 지도자들은 사실 등록되지 않은 난민을 포함하게 되면 1백 50만에 육박할 거라고 믿고 있다. 이 사람들 중에 74퍼센트는 법적 지위가 없다.[6] 그렇기 때문에 이런 상황은 레바논의 입장에서는 상당한 문제가 되고 있었다. 난민 위기가 터져 나오기 전에도 1980년대에 시리아가 레바논 지역을 침공하여 장악하고 있었기 때문에 레바논과 시리아 사이에는 예측할 수 없는 긴장이 있어 왔다.

이 레바논 목사는 거의 모든 사람이 레바논인으로 구성된 "크고 성공적인" 교회를 인도하고 있었다. 그런데 그가 한번은 교회의 비전을 놓고 기도하는 중에 성령께서 상상할 수 없는 어떤 일을 하라고 하는 확신을 주시는 것을 느꼈다. 그 교회를 개방해서 시리아에서 온 난민들을 환영하라는 것이었다. 그리고 그들을 돌아보고 그들을 사랑하라는 것이었다. 그들에게 거처를 제공하고, 먹을 것을 주라는 말씀으로, 예수님이 하셨던 것처럼 그들을 사랑하라는 확인의 말씀이었다.

마히르 목사는 다소 불안정한 모습으로 처음에 그런 확신이 오는 것을 느꼈을 때 그 확신을 붙잡고 "예수님, 지금 제가 듣게 되는 이 확신이 정확한 것입니까"라며 힘겹게 계속해서 기도했던 것에 대해 이야기해 주었다.

많은 망설임과 두려움이 있었지만, 결국 그는 이 비전을 그가 섬기는 교회 앞에 이야기했는데, 결과는 좋지 않았다. 교인들은 시리아 난민들, 거의가 다 무슬림인 그 난민들을 그 교회로 오라고 초청하자는 그 아이디어의 무모함에 대해 분개했다. 그 의견에 대한 반대를 넘어서서 자기가 이끄는 교회뿐만 아니라, 그 지역사회의 구성원들로부터 여러 위협을 받기 시

---

[5] "Syria Regional Refugee Response," UN High Commissioner for Refugees, accessed October 13, 2019, https://data2.unhcr.org/en/situations/syria/location/71#_ga.

[6] "Lebanon: Events of 2018," Human Rights Watch, accessed October 13, 2019, www.hrw.org/world-report/2019/country-chapters/lebanon.

작했다. 결국, 어떤 사람들은 교회를 떠나기로 결정했다.

그가 몇 명이나 그런 결정을 내렸는지에 대해서 이야기하지는 않았지만, 그 교회와 함께 일하던 현지 NGO 사역자에 의하면 교인의 90퍼센트가 교회를 떠났다고 했다.

90퍼센트!

이 문제를 곰곰 생각해 보자. 그건 교회 성장을 위한 처방은 결코 아니었다.

그러나 마히르 목사는 성령께 순종해야 한다고 느꼈기에 할 수 있는 최선을 다해 난민들을 수용하기 위해 교회를 개방했을 뿐만 아니라 그들을 환영하고 사랑해 주었다. 그러자 놀라운 일이 일어났다. 시리아에서 온 무슬림 난민들 중에 어떤 사람들이 그 교회의 신앙고백에 대해 묻기 시작했고, 그들이 믿는 예수님에 대해 물어오기 시작했다.

곧 그들 가운데 어떤 사람들이 예수님을 따르겠다고 결정했고, 그들 중에 몇 사람은 세례를 받았다. 그다음에 일어난 일은 교회를 떠났던 회중의 90퍼센트가 다시 돌아왔을 뿐만 아니라, 그 이상으로 성장하기 시작했다.

예수님에 대해 문의하거나, 교회 예배에 찾아오거나, 그리스도인이 되지도 않은 난민들에 대해서는 어떻게 했을까?

마히르 목사는 그 사람들을 환영하고 사랑하라는 성령의 말씀에 계속 순종했다. 때때로 가장 힘 있는 설교는 그 설교가 몸소 실천된 경우이다.

"마히르 목사님, 감사합니다. 우리 생애에 당신과 같은 본이 더 많이 필요합니다."

우리가 속한 교회에는 이와 같은 사랑이 더 많이 필요하다.

오늘날 우리가 경험하는 치열한 정치적 환경 속에서 우리는 우리 각자의 견해와 확신들을 가지고 있다. 우리가 모든 측면에서 서로서로가 의견의 일치를 볼 수는 없을 것 같다.

그러나 예수님을 믿는 우리 믿음을 우리는 어떻게 삶으로 실천해 가고 있는가?

우리는 우리 주 예수 그리스도의 사랑과 은혜를 어떻게 나누고 있는가?

3. 온전한 복음에 대한 재헌신

복음은 간단히 말해서 "좋은 소식"이다.

그러면 이 좋은 소식이란 무엇인가?

하나님은 온 세상을 창조하셨다. 그런데 죄와 반역으로 인해 인류가 하나님으로부터 분리되었다. 그러나 좋은 소식은 하나님께서 그분이 창조하신 세상을 포기하지 않으셨다는 것이다. 하나님이 세상을 이처럼 사랑하셔서 그분의 유일한 독생자 예수 그리스도를 보내셨다.[7]

좋은 소식은 예수님이 죄인들을 위해 오셨다는 것이다. 여기에는 당신과 내가 포함되어 있다. 여기에는 모든 다양한 정치적 성향을 가진 모든 사람이 포함되어 있다. 예수님은 죄인들을 구하신다. 예수님은 당신과 나와 같이 절박한 상태에 있고 길을 잃어버린 죄인들을 구원하신다. 그리고 예수님은 그분을 의지하는 사람들에게 생명과 구원을 선물로 주신다.

이것은 참으로 좋은 소식이다. 이 좋은 소식을 온 세상 사람들에게 선포하는 우리 열정이 식지 않기를 바란다.

그러나 우리가 온전한 복음을 전하는 것이 중요하다. 만일 우리가 주의하지 않으면, 특히 오늘날과 같이 극도로 소비자 중심의 사회가 되어 가고 있는 가운데서 조심하지 않으면, 우리가 전하는 복음은 전적으로 나를 위한 나의 복음이 되고, 그것이 낳은 신학은 한쪽으로 치우치고, 자기 도취적이며 자기 중심적이 될 수밖에 없다.

---

7 [요한복음 3:16]

나의 예수님과의 관계

나의 큐티

나의 교회

나의 소모임

나의 가족

나의 결혼

나, 나 자신 그리고 나 중심의 영성

예수님이 나를 사랑하시는 것은 사실이지만, 그가 나만을 사랑하시는 것은 아니다. 그렇기 때문에 가장 중요한 계명은 우리가 하나님과 우리의 이웃을 사랑하는 것이다.

한 개인을 중심으로 돌아가는 개인적 복음만을 전한다면, 그것은 부분적 복음이며, 심지어는 거짓 복음이 될 수 있다. 복음은 하나님께서 지금도 우리를 구속하시고, 회복하시고, 화해하고 계시다는 것이다. 이 세상이 심각하게 파손되고, 타락한 것은 분명하지만, 그것으로 이야기가 다 끝난 것이 아니다. 하나님이 끝장난 것이 아니다. 그러므로 온전한 복음은 하나님이 인간 사회가 번성하는 것을 깊이 갈망하신다는 것을 선포한다.

그 인간 사회가 사실은 하나님이 창조하신 세상 아닌가?

달리 말하면, 이 세상은 중요하다는 것이다. 정의와 화해의 문제는 두 번째, 세 번째의 문제가 아닌 것이다. 그런 문제들은 하나님께도 중요하다. 난민들은 중요하다. 이민자들과 이민자의 자녀, 그리고 체류자들의 임시 구금 수용소에 억류되어 있는 가족들은 중요하다. 가난한 사람들은 중요하다. 억압받고 있는 사람들은 중요하다. 아직 태어나지 않은 태아들은 중요하다. 사실 하나님은 그분이 창조하신 이 세상의 모든 사람을 돌보신다.

4. 예수님은 사람들을 사랑하신다는 것을 기억하라

그렇다. 예수님은 상을 엎으시고 심한 말을 하면서까지 종교 지도자들을 놀라세우셨다. 우리 문화 속에서 우리가 받는 유혹은 예수님을 한쪽 구석으로 치워 둔 후에 성경의 한 구절, 혹은 한 장면, 한 사례만을 끄집어 내 마치 예수님이 그 한 부분만을 위한 분인 것처럼 생각케 하는 것이다.

솔직히 말해서, 그렇게 하는 이유는 우리 행동들을 정당화하고 싶은데 예수님을 우리가 생각하는 모습이나 우리가 좋아하는 구석으로 몰아넣을 다른 방법이 없기 때문일 것이다. 우리는 예수님이 우리가 바라는 것들을 하시는 분으로 보이게 하고 싶은 것이다.

예수님이 성전에서 상들을 뒤엎고 환전상들을 내쫓는 등의 행동을 하시는 것을 상고해 볼 때, 거기에서 무슨 무례함 같은 것을 볼 수 없었다. 나는 오히려 거기서 용기와 의분을 보게 된다. 예수님이 종교 지도자들을 놓고 독사의 자식들이라든지, 위선자, 맹인으로서 맹인을 인도하는 자들, 뱀, 어리석은 자들이라고 부르셨던 것을 생각해 볼 때, 자신의 양 무리를 사랑하기 때문에 현 상황에 맞서 도전하기를 주저하지 않고, 불쌍히 여기는 마음이 없고 위선적인 그 지도자들을 질책하는 한 목자의 모습을 보게 된다.

그러나 예수님은 상을 둘러엎으시고, 예언자의 모습으로 말씀하시고, 위선적 지도자들에 도전하신 것만은 아니었다. 그분은 꼴찌로 길을 잃고 방황하는 가장 작은 자들을 돌보셨다. 복음서에 나오는 이야기 하나하나와 비유들, 사람들과 대면하는 장면들과 만남들 속에서 우리는 성육신하신 하나님이 누구신가를 보여 주는 예수님을 목도하게 된다. 우리는 예수님을 통해 하나님 나라가 선포될 뿐만 아니라, 몸소 우리에게 오신 모습을 보게 된다.

심지어 제자들 속에도 다양한 종류의 사람이 뒤섞여 있었다. 그들은 다양한 직종과 배경, 확신, 가족사와 계보, 그리고 정치적 견해를 가진 사람들의 혼합체였다.

5. 다양한 혼합체

　수세기 동안 예수님은 배신자 하나를 빼놓고 열두 명의 단순하고 무식한 친구를 제자로 부르셨다는 뜬금없는 신화가 만들어져 왔다. 그러나 실상은 그렇지 않다. 사도들은 각자가 다 고유한 개인들이었다. 예수님은 서로 도전할 줄 아는 사람들을 당신의 사역에 부르셨기에 그들은 예수님이 도래시키시려는 새로운 하나님 나라가 모든 종류의 사람을 위한 것이라는 사실을 대변할 수 있는 그런 사람들이었다.

　베드로와 안드레는 형제로 어부였다. 안드레는 또한 세례 요한을 추종하던 제자였기 때문에, 아마 그는 에세네파나 그 비슷한 그룹과 연관이 있었을 것이다.

　나다나엘로 불리기도 했던 바돌로매는 어떤 이들에 의하면 왕실의 피가 적어도 어느 정도는 섞였을 것이라고도 한다. 그의 이름은 "달매의 아들"(Son of Talmai)[8]이라는 뜻이다. 달매는 그술의 왕으로 그의 딸 마아가는 다윗의 아내로 압살롬의 어머니였다.

　야고보(손위 사람)와 요한은 서로 형제로 어부였다.

　야고보(손 아랫사람)와 (다대오로 불리기도 했던) 유다도 서로 형제 간이었고, 유다는 셀롯인 곧 열혈당원이었다.

　시몬도 열혈당원이었다.

　마태는 세리였다. 세리들은 사람들의 돈을 훔치고 로마인들의 비위를 너무 맞추려고 했다는 악명을 가졌다. 그들은 분명히 친로마 정부를 파괴하려고 했던 열혈당원들과는 어울려 다니지 않았다.

　빌립 또한 어부였겠지만, 도마는 아마 어부가 아니었을 것이다.

　배신자인 가룟 유다는 재정을 담당했는데, 그의 정치적 견해는 좀 불분명한 데가 있었다. 많은 사람은 그가 봉기를 선동하고자 하는 정치적 동기

---

[8] 사무엘하 3:3을 보라.

때문에 예수님을 배반했다고 추정해 왔다.

요는 예수님을 따랐던 첫 제자들이 다양한 배경과 삶의 이야기, 족보, 그리고 심지어 정치적 성향들을 가진 사람들의 혼합체였다는 점이다. 그런 사람들을 예수님이 선택하셨던 것이다.

예수님은 그 제자들 하나하나를 그분의 나라를 위한 일에 참여하도록 맞아들이셨다. 비록 제자들이 여기저기서 넘어지고 쓰러져 갔을 망정 그들은 그들의 삶을 그리스도를 주로 섬기는 일에 바치는 법을 배웠다. 그렇다. 그것이 바로 제자도인 것이다. 우리 삶을 그리스도께 항복하여 바치는 것이다.

우리가 가진 검과 말들을 그리스도께 내어 드리는 것이다. 우리의 자존심을 내려놓고 우리 마음을 그리스도께 바치는 것이다. 우리 생각을 그리스도께로 모으는 것이다. 우리가 그동안 섬겨 왔던 여러 신과 왕, 황금만능의 물신, 학연이나 지연, 민족주의와 그 밖의 여러 이 세상에 속한 우리들만의 정체를 확고히 하려던 정체성의 우상과 같은 것들을 그리스도의 주되심 앞에 내어놓는 것이다.

그것이 어려운가?

그렇다.

그것이 복잡한 일인가?

그렇다.

그것이 혼란스러운 일인가?

그렇다. 때때로.

제자도는 마음 약한 자들을 위한 것이 아니다.

그러나 예수님은 서로 견해가 다르고, 소속과 성향과 충성의 향배가 다른 모든 종류의 사람이 함께 머물 수 있는 자리와 공간을 가지고 계신다. 그에게는 스캔들이라고 할 수 있을 만한 사랑 이야기, 자비와 은혜를 베푸신 이야기들이 많다. 가장 엄청난 스캔들 가운데 하나는 삭개오라는 이름의 세리에 대한 이야기이다. 물론, 제자 중 마태도 세리였다.

그러나 예수님이 삭개오와 대화하시다가 그의 집에 가겠다고 하시자, 주변 사람들은 기막혀 수군댔다. 삭개오는 세무소 소장으로 치부될 만한 사람이었기 때문이다. 그건 기본적으로 그가 악당의 무리이며, 유대인들을 압제하는 로마제국을 위해 부역하는 자였다는 뜻이었다. 삭개오는 자기가 살기 위해 사람들을 등쳐 먹었을 뿐만 아니라, 악의 편, 추악한 자들의 편, 압제자들의 편을 들며 일했던 것이다. 바로 이런 이유들 때문에 유대인들은 일반적으로 모든 세리를 멸시했던 것이다. 그들은 철저히 비난을 받았다.

그 비난의 강도는 어떠했을까?

마태, 마가, 누가는 하나같이 예수님이 삭개오나 그 밖의 세리들과 함께 어울려 식사하는 것 자체가 얼마나 큰 추문인가를 반드시 강조할 필요가 있다고 생각했다.

그래서 레위가 그의 집에 사람들을 초청하여 예수님을 위한 대연회를 베풀었을 때 큰 무리의 세리와 그 밖의 사람들이 와서 함께 먹었다. 그때 바리새인들과 그 종파에 속한 율법 교사들은 예수님의 제자들에게 항의했다.

"당신들은 어떻게 세리들과 죄인들로 더불어 먹고 마십니까?"[9]

예수님은 만찬에 참석한 사람들이 어떤 사람들인지를 잘 알고 계셨지만, 그분은 여전히 그들과 어울려 식탁을 같이 하셨고, 그들과 함께 드셨다. 그분이 잡히시기 몇 시간 전에는 그분을 팔게 될 사람과 함께 식사하셨다. 현대 문화 속에 사는 우리는 사람들을 배제하는 데 익숙하고 별 일이 아니라는 식으로 그렇게 한다. 그러나 예수님은 과감하게 그런 사람들을 포함하여 가까이에서 만나셨다.

---

[9] [누가복음 5:29-30]

6. 스캔들이 되어 버린 예수님의 사랑 이야기

삭개오는 아마 친구가 거의 없었을 것이다. 그리고 만나는 친구들이라야 거의 예외 없이 세리로 일하는 동료들이었을 것이다. 그는 특권과 부를 누리던 사람이었지만 영적으로는 빈한했고, 정말 사람들의 증오와 비난을 받았고, 악마로 여겨졌던 사람이었다.

그런데 그가 예수님이 그 지역에 오셨다는 소식을 듣고는 그를 더 잘 볼 양으로 뽕나무에 올라갔다. 키가 작은 사람의 문제라 나도 이해할 수 있다. 그런데 바로 그때 특별한 일이 일어났다. 그 일을 통해 우리는 예수님과 그분이 선포하시는 하나님 나라가 가진 반문화적이고 파격적인 성격의 일단을 관찰해 볼 수 있게 된다.

예수님이 삭개오를 보셨다. 그분의 시선 자체가 특별한 의미를 갖는데 그 이유는 많은 사람이 삭개오라는 사람을 무시해 왔기 때문이기도 하고, 그를 가려 부르는 특별한 용어들이 있었기 때문이다.

그다음 순간 그분은 삭개오에게 말을 거셨다. 그것도 친절하고 존중하는 어조로. 또한, 공손함과 사랑으로 그에게 말씀하셨다. 그리고 단도직입적으로 예수님은 자청해 집으로 같이 가자고 말씀하셨다.

"어서 내려오시오. 오늘 내가 당신의 집에서 묵어 가야겠소."[10]

예수님은 지금까지 악명 높은 죄인들, 자기 의에 푹 빠져 있는 바리새인들, 신실한 후원자들의 집에서 묵으셨던 적이 있었지만, 오직 여기에서만 집에 초청해 달라고 자청하시는 것을 읽어 보게 된다.

하나님은 모든 사람을 부르신다. 심지어 삭개오 같은 사람을 당신께로 부르신다. 그분은 우리가 있는 곳에 찾아오셔서 우리를 만나시고, 우리를 찾으셔서 우리가 그분의 제자가 되어 우리 자신의 삶을 더욱 더 그분께 바치게 하신다. 우리를 향한 그분의 파격적 사랑을 이해하게 되어 우리도 그

---

10 [누가복음 19:5]

사랑을 다른 사람들에게 나눌 수 있기를 바란다.

예수님은 당신을 사랑하실 뿐만 아니라 당신과 의견을 달리하는 사람들도 사랑하신다.

당신이 격렬한 자유주의자(liberal)인가?

예수님은 보수주의자들을 사랑하신다.

당신이 목숨을 바치는 보수주의자인가?

그분은 자유주의자를 사랑하신다.

예수님은 해안 지역 출신의 엘리트들도 사랑하시고, 농촌 출신들도 사랑하신다. 그분은 공화당원, 민주당원, 심지어는 양비론적 무소속까지도 사랑하신다. 그분은 이민자들과 난민들을 사랑하신다. 그들이 어디에서 온 사람들이든지 상관하지 않고 그들을 사랑하신다.

이런 이야기에는 많은 사람이 마음을 단단히 먹고 대들려 하겠지만, 예수님은 총기를 싫어하신다. 그러나 예수님은 전미총기협회(National Rifle Association: 시민의 총기 소지권을 지지하는 미국 단체) 소속 회원들도 사랑하신다. 이쯤이면 감이 잡힐 것이다.

좀 더 미친 이야기를 원하신다면?

예수님은 백인우월주의자들을 사랑하신다. 이렇게 말하면 미친 것이겠고, 말도 안 되는 것이라는 것을 알고 있다. 예수님은 백인우월주의와 그로 인한 폭력의 죄에 대해 절대적으로 명백하게 반대하신다. 그분은 인종차별, 외국인 혐오, 여성 혐오와 같은 죄악에 반대하신다.

따라서 그리스도인들은 예수님이 반대하시는 것에 뜻을 같이하여 반대해야 한다. 그런 것을 죄라고 명시하고, 그런 죄 가운데 사는 사람들에게 회개를 촉구하며, 사람들이 폭력을 저질러 다른 사람들을 괴롭히는 것을 중단하고 회개하라고 요구해야 한다. 우리는 그들의 마음이 변화되도록 기도하고, 또한 불의하고 제대로 작동되지 않는 제도와 구조들을 바꿀 수 있도록 일해야 한다.

예수님이 사람들을 사랑하신다고 선언하는 것은 죄에 대해 무르게 대처하고, 수동적이어도 된다고 허용하는 것이 아니다. 우리는 불의를 정죄할 수 있어야 한다.

우리는 인종 차별, 외국인 혐오, 여성 혐오와 같은 증오를 정죄할 수 있어야 한다. 우리는 폭력을 정죄해야 한다. 우리는 백인우월주의를 정죄해야 한다. 우리는 어린이와 여성들에 대한 착취를 정죄해야 한다. 각 개인의 견해가 무엇이든 간에 우리는 성소수자(LGBTQ) 그룹 사람들을 향해 저질러지는 폭력을 정죄해야 한다. 예수님이 사람들을 사랑하신다고 선언하는 것과 정의를 추구하는 것은 서로 상충하지 않는다.

우리는 죄에 대해, 작동하지 않는 제도에 대해, 어떤 종류의 정책들에 대해 반대할 수 있어야 한다. 동시에 하나님께서 그런 것들에 연루되어 있는 사람들을 여전히 사랑하신다는 것도 기억해야 한다.

나는 계획된 산아조절을 주장하는 '계획적 부모 되기'(Planned Parenthood)의 회장을 역임했던 앤 쿨터와 세실 리처즈(Cecile Richards) 같은 사람들에 대해 강한 반감을 가지고 있다. 나는 앤의 표현과 수사를 정죄하며, 세실이 낙태를 지지하는 것을 정죄한다. 그러나 내가 옳다고 하더라도, 스스로에게 명심하도록 하는 것은 예수님이 그들을 사랑하신다는 사실이다.

그렇다. 우리는 어떤 정책들이나, 어떤 사람이 내세우는 정치적 견해와 행동들에 대해 반대할 수 있다. 그럼에도 우리는 그들도 인간이며, 또 그들에 대해 예수님이 사랑하신다는 것을 인정해야 한다.

물론, 우리는 하나님 나라를 추구한다. 그렇기 때문에 나가서 항의 행진을 하고, 대의를 위해 싸우고, 피해자들을 보호하고, 그릇된 것에 맞서서 대항해야 한다. 그러나 우리는 예수님의 사랑이 파격적이라는 사실을 잊을 수는 없다. 우리가 혹여 어떤 어떤 사람들은 하나님의 구속적 사랑과 은혜 밖에 있다고 믿고 있다면, 우리는 하나님의 사랑과 은혜에 대해 우리가 가지고 있는 신학을 재검토할 필요가 있다.

백인우월주의자들에 대해 이야기가 나왔는데….

7. 증오를 사랑과 친구가 되게 하라

대릴 데이비스(Daryl Davis)가 이렇게 말했다.

> 당신이 만일 당신이 생각하는 최악의 적과 더불어 5분의 시간을 함께 보낼 수 있다면(그 의견의 차이가 반드시 인종에 대한 것이 아닐 수도 있고, 그 밖에 어떤 다른 것일 수도 있다), 당신은 그 사람과 뭔가 통하는 최소한 한 가지는 있음을 알게 될 것이다. 그런 공통점에서 출발한다면, 당신은 일종의 관계를 형성할 수 있고, 그런 관계를 세워 가다 보면, 우정 관계로 발전해 갈 수 있을 것이다.[11]

데이비스는 흑인으로 블루스 음악 전문가인데, KKK(Ku Klux Klan, 사회 변화와 흑인의 동등한 권리를 반대하며 폭력을 휘두르는, 미국 남부 주들의 백인 비밀 단체-역자주)에 대해 말하는 것이었다. KKK와 "우정 관계를 형성하는 흑인"이라 … 이건 잘못 쓰인 어떤 문구가 아니다.

그는 20년 세월 동안 KKK 정회원들과 교분을 쌓아 오면서, 그들과 어떤 공통점이 있음을 발견하고, 그 과정에서 후드가 달린 흰색 예복을 상당히 많이 모았다. 그는 NPR 방송과 가진 인터뷰에서 약 200벌의 예복을 가지고 있다고 말했다. 그는 「워싱턴포스트」(*Washington Post*)에서는 50벌쯤 된다고 했었다.[12]

11　Dwane Brown, "How One Man Convinced 200 Ku Klux Klan Members to GiveUp Their Robes," NPR, August 20, 2017, www.npr.org/2017/08/20/544861933/how-one-man-convinced-200-ku-klux-klan-members-to-give-up-their-robes.

12　Rachel Chason, "A Black Blues Musician Has a Unique Hobby: BefriendingWhite Supremacists," *Washington Post*, August 30, 2017, www.washingtonpost.com/news/morning-mix/wp/2017/08/30/a-black-blues-musician-has-an-unique-hobby-befriending-white-supremacists/?utm_term=.32a99f58d689.

어쨌거나 밤과 주말에 나가 활동하며 피아노를 치는 흑인으로서 그 숫자 정도의 흰 가운이면 상당히 많은 것이다. 사실은 나가서 피아노를 연주하게 되면서 그렇게 되었던 것.

그가 소속된 악단에서 그는 유일한 흑인이었고, 종종 그가 연주하는 바에서도 유일한 흑인이었다. 그런 연주 행사들을 하던 중 한 번은 한 백인이 음악에 대해 그와 대화를 하게 되었다고 한다. 그의 말인즉슨 지금까지 흑인이 제리 리 루이스(Jerry Lee Lewis)처럼 연주하는 것은 들어 본 적이 없다는 것이었다. 이렇게 진행되었던 대화는 부기우기 블루스 음악의 역사에 대한 이야기로 진행되었고, 그 백인은 데이비스에게 자기는 지금까지 흑인과 한 번도 술을 해 본 적이 없다는 것이었다.

어리벙벙해진 데이비스는 그와 대화를 나눴던 그 바의 손님이 자기보다 더 나이가 많은 사람이었던 것을 감안해 볼 때 어떻게 그럴 수가 있었을까 의아해졌다. 결국, 그 백인 손님의 친구가 데이비스를 쿡 찌르며 말하기를 그 사람이 KKK 회원이라는 것이었다.

데이비스는 그 말을 듣고서도 믿기지가 않아서 웃고 있는데, 그 백인은 자기 지갑을 꺼내더니 그의 KKK 회원증을 보여 주었다. 이때 데이비스는 순간 웃음을 멈췄지만 폭력을 쓰거나 도망치거나 하지 않았다. 오히려 그 기회에 그는 진정한 인간적 관계를 시작할 수 있었다. 두어 해가 지난 후 그 남자는 KKK를 탈퇴했고, 그 증거로 데이비스가 KKK 회원으로 입던 흰 가운을 데이비스에게 주었던 것이다.

많은 흑인 운동가가 데이비스의 접근법에 대해 비판적이다. 그들의 생각에 그는 뭘 모른다는 것이다. 그는 수많은 미국 흑인이 경험한 것이 무엇인지를 모른다는 것이었다. 그는 그 부분에 대해 이의를 제기하지 않는다. 그는 해외 근무를 하던 아버지의 아들로 자라서 여러 나라에서 국제학교를 다녔다. 그 학교들은 작은 UN과 같았다고 했다. 한편, 미국 국내에 있던 다른 흑인 아이들은 대개 흑백이 분리된 학교에 다니고 있었다. 그러나 그는 자기가 터득한 방법들을 포기하지 않고 있다.

자기를 얕어 보이고 자기를 미워하는 사람들과 친구가 된다는 것은 파격적인 접근 방법일 것이다. 더구나 흑인으로서 KKK 회원에 대해 관심을 가지고 대한다는 것보다 더 파격적일 수는 없을 것이다.

독자도 예상하겠지만, 이렇게 정도에서 벗어난 사랑을 보이는 것이 항상 잘 통하는 것은 아니다. 특히, 그 성공 여부를 이 세상적인 뜻으로 생각해 본다면 더욱 그럴 것이다. 그러나 그것은 그리스도께서 행하신 방법이다.

예수님이 우리에게 하나님과 이웃을 사랑하라고 말씀하시는 것처럼, 성령께서는 우리가 사랑할 수 없는 사람들을 사랑하려고 의도적인 노력을 할 때, 우리를 감동하셔서 이 세상 사람들이 우리를 인간으로 대우하지 않으려 할 때라도 그들에게 인간성을 보여 주게 하신다. 바로 이런 행동들을 통해 우리는 우리가 사람들과 맺는 관계들과 이 세상에서 그리스도의 거룩한 화해가 무엇인지 볼 수 있다.

❖ 적용 질문 ❖

1. 지금까지 당신은 당신을 (혹은 당신의 인종과 성 등등) 박해했던 어떤 사람과 친해지려고 시도해 본 적이 있는가?
   그 결과는 어떠했는가?
2. 당신의 삶에 있어서 하나님을 사랑한다는 것은 어떤 모습인가?
3. 누가복음 6장 32-36절을 읽어 보라.
   당신의 삶에 있어서 이웃을 사랑한다는 것은 어떤 모습인가?
   당신이 이웃에게 사랑을 나타내는 방법들 가운데 몇 가지를 소개해 보라.

제10장

왕은 예수님이심을 믿어라

내가 하나님의 주권에 대해 말할 때마다 다음과 같은 반응 내지는 비판들이 되돌아온다.

"유진 씨, 그건 당신이 특권을 누리고 있어서 하는 이야기야."

그럴 때 방어적 자세를 갖기보다는 그것을 받아들인다. 특권 운운하는 비평가와 그 주제를 놓고 빈정거리는 자세로 주거니 받거니 할 필요가 없다.

나는 내가 특권을 가진 사람임을 인정한다. 물론, 나 나름대로 시련을 당했던 이야기들이 있고, 편견에 시달리고, 배고팠던 시절에 겨우 목구멍에 풀칠을 하던 경험도 있다. 또 어릴 적에 우리 집에서 장사하던 식품점에서 살기도 했고, 성인이 된 후에도 빠듯한 살림이라 소파에서 잤던 때도 있다. 그러나 나는 여전히 특권을 입었다.

그렇다고 해서 하나님이 모든 것을 주관하신다는 확신에는 변함이 없다. 그것이 이 책을 쓰게 된 기초이고, 이 사회와 문화의 혼란과 광패(狂悖)의 소용돌이 속에서 우리 스스로 그 확신을 계속 염두에 두고자 하는 것이다.

그러나 하나님의 주권을 신뢰한다는 것이 그런 혼란과 광패의 상황으로부터 이탈해도 된다는 허용이나 허가를 의미하는 것은 아니다. 그보다는 하나님의 주권에 대한 확신은 우리에게 분명한 우리 사역의 근거와 기초, 불굴의 용기, 그리고 인내를 제공한다.

예컨대, 앞에서 지금까지 말한 것처럼 나는 선거나 정치, 정부와 같은 것이 중요하지 않다고 주장하는 것이 아니다.

그것들은 중요하다!

다시 말하지만, 정치는 중요하다!

정치는 사람들에게 영향을 미치는 정책들을 바꿀 수 있기 때문이다. 우리 정부의 정책들은 엄청난 중요성을 갖는다. 특별히 주변으로 밀려나 있는 주변인들에게는 더욱 그러하다. 뉴욕시의 리디머교회의 창립 목사는 우리 신앙을 단순히 "복음을 전파하는 것"으로 고립시키는 것의 위험성에 대해 다음과 같이 설명한 적이 있다.

> 정치를 초월해서 단순히 복음만을 전파하는 것이 정말로 가능할 것이라고 생각해서는 안 된다. 모든 정치적 토론과 참여를 전적으로 피하려고 하는 기독교인들이 있다면, 그들은 결국 이 사회의 현 상황이 좋다고 표를 던지는 것이다.
>
> 어떤 인간 사회라도 하나님의 정의와 의를 완전하게 반영하지 않기 때문에, 정치와는 무관하게 신앙생활을 하려는 기독교인들은 하나님을 기쁘게 하지 않는 많은 것을 지지하는 결과를 가져온다. 그러므로 정치와 무관하겠다는 것 자체가 정치적인 것이다. 19세기 초 미국의 교회들 중에 "정치에 휘말릴까봐" 노예 제도에 대해 나서서 말하지 않았던 교회들은 사실 침묵함으로써 노예 제도라는 당시의 현 상황을 지지하는 결과가 되었던 것이다.[1]

이 세상이 다하고 다음 세상이 올 때까지 우리는 어떤 모습으로든지 모두 정치에 영향을 받지 않을 수 없다. 당신이 만일 정치에 영향을 받지 않는다고 해도, 당신의 이웃은 당신의 그런 태도의 결과에 의해 영향을 받는

---

[1] Timothy Keller, *The Prodigal Prophet: Jonah and the Mystery of God's Mercy* (NewYork: Penguin Random House, 2018), 163-64.

다. 비록 그 사람이 바로 옆집에 사는 어떤 사람이 아니라, 당신이 사는 도시의 반대편에 사는 이웃일 수도 있고, 시내 중심부에 사는 어떤 이웃이거나 지방 도시의 어떤 사람, 혹은 다른 나라에 사는 이웃일 수도 있다.

성경은 분명히 우리 이웃을 사랑하라고 명령한다. 예수님은 이 이웃 사랑이라는 것이 어떤 것인지 아주 자세히 말씀하셨다.

우리는 정치적 결정들이 미치는 영향에 대해 모두 의식하고 있어야 하며 건설적 논의와 우리가 사는 곳을 움직이는 활동들에 참여해야 한다.

하나님은 우리 이웃들에 대해 깊은 관심을 가지고 계시며, 그러므로 우리도 하나님처럼 관심을 기울이기를 기대하신다. 이 세계와 우리가 사는 나라, 그리고 우리가 사는 지역공동체에서 발생하는 일들이 바로 사람들에게 일어나는 일이며, 그 사람들이 바로 우리의 이웃인 것이다. 현재 세계의 인구는 약 77억 명인데, 그 한 사람 한 사람이 하나님의 형상을 가지고 있는 사람들이다.

1. 일하고 계신 하나님

이 세상이 망가졌다는 것은 사실이다. 그러나 이 세상 구속의 이야기는 아직 끝나지 않았다. 예수님은 가장 어두운 시간에 오셔서 희망과 빛을 주셨다. 침묵만 흐르는 듯한 그 시간에도 하나님이 계시지 않은 것은 아니다. 하나님은 일하고 계신다. 하나님의 일은 아직 끝나지 않았다.

비록 이 세상의 지도자들이 사람들을 함부로 취급하고, 주변으로 내몰고, 박해할지라도, 그리고 그들이 펴는 정책 혹은 무대책으로 사람들에게 해를 끼치고 사람들을 죽이는 일들이 벌어지는 가운데서도 우리는 참되고 정의로운 한 지도자를 따른다.

이 세상에 우리가 가진 지도자들은 힘 있는 자들과 탐욕스런 자들의 편을 들지도 모르지만, 우리는 망가져 있고, 궁핍하며, 심령이 가난한 사람들을 보면 마음 아파 하시는 한 지도자를 따른다.

이 세상의 지도자들은 도덕적으로 파산되고, 잔인한 모습으로 행동할지도 모른다. 정계의 다양한 계층에 속한 지도자들은 자기 중심적이고 자기 도취에 빠져서 자기 부풀리기에 여념이 없는 권력 지향에 몰입하고 있을 수 있다. 또 그들은 자기들이 돌봐야 할 사람들로부터 들려오는 아우성 소리를 들으면서도 그것을 무시하거나 오히려 그들을 비난하고 있을지도 모른다.

그러나 우리가 섬기는 삼위 하나님, 모든 지도자 중에 유일하시고 참된 지도자이신 우리 하나님은 항상 역사 속에서 바른 쪽에 서 계실 것이다. 그분은 항상 정의와 의와 긍휼의 편에 서실 것이다. 그분은 항상 최종적으로 권위의 말씀을 하실 것이다. 우리의 창조주는 우리가 그분의 권위와 권세를 가졌을 경우 할 수 있을 만한 행동과는 다른 방식으로 이 세상에서 움직이신다. 이런 하나님께 감사하자.

그분의 타이밍과 판단은 그분만의 심오한 것으로 우리가 할 수 있는 것과는 다르다. 바로 그런 하나님께 감사하자.

우리의 왕 되신 하나님은 의로우시고, 모든 것을 아신다.

그분은 영원토록 다스리신다. 제한된 시간 동안 이 땅을 다스리는 이 세상의 권력자들이 누가 되었든지 간에 그분은 영원한 통치자이시다.

우리의 왕은 우리를 아시지만, 우리를 여전히 사랑하신다!
우리의 왕은 우리를 아시지만, 우리를 위해 모든 것을 희생하셨다!
우리의 왕은 우리를 아시지만, 우리를 초청하여 당신과 관계를 맺게 하신다!

그분은 우리를 초청하여 당신의 왕국에 살게 하신다. 그 나라에서 그분은 영원히 힘과 권세를 누리실 것이다.

우리는 훨씬 더 좋은 곳의 시민권을 가지고 있고, 이곳에서 시민으로 사는 삶은 오늘 시작된다. 우리의 왕은 말씀하기를 우리가 이 나라에 부르시어 살게 하신 삶을 살아야 한다고 하신다. 그분이 다스리시는 이 나라의 시민으로서 우리는 그분이 바라시는 대로 행동함으로써 우리가 여전히 이 땅에 살지만 그분의 손과 발로서 살아야 한다.

미가서 6장 8절의 말씀대로 정의를 행하며, 인자를 사랑하며, 겸손하게 우리 하나님과 함께 행해야 한다.

그리스도를 따르는 사람들로서 우리는 뭔가 다른 삶을 살아야 하겠다. 우리는 구별된 사람들이기 때문이다.

> 그러나 너희는 택하신 족속이요 왕 같은 제사장들이요 거룩한 나라요 그의 소유가 된 백성이니 이는 너희를 어두운 데서 불러 내어 그의 기이한 빛에 들어가게 하신 이의 아름다운 덕을 선포하게 하려 하심이라 너희가 전에는 백성이 아니더니 이제는 하나님의 백성이요 전에는 긍휼을 얻지 못하였더니 이제는 긍휼을 얻은 자니라(벧전 2:9-10).

우리는 하나님의 거룩한 일에 참여하도록 초청을 받았다. 그분은 우리가 비록 실수 투성이고, 때로 두려움에 사로잡힐지라도 우리를 신임하여 당신의 백성이 되어 그분의 이름으로 다른 사람들을 사랑하기를 바라신다.

이 나라에서는 일을 하는 방식이 다른데, 그것은 정말로 아주 좋은 기쁜 소식이다.

2. 정부는 욕구덩이가 아니다

우리가 만일 하나님 나라를 건설하라는 부름을 받았다면, 그리스도인으로서 살 때 정치의 역할은 어떤 것이어야 할까?

당신도 동의하겠지만, 정부는 사람들에게 좌절감을 줄 수 있다. 이 말에 동의하지 않는다면, 지금 가서 운전면허증 갱신을 신청해 보라. 당신이 그 과정을 마친 후에 뭐라고 하는지를 기다려 보겠다. 정부가 좌절감을 주는 이유는 거기에 사람들이 들어가서 일하고 있기 때문이며, 사람은 실수하는 존재이기 때문이다. 물론, 이 정부라는 것이 때로는 살맛이 나게 하기도 하지만, 우리를 좌절스럽게 하는 것은 사실이다.

그것은 교회들에서 발견되는 역할을 생각나게 한다. 당신의 교회든, 나의 교회든, 어떤 교회에도 마찬가지이다. 교회에서 가장 좋은 것은 사람들이다. 교회에서 가장 어려운 것도 사람들이다. 종종 그 두 경우에 해당되는 사람들은 동일인들인 경우가 많다.

그러나 사람들을 통하지 않고는 그 혼란에서 질서를 창출해 낼 수 없을 것이다. 사람들을 통하지 않고는 궁핍한 가운데 있는 사람들을 돌볼 수 없다. 또 사람들을 통하지 않고는 지혜의 말씀을 구하는 사람들에게 지혜의 말씀을 줄 수 없고, 삶에 있어 영적으로 메말라 가는 시절을 경험하는 사람들에게 생명의 노래를 불러 줄 수 없다. 사회라는 것은 곧 사람들이다.

우리가 사회를 구성하는 기본 구조에 대해 말할 때, 우리는 대개 세 가지 사회 제도가 만들어 내는 질서를 가리키는데, 그 핵심은 물론 사람들이다. 나는 그 세 가지 제도가 비록 불완전할지라도 하나님의 영감에 의한 것이라고 믿는다. 이 사회 제도들은 인간의 번영에 있어 핵심이 된다. 그 제도들이 없다면, 우리의 사회적 질서는 오늘날 우리가 볼 수 있는 것처럼 기능할 수 없을 것이다.

그 세 가지 제도는 가족, 정부, 그리고 교회이다. 어떤 학자들은 세 가지 이상의 제도로 규정하지만, 그 세 가지가 주요 제도이다. 오늘날 우리가 당면하고 있는 도전은 우리가 반제도주의(anti-institutionalism)의 시대에 살고 있다는 것이다. 우리는 전통적인 가정생활이나 그런 가정을 세우고 유지하기 위한 헌신이 유동적인 것이 되고 있으며, 전통적 교회상이 거부되고 있고, 우리가 알아 왔던 정부라는 개념이 그 어느 때보다도 점점 더 인기가 없어지고 있다. 우리 중에는 정부가 모든 사회적 병폐에 대한 답이라고 믿는 사람들이 있는가 하면, 정부는 그 성격상 하나님이 우리에게 부여하신 자유를 침범한다고 믿는 사람들도 있다.

사람들이 그들에게 주어진 권리들을 유지할 수 있도록 하기 위해, 정부의 역할이 있다. 「연방주의자 논집」(*Federalist Papers*)에 보면, 건국의 아버지인 제임스 매디슨(James Madison)은 제정된 새 헌법과 새 정부의 의미에 대해 다음과 같은 말로 옹호하고 있다.

> 만일 사람이 천사였다면, 어떤 정부도 필요하지 않았을 것입니다. 만일 천사들이 사람들을 다스리게 되었다면, 정부에 대한 아무런 외적, 내적 통제 장치 같은 것들이 필요하지 않았을 것입니다. 사람들 위에 사람들을 세워서 행정 관리를 하기 위한 정부를 만드는 데 있어서 커다란 어려움이 여기에 있습니다. 그것은 먼저 정부로 하여금 관할을 받는 사람들을 통제할 수 있게 해야 한다는 것이고, 그다음으로는 그 정부로 하여금 스스로를 통제할 의무를 지우는 것입니다. 국민에 대한 의존이 정부를 향한 1차적 통제 수단이라는 것은 의심할 여지 없는 사실입니다. 그러나 경험이 인류에게 가르쳐 주고 있는 것은 보조적 예방책들이 필요하다는 것입니다.[2]

---

2 James Madison, *Federalist* No. 51, 1788.

1959년, 매디슨 대통령이 위의 글을 쓴 지 171년만에 마틴 루터 킹 주니어 목사는 당시 부통령이었던 리처드 닉슨의 요청을 받고 워싱턴 DC에서 개최된 종교 지도자 대회에서 연설했다. 주제는 종교 지도자들이 정부 기관에서 일하는 계약직 피고용자들에 대한 차별을 철폐하려고 하는 닉슨의 프로그램을 어떻게 후원할 것인가였다.

킹 목사는, 종교 지도자들은 그들의 믿음으로 인해 훨씬 더 잘할 수 있다고 권면했다. 그는 다음과 같이 말했다.

> 인간의 영혼에 대해 관심을 갖는다고 고백하면서도 그 영혼들을 지옥에 떨어뜨리는 슬럼가에 대해 무관심하며, 그들의 숨통을 조이는 경제 여건이나, 그들의 안녕을 위협하는 사회적 조건들에 대해 무관심한 종교가 있다고 하면, 그것은 영적 빈사 상태에 빠져 있으므로 새 피가 필요합니다.[3]

우리에게는 분열된 이 세상의 복잡한 상황을 지혜롭게 헤쳐 나가고자 하는 용기 있는 지도자들이 필요하다.

남아프리카의 전 대통령이었던 넬슨 만델라(Nelson Mandela)의 놀라운 이야기를 생각해 보라. 1964년부터 시작해서 만델라는 자기가 가진 확신을 위해 13년 동안 수감자로서 거의 매일 빠지지 않고 고투했다. 그는 케이프타운에서 약 5마일 떨어진 외딴 섬 로벤 아일랜드의 고립된 감옥에서 도합 18년을 보냈다.

나는 2007년에 그 섬을 방문해서 가로 세로 7, 9피트의 감방에 들어가 아래 위로 왔다갔다 해 봤던 것을 잊을 수가 없다. 앉았다가 일어나 왔다갔다 하면서 이 생각, 저 생각을 하며 기도했다. 그가 처했던 상황들에 대

---

[3] Martin Luther King Jr., "Address at the Religious Leaders Conference on May 11,1959," Stanford University, accessed October 14, 2019, http://okra.stanford.edu/transcription/document_images/Vol05Scans/11May1959_AddressattheReligiousLeadersConferenceon11May1959.pdf.

해 상상해 보기도 하고, 그가 가졌을 회의, 용기 그리고 집념 등에 대해 곰곰 생각해 보았다.

만델라의 생애를 읽어 볼 때 그의 삶이 변화된 여정과 사도 바울의 경험 사이에 적어도 몇 가지 공통점이 있는 것을 생각지 않을 수가 없다. 폭력, 열정, 투옥, 구제 등.

그들은 둘 다 간수와 관련된 이야기도 있다. 바울을 감시하던 간수는 바울과 그의 일행이 자해하지 말라고 하여 자기 손에 목숨을 잃을 뻔 했던 간수가 목숨을 구했다. 죄수들을 얽매고 있던 사슬이 지진으로 풀려 벗어났지만, 그들은 탈출하지 않고 감옥에 남아 있었다. 바울은 자기를 가둔 로마 관리들에 대해 두려워할 필요가 없었다.[4]

만델라는 27년간 로벤 아일랜드, 폴스모어 감옥과 빅터 버스터 감옥 등으로 이감되며 지냈던 수형 기간과 4년 동안 자유의 몸으로 살던 생활을 마치고 그가 사랑하던 남아프리카 최초의 흑인 대통령이 되었을 때, 형기 중에 만났던 백인 간수를 취임식에 초청했다.[5] 그것은 지진과 같이 느껴지는 사건이었다.

그러나 만델라의 생애와 리더십에 대해서도 비판 세력이 없지는 않았다. 어떤 사람들은 그가 너무 쉽게 타협에 나선다고 비판하기도 했고, 화해에 너무 쉽게 마음을 연다. 에이즈의 위기에 대한 대책을 너무 늦게 세운다와 같은 비판이 나오기도 했다. 그러나 세계인은 그가 한 나라와 그 국민을 부인할 수 없는 모습으로 바꾸는 것을 목격했다.

2015년 세계경제포럼에서는 1990년 2월 11일 만델라가 빅터 버스터 감옥에서 석방된 후에 남아프리카에서 일어난 주요 변화들[6] 에 대해 언급했

---

4   [사도행전 16:25-34]

5   Cathleen Falsani, "Commentary: Nelson Mandela Preached with His Life,"Religion News Service, December 10, 2013, https://religionnews.com/2013/12/10/commentary-nelson-mandela-preached-life/.

6   Jenny Soffel, "5 Ways South Africa Changed after Mandela's Release," WorldEconomic Fo-

는데, 그런 변화는 그의 대통령 재임 기간(1994-1999) 중에 지속되었다. 국민들의 개인 수입이 증가했고, 인플레이션이 하락했다. 오늘날까지도 여전히 높은 이 나라의 실업률은 그가 석방되고 그가 대통령으로 통치하던 수년 동안 개선되었다. 국제 사회가 제재 조치를 해제했기 때문에 교역량도 극적으로 증가했다.

역사학자들과 전기 작가들 사이에서는 만델라의 종교가 무엇이냐는 것을 두고 논쟁을 벌여 왔었는데, 그 자신의 말을 들어 보면 구원하는 메시아에 대해 깊은 이해를 갖고 있는 사람이라는 것을 알 수 있다. 1994년 시온주의 기독교 교회의 부활절 대회에서 행한 연설에서 그는 다음과 같이 말했다.

> 우리의 부활하신 메시아가 전한 복음에 의하면 이 메시아는 어떤 한 인종을 택하시거나 어떤 한 나라, 한 언어, 한 종족을 택하신 것이 아니라, 모든 인류를 택하셨습니다.
> 매년 오는 부활절은 우리 믿음이 거듭나는 기회입니다. 그것은 또한 십자가의 고문과 무덤을 이긴 우리의 부활하신 구세주의 승리를 보여 줍니다. 죽을 수밖에 없는 인간의 모습으로 우리에게 오신 우리의 메시아는 그러나 자기가 당한 고난과 십자가를 통해 불멸을 성취하셨습니다.
> 우리의 메시아는 마구간에 버려진 사람처럼 태어나셨고, 십자가 위에서 범법자처럼 처형을 당하셨습니다.
> 우리의 메시아가 사셨던 삶은 가난이 부끄러운 것이 아니라는 진실을 증언합니다. 부끄러워해야 할 사람들은 다른 사람들을 가난하게 만드는 사람들입니다.

---

rum, July 17, 2015, www.weforum.org/agenda/2015/07/5-ways-south-africa-changed-after-mandelas-release/.

그분의 삶은 핍박을 받는다는 것이 부끄러운 일이 아니라는 진실을 증언합니다. 부끄러워해야 할 사람들은 다른 사람들을 핍박하는 사람들입니다.
그분의 삶은 정복당하는 것이 부끄러운 것이 아니라는 진실을 증언합니다. 부끄러워해야 할 사람들은 다른 사람들을 정복하는 사람들입니다.
그분의 삶은 가진 것을 빼앗기는 것이 부끄러운 것이 아니라는 진실을 증언합니다.
부끄러워해야 할 사람들은 다른 사람들이 가진 것을 빼앗는 사람들입니다.
그분의 삶은 억압 받는 것이 부끄러운 일이 아니라는 진실을 증언합니다.
부끄러워해야 할 사람들은 다른 사람들을 억압하는 사람들입니다.[7]

만델라는 그의 나라의 아직 쓰여지지 않은 미래 역사 속에 잠재력이 있음을 보면서 겸손과 지혜로 지도했다. 그는 우리가 하나님 나라의 작은 빛이 반짝이는 것을 볼 수 있게 하는 많은 인물 가운데 한 사람이었다. 그러나 오직 한 사람을 통해서만 우리는 하나님 나라를 완전히 볼 수 있다.

3. 가치 전도가 이루어지는 나라

한 사람이 나귀를 타고 어떤 마을을 향해 자갈 언덕을 넘고 있었다. 그 동네로 들어가려는데 칭송의 환호성이 들려왔다. 그분은 지금이 바로 세상 사람들에게 자기가 정말로 누구인가, 곧 그들을 구원하러 온 바로 그 왕이라는 것을 보다 더 분명하게 보여 줄 때라는 것을 알고 계셨다.
예수님과 그분이 빌려 타고 계신 나귀가 지나가는 길에는 공중에 흙먼지가 일고 있었고, 그 앞에는 경축 분위기가 펼쳐지고 있다. 고대 예언자

---

7 Michael Trimmer, "Nelson Mandela and His Faith," Christian Today, December 10, 2013, www.christiantoday.com/article/nelson-mandela-and-his-faith/34956.htm.

의 예언이 이루어지는 장면이다.

스가랴는 이 사건에 대해 4백 년 전에 예언을 한 바 있다.

> 시온의 딸아 크게 기뻐할지어다 예루살렘의 딸아 즐거이 부를지어다 보라 네 왕이 네게 임하시나니 그는 공의로우시며 구원을 베푸시며 겸손하여서 나귀를 타시나니 나귀의 작은 것 곧 나귀 새끼니라(슥 9:9).

그분의 제자들이 외쳤다.

"호산나, 높은 곳에서 호산나, 주의 이름으로 오시는 왕을 찬양하라!"

예수님과 그분이 타고 계시던 나귀 아래 땅바닥에는 그분을 흠모하며 추종하는 사람들이 겉옷과 길가에 있는 나무에서 꺾어 온 가지들을 환영하는 뜻으로 던져 두었다. 왕에 대한 경의를 표하려는 것이었다.

그 앞에 가는 한 무리의 사람이 있었고, 또 그를 뒤따라 오는 무리가 연신 찬양을 외치고 있었다.

"가장 높은 하늘에서 호산나!"[8]

그것은 하나님이 이루신 기적들을 경축하는 순간이었으나, 어떤 왕이 납시는 것처럼 보이지는 않았다. 그 일은 작은 마을에서 일어났다. 왕이라 해도 그분은 겸손한 왕이셨고, 그분이 타신 나귀는 새끼가 딸린 나귀였다. 왕이라면 그 모습은 완전히 뒤집어진 모습처럼 보인다. 바로 그때 그분이 예루살렘으로 입성하실 무렵, 온 성이 소란했다.

'이 사람이 누구인가?'

'갈릴리 나사렛에서 온 예언자를 왕이라고 하는 듯한데 이 사람은 누구인가?'

아마 많은 사람이 그렇게 생각하듯이 이렇게도 생각해 볼 수 있으리라.

'그가 왕일까?'

---

[8] [마태복음 21:1-11; 누가복음 19:28-38]

이름 모를 동네에서 왔다는데 … 나사렛에서 무슨 선한 것이 날 수 있을까?'[9]

겸손한 왕, 이 말은 예수님 당시나 2천 년이 지난 오늘날 우리가 사는 이 세상에서나 말도 안 되는 표현처럼 들린다. 예수님은 우리에게 뺨을 맞으면 다른 뺨도 돌려 대라고 가르치셨을 뿐만 아니라, 그 자신이 우리를 위해 기꺼이 죽으셨던 그런 왕이시다.

그분의 사도들도 마찬가지로 그런 삶을 살았다. 사도 바울은 그리스도인들에게 모든 사람과 더불어 평화하라고 요청했다. 그런데 그가 그 말을 한 것은 예수님을 따라 사는 것이 위험한 그런 상황에서였다. 그리스도는 십자가에 달려 죽으셨고, 그분을 따르던 최측근 제자들이 거의 다 그들의 믿음 때문에 죽임을 당했다. 예수님의 사촌인 세례 요한은 참수형을 당했다.[10] 야고보는 자객에게 칼로 살해당했다.[11] 바울 역시 네로 황제에 의해 참수당했다.[12]

나는 그리스도의 성격을 보여 주기 위해 많은 예를 택할 수 있었다. 그러나 예수님의 반문화적 본성을 잘 보여 주는 하나의 통렬한 순간이 있었다. 곧 그분이 예루살렘으로 들어가시던 승리의 입성 장면이다. 어떤 사람들은 그 모습을 고대 주군의 성스러운 행렬이라고 부를 수도 있을 것이다.

---

9 [요한복음 1:46]

10 [마태복음 14:8-10]

11 [사도행전 12:2]

12 "7 Things You Didn't Know about the Apostle Paul," Biblica, October 19, 2018, www.biblica.com/articles/7-things-you-didnt-know-about-the-apostle-paul/.

4. 리무진, 개인 제트기 그리고 권력

왕이신 예수님의 리무진인 나귀를 생각해 보면서 나는 교통 수단을 선택할 때 그분이 반문화적 방법을 취하셨다는 생각이 들었다. 간단히 말해서, 만왕의 왕이신 그분이 24인치 휠이 달린 캐딜락 에스컬레이드를 타고 미끄러지듯 나타난 것은 아니었다. 그것은 그 당시 캐딜락이랄 수 있는 말이 아니었다. 예수님은 나귀 등에 올라 먼지를 날리며 가셨다.

성경 전체를 볼 때, 나귀는 겸손과 평화, 그리고 다윗 왕가를 상징하는 동물이었다.[13] 나귀는 현란하지 않다. 보이지 않는 후면에서 섬기고, 필요하면 불려가서 돕는 역할을 했다. 오늘날에 이르기까지도 나귀는 믿음직한 조력자로 꼽힌다. 예수님 시대에 나귀는 근면과 평화, 그리고 때때로 부의 상징이었다. 한편, 말은 부를 상징할 뿐만 아니라, 전쟁과 권력 그리고 군사적 힘의 상징이었다.

어떤 통치자가 어떤 성에 입성하는 모습을 보면 그가 누구이며, 어떤 지위를 가진 자인가에 대해 많은 것을 알 수 있다. 예컨대, 저 유명한 그리스의 작가인 플루타크는 로마 장군 아이밀리우스 파울루스가 마케도니아에 대한 전쟁에서 압도적 승리를 거둔 후 로마에 입성하는 모습을 다음과 같이 묘사했다. (스포일러: 그의 입성은 나귀를 탄 입성이 아니었다.)

> 플루타크가 우리에게 들려주는 말에 의하면, 아이밀리우스가 로마에 들어갈 때, 그의 승전 행렬은 3일 넘게 이어졌다고 한다. 첫날은 아이밀리우스와 그의 군대가 마케도니아에서 전리품으로 가지고 온 모든 예술품을 전시하며 행진하는 데 바쳐졌다. 둘째 날 그들은 마케도니아인들에게서 노획한 모든 무기를 전시했다.

---

13 [열왕기상 1:33-44]

그리고 아이밀리우스가 드디어 그의 영예로운 입성을 하게 될 날이 오게 되자, 그 앞에는 뿔에 금을 입힌 250마리의 황소가 앞서 나갔다. 그다음에는 전장에서 노획한 황금 주화들을 담은 용기들이 지나가는데, 플루타크에 의하면 그 무게가 자그마치 7천 7백 킬로그램이나 되었다고 한다.

모든 전리품에 이어 아이밀리우스는 마케도니아의 왕과 그의 온 가족을 이끌어 로마 시가지를 행진하게 하여 그들이 이 로마 장군에게 완전히 참패당했다는 수치를 느끼도록 했다.

그의 권력과 힘을 그렇게 과시하면서, 아이밀리우스 자신이 로마에 입성할 때 그는 현란한 장식이 된 전차를 타고 들어갔다. 그는 금으로 장식된 자주색 로브를 입고 있었고, 그의 오른 손에는 그의 월계관이 들려 있었다. 그를 옹위하면서 가는 합창단이 따르고 있었는데, 그들은 위대한 아이밀리우스의 전승을 칭송하는 찬양을 불렀다.[14]

한편, 현대의 지도자들도 그들의 권력을 과시하고 싶다는 것을 보여 주는데, 특히 그런 지도자들은 군사적 힘을 자랑하거나 권위주의적 통치자들이다.

북한의 잔인한 독재자 김정은은 그의 아버지와 조부가 갔던 길을 따르기 때문에, 그가 가진 군사적 위력을 가장 웅대한 모습으로 보여 주어야 한다고 생각한다. 그는 탱크와 미사일을 동원하고, 수천 명의 군인들이 군복을 입고 대열을 맞추어 평양 시내를 통과하여 행진하도록 한다.[15] 그가

---

14 Sigurd Grindheim, "Your King Is Coming to You," accessed October 14, 2019, www.sigurdgrindheim.com/sermons/king.html.

15 Benjamin Haas, "North Korea Stages Huge Military Parade to Mark 70th Anniversary," *Guardian*, September 9, 2018, www.theguardian.com/world/2018/sep/09/north-korea-stages-huge-military-parade-to-mark-70th-anniversary; and Eric Talmadge, "With Military Parade, Kim Jong Un Thumbs Nose at U.S.," *Denver Post*, February 8, 2018, www.denverpost.com/2018/02/08/north-korea-kim-jong-un-military-parade/.

좋아하는 교통 수단 가운데 하나는 와인과 치즈를 실은 방탄 열차이다.[16]

북한의 언론 기관은 여러 차례에 걸쳐 김정은이 대륙 간 탄도미사일을 시험 발사하는 장면을 쌍안경을 들고 참관하는 김정은의 선전용 사진들을 정교하게 제작하여 내보내고 있다.[17] 그리고 그냥 사진들만 보여 주는 것이 아니라, 미국으로 미사일을 쏘겠다고 위협을 해 왔다.[18]

러시아의 대통령 블라디미르 푸틴의 경우는 웃통을 벗고 말을 타는 모습이 그가 선택한 화려한 촬영 장면이다.[19] 자신의 권력과 남성다움을 과시하고자 하는 것이다. 그의 특이한 승마 패션 외에도 푸틴은 크리미아와 같이 자기보다 약한 이웃나라들을 얼마든지 침략할 수 있다는 것을 행동으로 명백히 보여 주기도 한다.[20]

미국에서도 우리 대통령은 최고 국군통수권자로 군대에 대한 최종 권위를 갖는다. 미국은 군사 통치를 하는 나라가 아니지만 통치자는 그와 같이 힘 있는 이미지를 물씬 풍기고 있다.

---

16   Alix Culbertson, "Bulletproof with a Maximum Speed of 37 MPH—Inside KimJong Un's Train," Sky News, March 28, 2018, https://news.sky.com/story/bulletproof-with-a-maximum-speed-of-37mph-inside-kim-jong-uns-train-11307938.

17   Jane Onyanga-Omara, "Guam Missile Launch Plan: Kim Jong Un Waiting for'Foolish Yankees' Next Move, State Media Reports," CNBC, August 15, 2017,www.cnbc.com/2017/08/15/guam-missile-launch-plan-kim-jong-un-waiting-for-foolish-yankees-next-move-state-media-reports.html.

18   Zachary Cohen, et al., "New Missile Test Shows North Korea Capable of HittingAll of US Mainland," CNN, November 30, 2017, www.cnn.com/2017/11/28/politics/north-korea-missile-launch/index.html; andAssociated Press, "North Korea Fires Short-Range Ballistic Missile into Watersoff Western Japan," CBC News, May 28, 2017, www.cbc.ca/news/world/north-korea-fire-missile-south-kim-jong-un-1.4135302.

19   "Vladimir Putin Doing Manly Things," CBS News, accessed Ocber 14, 2019,www.cbsnews.com/pictures/vladimir-putin-doing-manly-things/.

20   John Simpson, "Russia's Crimea Plan Detailed, Secret and Successful," BBC,March 19, 2014, www.bbc.com/news/world-europe-26644082.

그러므로 누가 대통령이 되든지, 우리는 그 혹은 그녀가 힘을 가진 존재로 그려지기를 기대한다. 에어포스 원, 마린 원, 장갑 리모 등이 그런 이미지를 잘 보여 준다. 전쟁 지역에 주둔한 미군들을 깜짝 방문하는 것도 그런 것이고, 최근 우리 대통령들이 입었던 대통령 문장(紋章)이 장식된 전폭기 조종사용 청홍색 재킷들이 또한 그것을 보여 준다.

권력, 위용, 군사적 힘.

시편 20편 7절은 이 문제의 핵심을 바로 파고든다

> 어떤 사람은 병거, 어떤 사람은 말을 의지하나, 우리는 여호와 우리 하나님의 이름을 자랑하리로다(시 20:7).

그렇다. 만왕의 왕, 만주의 주께서 그분의 위대한 입성을 위해 나귀를 택하셨다는 것은 그렇기 때문에 이제 그 뜻이 살아난다. 예수님은 그분의 취임식에 나귀를 타고 들어가셨다.

세상에 어떻게 그럴 수 있으셨을까?

우리는 최고의 임금님이 초라한 나귀를 타고 입성하신 이 의도적인 행위로부터 무엇을 배울 수 있겠는가?

우리는 리더십의 그 핵심 본질에 대해 다시 생각하게 된다.

스위스의 신학자 칼 바르트는 그의 80세 생일에 예수님이 나귀를 타고 예루살렘에 입성하시는 이야기를 다음과 같이 통렬한 필치로 재술(再述)했다.

> 성경에 진짜 당나귀가 언급되고 있다. 좀 더 정확하게는 나귀로 나오는데 … 이 나귀에게 예수님을 태우고 예루살렘으로 가게 한다. 내가 나의 생애 동안 해 온 일이 있다면, 그것은 그 당나귀과에 속한 또 한 마리의 나귀로서 중요한 짐을 태워 운반하는 일이었다. 제자들은 그 나귀 주인에게, "주가 쓰시겠다 하시니라"라고 말했다. 그런 것처럼 이때 나를 사용하시는 것

을 하나님이 기뻐하셨던 것 같았다. 나의 있는 모습 그대로, 여러 모든 일, 곧 나에 대해 정당하게 제기되거나 언급될 수 있으나 동의할 수 없는 것들에도 불구하고.[21]

그것은 우리에 대한 것이 아니다. 또 우리의 영광, 우리의 명성, 우리의 권세, 우리 교회의 건물, 우리를 대표하는 로고, 브랜드 또는 강령과 같은 것들이 아니다. 우리는 그냥 그 나귀와 같은 존재들이다.

우리의 존재 가치는 하나님이 우리를 사랑하시고 우리를 구원하셔서 우리는 기쁘게 그리스도의 이름과 복음을 우리의 이웃들, 우리가 사는 도시 사람들, 그리고 온 세계로 가지고 가 전파하는 데 있다. 우리는 우리의 어젠다를 위해 예수님을 태우고 가서는 안 된다. 예수님 자신이 이미 그 어젠다를 가지고 계시기 때문이다.

어떤 예수님이 타고 계신가?
아니 어떤 버전의 예수님이 타고 계신가?
좀 더 구체적으로 말하면, 우리는 어떤 예수님을 선호하는가?

우리 모두 솔직히 말하면, 우리는 우리만의 우리 구미에 맞는 관점과 각도, 정체성들을 갖고 있기 때문에, 우리 삶에 가장 잘 맞는 버전의 예수님을 모시고 있다.

- 정치적 예수
- 공화당 예수
- 민주당 예수

---

[21] "Karl Barth's Speech on the Occasion of His Eightieth Birthday Celebrations," in *Fragments Grave and Gay* (London: Collins, 1971), 112–17.

- 보수파 예수
- 자유주의 예수
- 휴머니즘의 예수
- 페미니스트 예수
- 이종 격투기의 예수
- 사회 정의의 예수
- 혁명적 예수
- 전투적 예수
- 민족주의의 예수
- 향우회 예수
- 기복 신앙의 예수
- 현금인출기(ATM) 예수
- 치료자 예수
- 흑인 예수, 황인 예수, 아시안 예수, 백인 예수, 금발 예수, 푸른 눈의 예수
- 비상시 예수
- 번영, 건강, 부의 예수
- 가난한 예수
- 공백 메꾸기 예수

다행스러운 것은 예수님이 우리 각 사람에게 우리 각자가 처한 상황에서 말씀하실 수 있다는 것이다. 또 더 좋은 소식은 예수님이 결코 우리가 그분께 뒤집어 씌우는 박스에 갇힐 수 없으시다는 것이다.

어떤 예수님이 입성하고 계신가?

예루살렘에 운집한 군중들은 그분을 보자 이렇게 외쳤다.

> 호산나 다윗의 자손이여
> 찬송하리로다 주의 이름으로 오시는 이여
> 가장 높은 곳에서 호산나 (마 21:9).

"호산나"라는 외침이 지금은 찬양의 선포로 알려져 있지만, 원래 그것은 구원을 요청하는 탄원의 외침이었다. 사람들은 구원을 바라고 외쳤으나, 그들의 외침은 우리 인간 본성을 통렬히 보여 주는 그 무엇이었다. 온 도시가 그 주간 첫날 예수님께 간 쓸개라도 다 빼줄 것처럼 하다가 닷새 후에는 그를 죽였다.

5. 다른 종류의 왕

2천 년이 지났지만, 우리의 본성에서 바뀐 것은 거의 없다. 우리는 향락주의자들로 쾌락을 좇으며, 나만을 찾으며, 자기 보신에 여념이 없다. 그러나 만주의 주, 만왕의 왕, 새벽 별, 모든 인류의 구원자이신 예수 그리스도는 우리의 길과는 차원이 다른 그분만이 걸어가시는 길이 있다. 그런데 그분의 길은 종종 자신을 낮춰 모든 사람이 다가갈 수 있게 하신다.

예수님은 세상에 계실 때 고귀한 시간을 창녀들, 집 없는 사람들, 아무것도 없는 사람들, 사마리아인들, 문둥병자들, 힘 있는 자들, 힘 없는 사람들과 보내셨다. 예수님은 사회적 규범들을 뒤집어 엎고 여성들, 가난한 사람들, 이방인들, 당시 버림 받은 사람들을 만나셨다.

사실 그 당시 사람들은 세 가지 중요한 기준, 곧 성별, 인종, 경제적 상태 등으로 판단을 받았다. 그렇기 때문에 바로 바울이 갈라디아 교회 사람들에게 보낸 편지에서 예수님의 사역을 있는 그대로 정리하여 선언한 메시지가 그토록 힘이 있었던 것이다.

> 너희는 유대인이나 헬라인이나 종이나 자유인이나 남자나 여자나 다 그리스도 예수 안에서 하나이니라(갈 3:28).

예수님은 다른 종류의 왕이시다!

그분의 통치는 사랑의 통치이지 힘으로 강제하는 그런 통치가 아니다. 그것은 희생의 통치이다. 그분의 나라는 지상의 다른 어떤 나라와도 같지 않다. 예수님은 로마제국이 확장되어 가는 적대감이 충만한 시대에 이 세상에 오셨다.

우리가 알다시피, 요셉과 마리아는 인구 조사에 응하여 베들레헴으로 가는 길이었다. 그러나 그 인구 조사의 목적은 세금을 물리기 위한 것이었고, 그렇게 함으로써 팍스 로마나(Pax Romana: 강대국인 로마가 그 지배를 확장하기 위해 약소국들에 강요하는 평화-역자주)를 위한 어젠다를 성취하여 계속 로마제국을 확장하기 위한 것이었다. 황제는 인구 조사를 실시함으로 시민들에게 과세를 물리고, 그것을 기초로 하여 군비를 확장하려는 것이었다.[22]

예수님이 등장하시자, 비록 갓난아기셨지만 그분의 존재는 통치자들의 권세에 위협이 되었다. 예수님의 탄생 소식을 들었던 헤롯 왕은 베들레헴 인근에 태어난 두 살 아래의 모든 남자 아이를 살해했다.[23] 그것은 학살이었다.

예수님이 정의를 몸소 실현하셨던 분이지만, 그분은 또한 자비를 말씀하셨다. 그분은 우리 이웃들을 사랑하라는 말씀을 전하셨다. 예수님이 그분의 추종자들을, 그분 스스로 그들을 위해 십자가에 죽으러 가심으로써

---

[22] Sven Günther, "Taxation in the Greco-Roman World: The RomanPrincipate," Oxford Handbooks Online, April 2016, DOI: 10.1093/oxfordhb/9780199935390.013.38. See also Alfred Edersheim, "Was ThereReally a Census When Jesus Was Born?," Christianity.com, accessed June 13,2019, www.christianity.com/jesus/birth-of-jesus/bethlehem/was-there-really-acensus-at-the-time-of-jesuss-birth.html.

[23] [마태복음 2:16]

제자로 삼으셨던 것이지, 완력으로나 그들을 압박함으로써 제자로 삼으셨던 것이 아니었다. 그 십자가의 죽음은 가장 위대한 반전의 상징이었다.

예수님이 예루살렘에 입성하실 때, 그분은 금으로 뿔을 장식한 250마리의 황소와 찬양대를 앞세우고 가는 전차를 타고 미끄러지듯 들어가실 수도 있었을 것이다. 마치 아이밀리우스가 로마에 입성할 때 입었던 자색 로브을 입었던 것처럼, 예수님도 일종의 자색 로브를 입고 계셨다. 다만 그분이 그 옷을 입으셨던 것은 그에게 처형을 집행하던 자들이 그분을 끌고 들어갈 때 입혀 준 것이었다.[24]

그들은 그분의 머리에 관을 씌우고, 그분을 왕이랍시며 환호했다. 그분이 쓰신 관은 가시관이었다.

그분은 "당신은 당신의 나라를 위해 무엇을 할 것인가를 물어보시오"(존 F. 케네디의 유명한 연설에 나오는 구절-역자주)라고 하는 그런 왕이 아니었다. 그분은 우리 스스로 결코 할 수 없었던 것을 우리를 위해 행하시는 그런 왕이시다. 그분은 자기 생명을 우리를 위해 바치셨다.

예수님, 당나귀를 타신 겸손한 이 임금은 모든 믿는 자의 구원자이시다. 그분의 희생을 통해 우리는 어떻게 살 것인가를 배울 수 있는 완전한 본을 보게 되었다. 그런 만큼 우리에게는 미래가 있다. 우리는 이 이야기가 어떻게 끝날 것인가를 안다. 그 누가 권세를 잡고 있든지 간에 우리의 임금이 이기실 것이기 때문이다.

---

24 [마가복음 15:17; 요한복음 19:2]

❧ 적용 질문 ❧

1. 예수님이 만물을 다스리는 왕이시라는 것을 생각한다면, 정치에 대한 우리의 접근법은 어떤 것이어야 하겠는가?
2. 우리는 전 지구적 시민으로서 믿음과 책임 사이의 관계를 어떻게 이해하며, 그 둘 사이의 경계를 어떻게 설정해야 하겠는가?
3. 분명히 우리의 믿음에 의해 우리가 투표하는 방식이 결정되어야 할 것이다. 그러나 당신이 가진 기독교 신앙은 당신과 다르게 투표하는 사람들에 대해 갖는 당신의 행동과 태도에 어떤 영향을 미쳐야 하겠는가?

후기

두려워하지 말라

　우리는 이 세상에서 말하는 어떤 이데올로기보다도 그리스도에 대한 소망을 앞세워야 한다. 그분은 우리의 반석이시며 요새이시고, 우리가 가질 수 있는 여러 인간적 질문과 불확실성에도 불구하고 우리가 설 견고한 터이시다. 예수님은 어떤 이데올로기이거나 역사의 한 시대에만 통용되는 지도자가 아니라, 주님이시다. 우리는 어떤 이데올로기보다도 더 많은 의미와 중요성을 포함하고 있는 분을 모시고 있다. 그분은 어떤 선거의 결과보다도 더 중요하다.

　희망은 어떤 정치가나 정당, 혹은 제도나 위대한 나라의 형태로 오지 않았다. 희망은 예수 그리스도라는 분의 모습으로 왔다. 그분은 가장 비범하고, 우리가 기대치 못했던 뜻밖의 모습으로 오셨다. 그 모습은 그분과 가장 가까운 지근거리에 있던 사람들까지도 그분이 죽음을 맞이하실 그 순간까지 그 정체를 다 알 수 없던 그런 것이었다.

　그분은 위용과 권세를 뽐내는 어떤 왕의 모습으로 나타나지 않으셨고, 모든 면에서 자신을 낮추셨다. 그분은 이 땅에 오셔서 가르치시고, 도전하시고, 사랑하시고, 고대 예언을 성취하시되, 그 어떤 사람이 기대했던 것보다도 훨씬 더 의미심장하게 그 일들을 행하셨다.

　기억하자. 그분이 오신 것은 길 잃은 자, 가장 뒤처진 자, 가장 작은 자를 찾아서 그분과 함께하도록 하기 위한 것이었다. 그분은 당신과 나와 같은 죄인들을 구원하여 하나님과, 그리고 서로 화해할 수 있도록 하기 위해 오셨다. 그분은 인류를 구속하고 모든 이에게 희망을 주기 위해 오셨다.

희망이 도래한 것이다. 우리가 지금껏 꿈꾸어 오던 것보다 훨씬 좋은 희망 말이다.

희망이 도래했다. … 그러므로 하나님께 감사하자.

그리스도인들이여 이것을 기억하자.

누가 대통령이 되든지 간에 왕은 여전히 예수님이시다!

나는 이 인용문을 여러 곳에서 봤기 때문에 누가 한 말인지를 모르겠다. 그러나 그것은 혼란의 와중에서라도 하나님이 주권적으로 다스리신다는 진리를 잘 포착하고 있다. 어떤 이들이 하나님의 주권이라는 말이 들어가는 것에 대해 신경이 곤두설지 모르겠지만, 그 뜻을 오해하지 말기 바란다.

하나님의 주권을 오해하여 모든 일의 원인이 하나님께 있다고 해석해서는 안 되고, 오히려 하나님은 어떤 일이든 하실 수 있다는 뜻으로 이해해야 할 것이다. 전에 나는 신학 교수가 이렇게 말하는 것을 들었던 적이 있다.

> 발생하는 모든 일은 하나님의 뜻 안에 있지만, 하나님이 발생하는 모든 일을 의도하신 것은 아니다(everything that happens is within God's will, but God doesn't will everything that happens).

땅이 흔들릴 수 있고, 산들이 무너질 수 있으며, 재앙이 밀어닥칠 수 있고, 우리가 좋아하거나 좋아하지 않는 지도자들이 권력을 잡을 수 있다. 그러나 왕은 여전히 예수님이시다. 하나님이 주관하고 계시는 것이다. 이 세상의 환경이 어떻게 바뀌든지 간에 예수님이 주권자이시다. 그분은 말씀하시는 바의 그분이시고, 그분이 이루시리라고 말씀하신 대로 이루신다.

그리고 이 예수님은 어느 날 모든 것을 그분께로 회복시키기 위해 다시 오실 것이다. 그때까지 우리는 이 망가지고, 엉망이 되어 있는, 이 세상에서 그분의 영광스러운 일에 참여하도록 초대를 받았다.

우리가 이 나라의 선출된 정치 지도자들에게 우리의 정체성과 믿음을 송두리째 갖다 바친다면, 그것은 우리 자신의 능력을 평가절하 하는 것이다. 정치가 중요하지만, 정치가 우리 삶에서 가장 중요한 것은 아니다. 예수님이 주님이심을 믿고, 그 믿음에 따라 우리가 그리스도의 제자들로서 살아가며 우리 삶을 개선하고 변혁시켜 가는 것이 훨씬 더 중요하다.

광란의 이 세계, 곧 그 속에 사는 우리의 과거, 현재, 미래 가운데서도 우리는 인간 세계에 한 아기로 들어오셔서 인류를 위한 최종적 권위의 선생과 궁극적 희생 제물이 되셨다. 그런 사실은 내가 지지하지 않는 다른 정당이 선거에서 이긴다고 해서 바뀌는 것이 아니다. 그것은 당신이 옹호하는 법안이 통과되지 않는다고 해서 바뀌는 것이 아니다.

우리 모두 잠시 숨을 멈춰 보자. 그리고 숨을 들이마시고 내쉬어 보자. 정치 지도자들은 왔다가 또 간다. 그러나 모든 선거가 지나고, 한 해, 한 세기, 일천 년이 지나도 왕은 여전히 예수님이시다.

우리의 정치적 견해와 선택들의 많은 부분은 두려움에 기초하고 있다. 그러나 성경 디모데후서 1장 7절은 우리에게 다음과 같이 상기시켜 준다.

> 하나님이 우리에게 주신 것은 두려워하는 마음이 아니요 오직 능력과 사랑과 절제하는 마음이니(딤후 1:7).

우리가 하나님의 능력과 사랑 가운데 역사하시는 그분의 행동을 의뢰한다면, 아무것도 두려울 것이 없다.

"또라이가 되지 말라"라는 말이 책의 제목으로 좋다고 할 수도 있고, 또 이 책이 선한 삶을 살자고 충고하는 것이지만, 우리는 이것이 최소한의 기준이라고 생각해야 한다.

"무엇이든지 남에게 대접을 받고자 하는 대로 너희도 남을 대접하라"는 황금률은 이해하기가 쉽다. 그것은 논리적인 것 같다. 그렇게 행동하는 것이 도전적일 수 있지만, 우리는 그것을 이해한다. 사람들이 당신에게 공손하게 한다면, 그들에게도 그렇게 보답하라. 이 말씀과 예수님이 선포하신 가장 큰 계명 두 가지, 곧 하나님을 사랑하고 이웃을 사랑하라는 말씀을 비교해 보라. 바로 그것이다. 어떻게 되었든지 간에 우리는 사랑해야 한다. 그것이 모든 것을 다 포괄하는 폭넓은 삶의 길이다.

그리스도를 따르는 사람들로서, 또라이가 되지 않을 뿐만 아니라, 우리의 이웃들을 향한 그리스도의 사랑을 항상 신봉하도록 하자. 누구에게든, 어디에서든. 결국, 사랑이 이루는 것은 이것이니.

> 사랑 안에 두려움이 없고 온전한 사랑이 두려움을 내쫓나니(요일 4:18).

이 세상의 왕, 대통령, 국회의원, 상원의원 … 이 모든 사람은 왔다가 간다. 그러나 예수님은 영원한 왕이시다. 누가 권력을 잡고 있든지 간에 우리 삶은 그분의 손에 놓여 있다. 그렇다고 해서 지금 당장 축복과 완전함이 보장되는 것은 아니다. 우리는 분명히 여러 도전과 난관을 직면하게 될 것이다. 그러나 우리 삶은 그분의 손에 놓여 있다.

우리는 우리 스스로 그리고 다른 이들에게 예수님이 최종적으로 죄와 사망을 패퇴시키셨다는 사실을 상기시켜야 한다. 우리는 들을 귀가 있는 모든 이에게 망가진 이 세상 가운데 예수님을 통해 새로운 세계가 열리고 있는 중이라는 기쁜 소식을 선포할 수 있다. 우리가 진정 이 사실을 믿고 있는 한 또라이가 될 필요는 전혀 없다.

예수님이 항상 그분의 보좌에 좌정하여 계시리라!

아멘, 아멘!

제임스 패커의 생애
: 현대 복음주의 형성의 선구자

앨리스터 맥그라스 지음 | 신재구 옮김 | 신국판 양장 | 520면

"어떤 이들은 패커를 위대한 신학자(theologian)라고 말할 것이다. 하지만 더 정확히 말하자면, 그는 하나님을 알고, 사랑하고, 하나님에 대하여 생각하면서, 그 열정을 책을 통해 사람들에게 전달할 줄 알았던 위대한 '삶 신학자'(theologizer)이다"(본문 중에서). 패커도 자신을 평신도를 위해 교리를 체계적으로 연구하고 전하는 '전도사'라고 명명하고, 그래서 비공식적 신학의 저술에 중점을 두었다고 한다. 모든 것을 하나님의 은혜로 알고 유명해지려고 노력하지 않으며 소박하게 자신의 임무를 충실히 해 나가며 현대 복음주의 형성의 선구자 역할을 했던 "마지막 청교도"(역사신학자 마크 놀의 평가)였다. 그의 생애와 사상과 신학의 길을 이 책에서 깊이 살펴볼 수 있다.

날씨, 종교, 기후 변화

지거드 베르그만 지음 | 신재구 옮김 | 신국판 | 416면

기후 위기 시대에 날씨에 대한 인식을 일깨우고, 기후 대재앙에 대한 대책을, 그리고 지구에서의 지속가능한 생태적 삶과 세계인들의 평화로운 공존을 위한 통찰력과 영감을 초학제적 연구를 통해 제시한다. 역사 속에서 날씨와 관련된 사건들에 대해 심미적, 감정적, 영적으로 나타난 반응을 고찰하고, 산업혁명 이후 과학의 발전에 따라 기후가 어떻게 변화했는지, 이 변화가 지구 생태계와 인간 사회에 미친 영향은 어떠했는지를 살펴본다. 그리고 극한의 날씨와 재난으로 초래되는 현재와 미래의 전 지구적 생존의 문제와 전 세계적 정의의 문제를 짚고 그 대안을 찾는다. 이 모든 과정을 역사, 과학, 인류학, 예술, 건축, 종교 분야를 넘나들며 진행해 나가고, 오늘날 그리스도인들과 교회는 앞으로 어떤 비전을 가지고 혁신적 실천을 어떻게 해 나가야 할지를 안내한다. 날씨와 관련한 다양한 회화와 예술 작품, 건축물 사진, 기후 변화 도표들을 실어 이해와 공감을 풍성하게 북돋는다.

기독교인의 정치 참여 십계명
: 또라이가 되지 말라

유진 조 지음 | 신재구 옮김 | 신국판 | 324면

기독교인이자 한 사회의 시민으로서 또한 하나님 나라를 추구하는 교회로서 신앙과 삶에 큰 영향을 끼치는 '정치'를 어떻게 바라보고 대할 것인지에 대한 탐구와 제언을 나눈다. 저자는 6살 나던 1977년에 북한을 고향으로 둔 부모를 따라 미국으로 건너가 자라난 미국 시민이자 목회자이다. 그래서 미국의 사회와 정치 그리고 미국 기독교 배경에서 정치를 생각하고 미국 문화 속 정치 영역에서 그리스도의 제자도를 추구한다. 어떤 문화에 끼워 맞추고 권력과 동침하여 복음의 명제에 반하는 행습들을 현실화하는 '문화적 기독교'의 문제점과 위험성을 지적하고, 예수 그리스도를 따르며 자기 왕국이 아니라 하나님의 왕국 건설을 위해 어떻게 해야 할지를 10가지 주제를 따라 제시한다. 성경에서 말씀하는 기독교인의 정체성을 확인시켜 주고, 반문화적이고 혁신적인 길을 가신 예수님의 행하심과 여러 역사적, 시사적 사례와 자신의 경험을 통해 하나님 나라를 구하는 실례도 제시하여 유익하고 흥미롭다.